丝绸之路经济带与新疆发展丛书

丝绸之路经济带与向西开放研究

『一带一路』：新疆发展与中亚合作高校智库联盟、中亚文明与向西开放协同创新中心组织编写

夏文斌◎主编

中国社会科学出版社

图书在版编目（CIP）数据

丝绸之路经济带与向西开放研究／夏文斌主编．—北京：中国社会科学出版社，2016.11

（丝绸之路经济带与新疆发展丛书）

ISBN 978-7-5161-8580-3

Ⅰ.①丝… Ⅱ.①夏… Ⅲ.①区域经济发展—新疆—文集 Ⅳ.①F127.45-53

中国版本图书馆CIP数据核字(2016)第170165号

出 版 人　赵剑英
责任编辑　王　称
责任校对　胡新芳
责任印制　王　超

出　　版　中国社会科学出版社
社　　址　北京鼓楼西大街甲158号
邮　　编　100720
网　　址　http://www.csspw.cn
发 行 部　010-84083685
门 市 部　010-84029450
经　　销　新华书店及其他书店

印刷装订　三河市君旺印务有限公司
版　　次　2016年11月第1版
印　　次　2016年11月第1次印刷

开　　本　710×1000　1/16
印　　张　16.25
插　　页　2
字　　数　242千字
定　　价　59.00元

丝绸之路经济带与新疆发展丛书
编委会

总　序

夏文斌

人类社会进入21世纪，新的问题、新的挑战纷至沓来。在这样一个重要节点，作为有着五千年文明历史的大国，以前所未有的智慧和力量，展现在世界大舞台上。特别是在世界经济总体低迷，局部地区冲突不断的情况下，如何保持世界经济政治的总体平衡，如何维护世界的和平发展，如何扩大交流交融，造就全世界人民的总福祉，世界在观察和探索着，更在关注着中国的一举一动。毫无疑问，中国的发展规模和巨大成就，已经实实在在地影响着世界的整体发展，离开中国的任何一项世界性的大决策、大举措，都可能要被打上问号。现如今，中国的发展离不开世界，世界的发展更离不开中国。

在全球化的背景下，中国何去何从，这是一个有责任的大国必须首先考虑的。如何从当今世界发展的新走向出发，从当今中国改革开放的新需求出发，研究制定出利国利天下的新战略，这是对当今中国领导层的一个新考题。于是，我们看到中国不负世界期待，提出了令世界都高度关注并普遍认同的“一带一路”战略。对于西部新疆而言，如何发挥丝绸之路经济带核心作用，更好地发挥新疆区域优势、产能优势、历史文化优势和相关政策优势，在国家战略中，写好向西开放的新文章，打开向西开放的新通道，为丝绸之路经济带发挥更大的作用，所有这些，都需要我们学术界认真研究探讨。为此，我们组织编写了《丝绸之路经济带与新疆发展丛书》，其目的也正是要服务于国家战略，发挥跨学科的优势，从理论和实践互动的角度，深入调研，扩大学术交流，将丝绸之路经济带背景下需要特别关注的问题提出来，并加以解决。实践在发展，为实践服务并引领新实践前进的理论一刻也不能停滞。这套丛书力求做到：

一是从国家需求出发，深入研讨丝绸之路经济带的战略问题。“凡事预则立，不预则废。”丝绸之路经济带的提出，是面对世界和中国新发展而提出的一个大手笔战略，这要求我们的学术理论研究必须站在世界发展的最前沿，必须站在历史新发展的高度，做到回顾历史，历历在目；关注现实，底气十足；面向未来，见微知著。要加强理论上的顶层设计，从世界与中国的一些重大理论和实际问题出发，才能够从根本和目标上为丝绸之路经济带提供重要的理论和实践指南，才能真正为解决新疆战略发展问题提供智库作用。“不谋全局者不能谋一域，不谋万世者不足谋一时”。中华民族从来就是一个有眼光有历史感的民族。此时此刻，我们不由得想到二千多年前，我们的先人们为了经济文化的交往，历尽千辛万苦，开启了一条贯通中西的丝绸之路，这是历史之路，交流之路，文明之路。历史的烟云已慢慢散去，我们仿佛看到一代代中国人，登高望远，负重前行。今天，历史的接力棒交到了我们这一代人手中，我们也充分相信，我们这一代中国人一定能站在历史的制高点，站在巨人的肩膀上，将世界和中国的发展蓝图描绘得更加丰富多彩。

二是发挥跨学科优势，全方位拓展丝绸之路经济带的研究。当今世界现代化的一个重要特质就是系统化、立体化、整体化。也就是说，任何一项大工程都必须整合各种资源和要素，构建一个复杂的系统创造终端。“一带一路”战略提出要做到“五通”，即政策沟通、设施联通、贸易畅通、资金融通、民心相通。而要做到这五通，就需要我们政策部门、金融部门、建设交通部门、法律部门、文化教育部门加强联系，密切配合，共同完成这一大目标。当然，我们说五通建设，不是各部门简单相加，而是要进行深入融合，形成合力。在这样一个大工程中，我们的学术研究就不能各自为政，而必须有共同的目标，全方位地进行联合攻关。从学科和学术视角来看，丝绸之路经济带与新疆的发展，既涉及经济学，如何在全球化背景下，打破地方壁垒，发挥市场经济的决定性作用，加强贸易往来，加强产能合作等；又涉及社会学，如何从丝绸之路经济带的社会合作出发，提出社会治理的新举措，从而保证新疆的社会和谐稳定；

还涉及政治法律，如何增强丝绸之路经济带沿线国家的政治互信，坚持法治，共同打击恐怖主义等；还涉及文化学、历史学，如何从回首丝绸之路的历史文化价值，构建丝绸之路文化共同体，实现文化的纵深交流，将丝绸之路的文明之光一代代传承下去。

二是聚焦新疆现实问题，有针对性地解决新疆发展的迫切问题。改革开放以来，新疆的经济社会发展取得了长足进步。但必须看到的是，由于历史和现实的一些原因，新疆在发展过程中还面临着诸多挑战，安全因素、发展因素、民生因素、文化价值因素等都在影响着新疆的发展。可以说，新疆的发展涉及政治、历史、经济、社会、宗教、民族等各种因素，并且这些因素相互交织，异常复杂。面对这些实实在在地摆在我们面前的问题，我们当然不应回避，更不应误读，而必须运用辩证唯物主义观点和方法，全面分析这些问题及原因，在更加广阔的空间来审思这些问题，我们的研究一定要接地气，避免一般性的空头议论，要出实招。所有这些，都要求我们的学者更加注重问题意识，注重透过现象看本质，在发现问题、解决问题中展示出我们学者的使命。

现实是变化发展着的，我们的学术研究当然应当与时俱进。愿我们这套丛书能够在丝绸之路经济带的滚滚洪流中，在新疆发展的阵阵号角声中，展示出其独特的理性作用。

目　录

21世纪是国际合作的世纪

——有感于与新疆国际合作33年

小岛康誉*

世界性文化遗产的保护研究

·1986年开始与新疆文化厅共同开展克孜尔千佛洞的保护修复活动。第一次参观时我就感觉这是“全人类共同的文化遗产”，即刻捐赠了10万元人民币。1987年在日本成立了日中友好克孜尔千佛洞修复保存协会，1988年和1989年合计捐款1亿多日元（相当于现在的1亿元人民币），之后多次组织参观团、进行讲演，宣传文物保护的重要性。2010年捐赠职工用班车。2014年6月成功录入世界文化遗产名录。

·从1988年开始与新疆文化厅、新疆文物局、新疆文物考古研究所共同开展中日共同尼雅遗址学术考察。经国家文物局批准，获日本政府资助，共实施了9次大规模的实地考察，发现了250处遗址、发掘出土“五星出东方利中国”织锦等多件国宝级文物。研究成果已通过论文集、国际研讨会和文物展等形式予以发表。曾经入选“1995年中国十大考古新发现”和“20世纪中国百大考古发现”。

·2000年开始与友人共同创办纯公益性网站“中国历史文化遗

* 作者简介：小岛康誉，新疆维吾尔自治区人民政府文化顾问、日本佛教大学尼雅遗址学术研究机构代表。

产保护网（www. wenbao. net）”。

·2001年开始与新疆档案局合作出版《清代新疆建置档案史料》等四册历史档案史料。

·2002年开始与新疆文物局、新疆文物考古研究所共同开展中日共同丹丹乌里克遗址学术考察。经国家文物局批准，进行了4次大规模的实地考察，发现约70处遗址，探明遗址全貌。发现“西域的蒙娜丽莎”等文物。通过论文集、国际研讨会和文物展等形式向社会公布了研究成果。

人才培养

·1986年开始在新疆大学设立新疆大学小岛奖学金。已资助4300余名学生，他们都活跃在新疆的各行各业。

·1998年开始，与新疆政府外办、新疆青少年发展基金会一起建设了5所希望小学。

·1999年开始与新疆政府、新疆文化厅、新疆文物局共同设立新疆小岛文化文物优秀奖。已奖励300人。

·1999年开始与乌鲁木齐市政府外办共同设立丝绸之路儿童就学育英金。已向1600多人提供资助。

促进相互理解

·1982年开始提供各种捐赠。包括和田博物馆、福利设施、学习用品、服装、电梯及寺院等。

·1988年开始组织各种代表团来访。包括日本前首相海部俊树，涉及经济、文化、媒体、旅游等各个方面。

·1989年开始举办演讲、摄影展，出版刊物。演讲单位涉及政府机关、兵团、文化厅以及北大、清华等多所大学。

·1990年开始各种斡旋。介绍了野村证券、伊藤忠商事、奈良女子大学、NHK 等来华。

·1993 年开始邀请代表团访日。包括铁木尔主席以来的三届自治区主席、金云辉司令员、文物界和教育界人士等。

21 世纪是国际合作的世纪

人类的历史就是战争与和平的交替史，战争是悲惨的，一定要避免战争，但是，目前世界各地依然硝烟四起。世界上共有大约 200 个国家，民族、宗教、体制、思想、文化、历史、国家利益各有不同、冲突频发，相互理解十分困难。正因为困难重重，才更加需要为增进相互理解做出努力。促进相互理解、增进国际合作是非常必要的。国际合作就是维护和平、阻止战争、为人类的安宁做贡献。文明急速发展，73 亿人已成为命运共同体，这样的 21 世纪就是国际合作的世纪，“一带一路”意义非凡。

虽然身为外国人，为向新疆维吾尔自治区成立 60 周年献礼，我正在准备 5 个与惠民生和国际合作相关的小项目。

祝我的第二故乡新疆更加繁荣昌盛！谢谢大家！

“丝绸之路经济带”安全保障机制“对接合作”思考

厉　声*

一　“对接合作”共识的确立

据商务部的统计：2014 年中国与中亚、西亚丝绸之路沿线国家贸易额近 5000 亿美元。所以，无论是从地缘政治还是从区域经济上看，“丝绸之路经济带”都需要东亚、中亚、西亚、东欧、中东欧、中欧、东南欧和西欧等不同区域国家的共同构建和提升。在“政策沟通、设施联通、贸易畅通、资金融通、民心相通”的“五通合作”的基础上，“对接合作”已成为中国“丝绸之路经济带”发展理念中的核心举措。

“对接”是一个航天专业词汇，指两个或两个以上飞行中的航天器靠拢后接合成为一体。借助于这个词汇，准确地反映了目前“对接合作”战略举措的两个重要内涵：一是区域内各方的战略性“靠拢”；二是靠拢后逐步接合成为一体。

2015 年 5 月 7 日，习近平主席在哈萨克斯坦提出：“愿在平等互利基础上推进丝绸之路经济带建设同哈方‘光明之路’新经济政策的对接。”此前，则有土库曼斯坦总统关于土库曼“复兴古老丝绸之路国际倡议”与中方丝绸之路经济带建设“接轨”的提议。

5 月 8 日，中俄正式签署“关于丝绸之路经济带建设和欧亚经

* 作者简介：厉声，中国社会科学院中国边疆研究所研究员、石河子大学绿洲学者。

济联盟建设对接合作的联合声明"，标志着"对接合作"已成为"丝绸之路经济带"跨国区域的重要共识。

二 区域整体安全保障机制的"对接合作"

安全是指在人类生产与社会活动中，将系统的运行状态对人类的生命、财产、社会、环境可能产生的损害控制在人类能接受水平以下的状态。规划和建设丝绸之路经济带的政治含义是中国要坚定地走和平发展道路，从维护国家主权、安全和国家发展利益的宏观高度着眼，着力推进区域安全合作，着力维护国际和周边区域的和平稳定大局，确保丝绸之路经济带的安全运行与社会的稳定，维护和用好我国发展的重要战略机遇期，这是中国依据时代发展潮流和国家根本利益的战略抉择。我国同周边国家毗邻而居，开展区域安全合作是共同需要。"丝绸之路经济带"经济建设的"对接合作"将为区域安全提供坚实的经济基础，俄方智库已明确提出了"欧亚中心地带经济一体化是值得期待的安全保障"。

在 2015 年 3 月的博鳌亚洲论坛上，习近平主席指出："要通过对话合作促进各国和本地区安全，以合作谋和平、以合作促安全。"在开辟"丝绸之路经济带"共同经济空间的"运行"中，需要各方在安全保障机制方面的"对接合作"下，倡导坚持互信、互利、平等、协作的新安全观；倡导全面安全、共同安全、合作安全的新理念，通过充分协商，推进同周边国家在主动参与深化区域和次区域方面的安全合作，进而开辟一个保障共同经济空间"运行"的安全空间，为区域的经济合作的安全运行提供强有力的保驾护航。

在"对接合作"的战略举措下，通过双边和多边安全机制的对接，落实"丝绸之路经济带"区域安全合作。在各方相关法律的基础上尽快达成安全保障"对接合作"的共识，包括确立区域空间的安全保障技术标准、建设安全保障基础设施、制定安全保障实施法规、组建安全保障专业队伍等一系列区域安全保障的"对接合作"机制。

未来“丝绸之路经济带”区域安全保障“对接合作”机制的定位大致如下：

1.“安全保障对接合作”是区域整体的战略性机制，需要现有涉及区域安全保障的组织达成“对接合作”的共识。在“丝绸之路经济带”共同经济空间的运行中，现有4个涉及区域安全保障的重要组织及2个伊斯兰组织：

上海合作组织（2001年6月成立，成员国为中国、俄罗斯、哈萨克斯坦、吉尔吉斯斯坦、塔吉克斯坦和乌兹别克斯坦6国；另有蒙古、巴基斯坦、伊朗、印度、阿富汗5个观察员国；白俄罗斯、斯里兰卡和土耳其3个对话伙伴国家）。

欧亚经济联盟（2015年1月启动，成员国为白俄罗斯、哈萨克斯坦、俄罗斯、亚美尼亚、塔吉克斯坦 、吉尔吉斯斯坦6国）。

亚洲相互协作与信任措施会议（简称亚信会议。1992年10月由哈萨克斯坦总统提出，现有成员国26个、观察员国和组织12个）。

突厥语国家合作委员会（2009年10月成立，成员国为土耳其、阿塞拜疆、哈萨克斯坦、吉尔吉斯斯坦4国）。

伊斯兰世界联盟（1982年沙特阿拉伯倡导建立，有60多个成员国。设有伊斯兰世界联盟亚洲协调委员会）。

伊斯兰合作组织（2011年更名，有57个成员国）。

在推进“丝绸之路经济带”共同经济空间的运行中，中方需要从国际和区域构想的高度谋大势、讲战略、重运筹，分别与已有涉及区域安全保障的重要区域性组织联手，达成“对接合作”的高层共识，共同落实区域安全“对接合作”的各项措施。

2.“安全保障对接合作”是互补性的区域协商机制。各方都在寻找应对国际和国内挑战的最佳安全保障理念，区域“安全保障对接合作”首先是各方对已有的内外安全战略的全面审视，双方或多方在秉持透明、平等、相互尊重和国家关系的基本准则、在充分发挥各自安全保障优势的基础上，在确保地区政治与社会稳定的前提下，通过建立区域协商机制，逐步推进和完善区域安全保障“对接合作”的共识。

3. "安全保障对接合作"的目标是逐步实现区域整体安全保障的"一体化"。实际上，处于欧亚地区的"丝绸之路经济带"已经具备了一个大型的地缘政治体系轴心的雏形。虽然该区域内各国的国情和发展水平不同，但在"丝绸之路经济带"的推进中正在形成一个区域安全保障的一体化的基础。各方应充分利用"丝绸之路经济带"的运行构建更加紧密的区域安全共同利益网络，在提升和调整各方现有安全保障机制或模式的基础上，逐步过渡到更高层次上的区域安全保障"一体化"。

4. "安全保障对接合作"应努力做到"无缝对接"。各方应注重在对接合作中的"磨合"，求同存异，不断化解和消除"隔膜"，调整对接的"间隙"，将对接中的"缝隙"最小化，努力推动区域各方安全保障机制的"对接合作"向"无缝对接"过渡。

目前，"丝绸之路经济带"仍处于协商与推进阶段，需要区域"安全保障对接合作"整体的宏观性机制的同步协商与推进。中国在开展这项工作中将充满机遇与挑战。

三 "丝绸之路经济带"的外交理念与区域安全保障

"丝绸之路经济带"的提出表明：中国和平发展构想有了更大空间和机遇，是对今后中国周边外交乃至全球理念构建的探索。有舆论认为：在当今世界"和平与发展"的主流之下，创建"丝绸之路经济带"是中国传统外交思维的重大转型，新的宏观性外交思维超越了中国的西北、西南，跨越了毗邻的中亚和西亚，延伸到了整个欧洲；将亚太和欧洲两大经济圈连在一起，形成了一个拥有自然、矿产、能源、旅游等重要资源，发展前景广阔的经济"区域带"；同时，"丝绸之路经济带"的价值和意义会远超出经贸领域，她将成为东西方之间政治沟通、文化交流的"大通道"。

在2015年3月的博鳌亚洲论坛上，习近平主席指出了区域安全事务的原则：

各国都有平等参与地区安全事务的权利，也都有维护地区安全的责任；

每一个国家的合理安全关切都应该得到尊重和保障；

要通盘考虑亚洲安全问题的历史经纬和现实状况，多管齐下、综合施策，协调推进地区安全治理；

统筹维护传统和非传统领域安全。

中国已有的“大国是关键”、“周边是首要”及“睦邻、安邻、富邻”、“与邻为善、与邻为伴”等一系列外交理念，依然是构建“丝绸之路经济带”的外交重心。具体到影响未来“丝绸之路经济带”建设与区域安全保障的大国因素主要是中、美、俄三国：

1. 在未来区域“安全保障机制对接合作”中，中国在周边首要的工作是在坚持走和平发展道路的基础上，推动互利共赢的开放战略，建立以合作共赢为核心的新型国际关系。在“对接合作”的理念下，秉持共商、共建、共享的开放包容原则，在已有基础上，推动沿线国家实现发展战略相互对接、优势互补。

在周边关系中，“安邻”是首要的。近现代殖民主义和帝国主义时代，凡有“大国”崛起，必引发殖民利益的争夺激化和对旧有世界格局或秩序的冲击，进而发生世界性或区域性冲突甚至战争。包括邻国在内，有相当一部分人仍用传统的历史眼光，简单地比照先前大国崛起的“历史经验”，对于中国的崛起、中国提出和建设横跨欧亚的“丝绸之路经济带”心存各种疑虑，甚至有恐惧感。所以，我们消除周边国家在此基础上形成的“大国威胁论”是安全保障“对接合作”的前提。

一是中国要通过各种举措，真正落实与邻为善、与邻为伴的外交基本方针，使周边能感受和理解中国的睦邻善意。

二是建设“丝绸之路经济带”绝非是“一厢情愿”所能做到的事，中国必须与相关各方坚持“对接合作”的理念，通过充分协商、双边互动和共同努力，才能顺利、持续地推进“丝绸之路经济带”建设。

三是本着契合中国、沿线国家和本地区发展的实际需要，打造符合有关各方共同利益，顺应地区和全球合作潮流的利益、命运和责任共同体。

2. 美国不断扩大其影响。

2005 年，美国约翰·霍普金斯大学中亚高加索研究所所长弗雷德里克·斯塔尔（Frederick Starr）教授率先提出了包括南亚的"大中亚"设想。

2007 年，斯塔尔主编《新丝绸之路：大中亚的交通和贸易》，提出"新丝绸之路"构想。具体包括：

软件：贸易自由化。

硬件：建设连接中亚、阿富汗、南亚的铁路、公路、电网、能源网等。

2011 年 9 月，美国国务卿希拉里正式提出"新丝绸之路"的理念，从表面上看，其主要目标是利用阿富汗优越的地理位置，按南北纵向将阿打造为地区的交通贸易枢纽（"丝绸之路经济带"是东西横向）。

通过推动南亚、中亚的经济一体化和跨地区贸易，实现阿富汗经济的可持续发展。实际上，其背后也隐藏着地缘政治和安全意图。包括：

一是将撤军的消极后果降至最低，保护后美国时期的在阿利益。通过直接介入未来阿富汗的政治经济，创立美阿之间的长期伙伴关系，防止过去 10 年间取得的反恐成果付诸东流。从这个意义上说，"新丝绸之路"首先是政治构想。

二是有助于进一步巩固反恐战争中北方运输线（NDN；覆盖 9 个前苏联国家），为美今后在中亚地区的长期存在打下基础。从地缘政治角度来讲，美国力图把阿富汗同欧洲、高加索和中亚连接起来。而"新丝绸之路"理念可以作为一种长期工具，使美国政府有机会同其他双边及多边机制一起就贸易、过境改革等问题进行接触与合作，把带有交易性质的关系变为真正宏观性的政治关系。

三是通过鼓励美国主导的中亚国家和南亚地区的一体化，从而将中亚纳入新的经济、政治、安全框架。"新丝绸之路"理念目的则是要通过促进中亚国家能源资源和运输线路的多元化及与南亚国家的经济一体化，削弱俄罗斯凭借苏联时期形成的基础设施体系而对中亚国家的经济、政治影响，从而将俄排除在新的地缘政治格局之外。

虽然美国的“新丝绸之路”理念目前处于“搁浅”状态，但在未来的“丝绸之路经济带”建设区域安全的地缘政治中，仍须关注其宏观性的区域政治构想。

3. 俄罗斯将继续发挥传统的影响力。

2015年5月中俄正式签署《关于丝绸之路经济带建设和欧亚经济联盟建设对接合作的联合声明》，两者地域的“重合”与“对接”的主张，显示了俄罗斯将坚持依托“欧亚经济联盟”，在“丝绸之路经济带”建设中继续发挥传统的影响力。

在中国和平发展的理念中，坚持各方的合作共赢、共同发展，摒弃零和游戏、你输我赢的旧思维，树立双赢、共赢的新理念；努力打造命运共同体，在追求自身利益时兼顾他方利益，在寻求自身发展时促进共同发展，应是未来大国在“丝绸之路经济带”、“安全保障机制对接合作”中的共识。

四　区域安全保障机制“对接合作”的主要内容

“丝绸之路经济带”安全保障机制的“对接合作”需要区域各方联手运筹推进，主要包括以下“对接合作”内容：

1. 区域社会稳定保障机制。包括危及区域政治稳定因素应对，打击恐怖犯罪、极端组织、跨境犯罪，局部社会骚乱管控，跨国公民与往来人员等安全保障机制。

2. 交通与物流畅通保障机制。包括公路交通、铁路交通、航空运输、物流货运、客流运输等安全保障机制。

3. 能源通道安全保障机制。包括油气管线安全、泵站与设备管理、防范人为损坏与自然灾害损坏等安全保障机制。

4. 经贸往来安全保障机制。包括贸易与金融监测与预警、贸易与投资风险管控、规范商品检验、离岸金融中心建设措施、打击金融犯罪等安全保障机制。

5. 疾病防控与疫情防范机制。包括疾病、疫情监测与预警、疾病防控、疫情防范、医疗救治、食品安全等安全保障机制。

6. 防灾减灾安全保障机制。包括自然灾害（农牧业、林业、地质、水患、旱灾、火灾）的监测与预警、人为事故、防灾减灾措施等安全保障机制。

7. 网络与信息安全保障机制。

8. 边界管理安全保障机制。包括边境管理制度、口岸安全检查制度等安全保障机制。

欧亚一体化理念

——可持续发展的基础

茹马舍夫·雷姆别克·穆拉托维奇*

哈萨克斯坦总统努尔苏丹·阿比舍维奇·纳扎尔巴耶夫于1994年3月29日在罗蒙诺索夫莫斯科国立大学举行演讲时，首次提出了“欧亚一体化理念”，他提议称之为欧亚联盟。总统提出的“欧亚一体化理念”是一个完整的地缘政治、世界观和经济一体化的模式，它是在共同的历史背景下长期的文化、政治、经济互通的基础上建立的。以经济可行性为前提的合理实用主义的论题是它的基础。如今，由白俄罗斯、哈萨克斯坦和俄罗斯所创立的，诸如欧亚经济共同体、关税同盟和统一经济区这样的一体化组织，证明了这一论题。在现行的一体化组织框架内，人文科学、文化和信息领域就是合作的优先领域之一。

在“欧亚一体化理念”的发展过程中，我们总统提出的“21世纪全球秩序”构想“G-Global”是一个重要的里程碑。这一构想一经提出，很快便赢得了世界各地学者和政要的支持。根据努尔苏丹·阿比舍维奇的观点，“G-Global构想指明了，想要建立一个更加民主的全球秩序，就应当充分符合联合国的原则和所有国家的利益。”

“欧亚一体化理念”实行的实际体现之一是创建于2008年的欧亚经济学者俱乐部协会，其目标和使命是联合经济学家和实干家、社会人上代表，以及国际组织之力，解决经济发展问题，促进全球

---

* 作者简介：茹马舍夫·雷姆别克·穆拉托维奇，卡拉干达国立技术大学第一任副校长，历史学博士，教授。

经济和社会进步。

现如今，诸多领域已实现人文文化一体化；其优先权之一是建立统一的欧亚教育空间、教育体系，旨在培养掌握现代技术和多种语言的有竞争能力的个人，能熟练定位世界性现实问题。

卡拉干达国立技术大学已与俄罗斯联邦30多所大学和科研机构、白俄罗斯共和国两所高校签署了协议和备忘录，并积极在协议框架内展开合作。

在签订合同、协议和备忘录的基础上，与俄罗斯联邦30多所大学的研究中心和白俄罗斯共和国的两所高校开展积极的合作。目前我校有四个国际科研项目，其中三个有独联体国家的科学家参与施行。

自2002年以来，卡拉干达国立技术大学成为“西伯利亚开放大学”协会的成员。2011年，我校签署了在高等院校、白俄罗斯科研院所和哈萨克斯坦共和国之间组建科教联合会的协议。去年，我们参与了网络学院打击洗钱和恐怖主义融资（反洗钱/反恐融资）活动，此项活动是在俄罗斯联邦财务监测下由联邦局发起。

自2008年起，由卡拉干达国立技术大学发起，高校国际学会支持创办了《欧亚物理技术期刊》。包括俄罗斯联邦、白俄罗斯共和国和中华人民共和国在内的各国研究物理学的学者，可在该期刊上发表自己在这一领域研究的重大的、实用的课题和科研成果。

中国积极参与了包括独联体在内的许多地区的政治、经济和教育组织机构，我们也要积极开展与中国之间的人文合作。

近年来，中国一直在积极扩展其在欧亚大陆的空间，宣称自己作为欧亚经济共同体国家的主要经济伙伴，并积极提倡一体化战略。哈萨克斯坦开始与中国谈判，以达成一系列合作协议。协定中重要的一点是在大多数中亚国家参与的丝绸之路经济带框架下，中国投入大量资金发展我国的基础设施建设，包括高铁及住房建设。丝绸之路线路的复兴，将有助于经济、贸易和运输通信在欧洲、黑海、高加索、里海和亚洲地区的深化。“丝绸之路经济带”将连接东亚和东南亚各国，扩展成为一个更大的亚太自由贸易区。

在科学和人文层面上此项目旨在促进对古商路文化精神的领会。

因此，哈萨克斯坦这一地段的丝绸之路是少有的集历史学、考古学、建筑学、城市规划和纪念碑艺术于一身的古迹。

在中哈两国经济与文化互通的总趋势下，卡拉干达国立技术大学一直与中国保持着教育和科学领域的合作。因此，根据与石河子大学互换留学生的协议，仅在2013—2014学年我校就有14名学生赴中国学习，同时15名石河子大学的学生在我校就读。此外，卡拉干达国立技术大学的3名研究生在新疆大学进修化学专业。

建立欧亚联盟是“欧亚一体化理念”的必然结果，参与国能够最大限度地发挥其经济、文化和人文主义潜力，并保有团结本国民众的历史遗产。该联盟能够并且应该为21世纪欧亚地区的稳定发展提供坚实的基础。迄今为止，欧亚经济共同体占全球GDP的3.7%（4.1万亿美元），占世界工业产量的3.7%（1.5万亿美元），占全球人口的5.5%（1.759亿人），且领土面积为世界第一（0.202亿平方公里）。[①] 并且这些数字将持续上升，因为通过扩大一体化进程和设立对所有参与国都有益的经济、教育和科学条例，将为欧亚经济共同体开辟新的经济发展机遇。

显然，“欧亚一体化理念”是当今哈萨克斯坦对外经济政策的关键和最显著的进程之一。哈萨克斯坦对外广泛开展经济合作，其首要的合作伙伴就是俄罗斯和中国，它们与我国在历史、文化和人文主义的进程中保持着深度的统一且息息相关。

但是，我们必须清醒地认识到该一体化的性质。在如此大规模的地缘经济产物的背景下，联盟是不可能顺利进行的。因为各个国家的民族利益和一体化联盟的利益往往并不一致。在适应统一管理的条件下，各国的部分行业将会受到一定冲击，它们会采取额外的措施来保护国内生产商的利益，以提高其自身的竞争力。

就其发展战略问题而言，联盟的成员国之间存在重大分歧。因此，在2013年12月24日的欧亚经济委员会最高会议上，哈萨克斯坦总统强调了不容许政治方面的欧亚一体化，这是基于历来对各国经济关系和民众的人文主义文明社会的承诺。与此同时，各国的领

---

① 欧亚经济共同体官方网址（http：//www.eaeunion.org/#about）。

导人希望看到欧亚经济共同体的政治联盟出类拔萃。这些战略差异既需要战略行动的平等讨论，也需要将欧亚一体化的科学构想看作一种对国家发展有效的工具。

参考文献：

1. 努尔苏丹·阿比舍维奇·纳扎尔巴耶夫 G-GLOBAL - 21 世纪世界 - 阿斯塔纳：商业界，2013. - C. 32.

2. 哈萨克斯坦之路 - 2050：共同目标、共同利益、共同未来．哈萨克斯坦共和国总统努·阿·纳扎尔巴耶夫 2014 年 1 月 17 日国情咨文 //《哈萨克斯坦真理报》. - 2014. 1 月 18 日．- 第 11 期（27632）.

3. 努·阿·纳扎尔巴耶夫 关于欧盟国家的成立 // 努·阿·纳扎尔巴耶夫和欧亚一体化：国家元首演讲、访谈和文章选集．/ 主编：叶·巴·萨特科娃．- 阿斯塔纳：巨著，2012. 23

阿尔泰国立技术大学的对外交流合作概况

弗拉基米尔·瓦西里耶维奇·司卡瓦罗德尼科夫*

阿尔泰国立技术大学创办于1942年，现如今已成为西伯利亚联邦区最大的理工类高校之一。大学下设5个学院，分别是：建筑艺术与设计学院、经济与管理学院、国际教育与合作学院、强化教育学院和辅助职业教育发展学院；共有8个系，分别为：人文系、建筑工程系、能源系、信息技术系、食品与化工产品系、特殊工艺系、电力工程和公路运输系、自然科学系。

现有500余名留学生在阿尔泰国立技术大学的各院系里学习，其中有120名来自中国。

为加强中俄双边关系，增强联合办学和进行科研项目合作的可能性，为俄罗斯学生创造学习汉语的有利条件，我们成立了国际教育与合作学院。现如今，共有来自全世界18个国家的312名学生在国际教育与合作学院学习。

准备工作主要从以下几个方面开展：进入俄罗斯高校的学前准备工作；“语文学”学士教育；辅助教育项目：“俄语与初级翻译”；初级汉语。

我校与新疆维吾尔自治区科技厅签订了为自治区政府培养专家的协定。十年来，每年都有20人来我校国际教育与合作学院参加培训，其中包括中国新疆维吾尔自治区外交部工作人员，新疆维吾尔自治区政府机构工作人员，各大企业代表，以及科研机构的工作

* 作者简介：弗拉基米尔·瓦西里耶维奇·司卡瓦罗德尼科夫，教育学副博士，俄罗斯功勋教师，国际教育与合作学院院长。

人员。

现如今，我们的毕业生都在自治区政府部门任职，其中2人任职于中国驻莫斯科大使馆，1人任职于中国驻圣彼得堡总领事馆，6人在中国驻独联体各国的大使馆和领事馆的一些部门担任领导职务。

根据2008年签订的协议，每年有25名来自石河子大学外国语学院的学生和15名来自新疆师范大学的学生，根据协议里的教学计划进行为期一年的俄语学习实践。

我校与乌鲁木齐市教育局签署了在乌鲁木齐第十二中学开设俄语语言文化中心与代理机构的协议。根据该协议，每年有30名中学生进行为期一学期的俄语学习实践，并在随后参与阿尔泰边疆区的高校入学俄语考试。

我校与大连东软信息学院实现了“2+3”联合办学项目，“电子商务”与“应用数学”专业可获得两所高校的毕业证书。该项目每年招收25人。

2015年，我们计划与石河子大学开展“2+3”联合办学项目，通过以下专业方向针对本科生进行联合培养：

阿尔泰国立技术大学的“动物性食品加工学”专业与石河子大学的“食品科学与工程”专业；

阿尔泰国立技术大学的“经济学”专业与石河子大学的“国际经济与贸易”专业；

学制为5年，其中1年深入学习合作院校所在国的国语。

现如今，我校人文学院“区域学”专业、经济与管理学院和信息技术系的学生都将汉语作为外语进行学习。

2011年12月，两校签署了关于在阿尔泰国立技术大学建立汉语语言与文化中心和在石河子大学建立俄语语言与文化中心的协议。根据协议条例，为中心提供了单独的办公场所，配备了办公设施、多媒体教学设备、教学参考资料和经过批准的编制表。

两校每年互派一名经验丰富的教师在汉语和俄语语言与文化中心工作。与他们的协议内容包括工资的设定、工作量以及医疗保健。同时为他们配备了设备完善的日常生活住所。

此外，阿尔泰国立技术大学在乌鲁木齐职业大学设立了俄语语言与文化中心。并计划在已有阿尔泰国立技术大学俄语外教任职的燕山大学和大连东软信息学院开设汉语语言与文化中心。目前，阿尔泰国立技术大学学习汉语的总人数为 93 人，每年仅在汉语语言与文化中心学习的就有 60 余人。

阿尔泰国立技术大学还与新疆维吾尔自治区科学技术协会、新疆维吾尔自治区人民政府科技厅、伊犁师范大学、新疆大学、新疆职业大学、新疆农业大学、新疆师范大学、新疆机电职业技术学院和新疆轻工学院签订了合作协议。

“一带一路”战略为民族工作带来的三大契机

张　谋*

回顾历史，丝绸之路的兴衰起伏与中国诸多民族的发展演变有着密切的关系。放眼今天，“一带一路”战略的实施，正深刻影响中国乃至亚欧大陆的发展格局，重塑中国民族地区发展进步的宏观环境。瞻望前景，这一宏大的国家战略，将为我们做好新形势下的民族工作，提供至少三大重要契机。

一　“一带一路”为各民族更好地共享现代化红利提供了重要契机

进入21世纪以来，民族地区的发展明显提速。但是，与发达地区的差距仍然显著，成为全面建成小康社会的难点和短板。同时，民族地区内部的区域、城乡、阶层差距有所扩大。这些差距又与民族因素相叠加，使“马太效应”在民族群体之间体现出来。目前，在平均受教育年限、工业领域就业人口比例等指标上，不同民族之间很不平衡，从而导致分享现代化红利的不均衡，成为影响民族关系的重要因素。“一带一路”战略改变了东中西的梯度发展战略，使民族地区由对外开放的后方转变为前沿，由全国发展的末梢转变为欧亚大局的腹心，呈现出独特的比较优势。随着“一带一路”战略的实施，民族地区必将涌现一批“价值洼地”，吸引各类资源要素聚集，从根本上改变发展条件。这将有力推动西部少数民族的工业化、

* 作者简介：张谋，国家民委研究室副主任。

城镇化进程，形成一支成规模的产业工人大军，改变当地的社会结构和社会氛围，使各民族共同搭上风驰电掣的中国现代化列车，实现共同繁荣发展。

二　“一带一路”为深化各民族交往交流交融提供了重要契机

经济是联系不同群体的重要纽带，市场是打破民族藩篱的强大力量。实施“一带一路”战略，实质是打造新的国际国内经济框架，核心是形成覆盖全国、联通中外的全新市场体系。共同市场的发展，不仅需要共享的交通、通信、金融等体系，还需要统一的交易规则，以及通行的价值观念等。在这一波澜壮阔的过程中，各民族、各地区之间的经济联系和文化交流将达到前所未有的广度和深度，构建各族人民利益共享、使命共担、命运共系的局面。可以预见，方兴未艾的跨区域人口大流动也将持续下去，深刻改变中国各民族的分布和交往格局。在市场化、信息化的大潮中，传统民族文化与现代文化相互激荡，将为新时代的中华文化注入丰富内涵，最终形成社会主义核心价值观引领下的各民族共有精神家园。

三　“一带一路”为树立民族工作“中国道路”的良好国际形象提供了重要契机

在民族政策的国际对比中，新中国民族工作的理念和实践具有鲜明的先进性，曾产生重大的国际影响。制度和观念的感召力，是一个国家的重要软实力。当前，国际舆论的主导权仍然把控在西方国家手中，涉及中国的信息不可避免地存在倾向性，在民族、宗教、人权等领域尤其明显。实施“一带一路”战略的过程，不仅是一个中外经济合作的过程，也是一个中外制度和文化交流的过程，是一个向全世界更加全面、客观展示中国形象的过程。在这一过程中，中华民族多元一体格局将“一”与“多”有机统一的理念，中国民族区域自治和各项民族政策的实践，中国各民族发展进步的巨大成就，都将更好地传达出去。一个民族政策开明、民族关系和谐、民族共同繁荣的中国形象，将伴随“一带一路”战略的实施，得到有效树立和传播。这样一个良好的国家形象，又将为中国的国际活动提供重要道义支撑，形成“软”、“硬”两种实力协调运用、相互促进的良性循环。

丝绸之路经济带视角下的向西开放

夏文斌*

2013 年 9 月习近平主席在哈萨克斯坦纳扎尔巴耶夫大学演讲时提出了“共建丝绸之路经济带”的战略。这是鉴于中国和世界形势的新变化提出的一项重要战略思想，这个战略一经提出就赢得了全世界人民强烈的反响和广泛的认同。

2014 年 5 月，由石河子大学牵头的中亚文明与向西开放协同创新中心，在哈萨克斯坦举办了第二届中亚文明与向西开放论坛，该校校长也是我的老朋友马乌列诺维奇发表了一番这样的感慨：“丝绸之路经济带提得特别及时，中国向西开放我们是受益者。中亚等一些国家近年来发展很快，也特别希望能与中国联合在一起做一些大事。目前，我们这两个国家都各有一个具有高远战略思维且受到本国人民普遍爱戴的领袖，你们国家是习近平主席，我们国家是纳扎尔巴耶夫总统，相信有他们的带领，有丝绸之路沿线带国家希望合作的普遍愿望，我们一定会成功!”应当说，这位校长说的是肺腑之言，他多次到中国来，我陪同他到过北京、乌鲁木齐等地参观，他见证了中国的经济一步步强大，也见证了中国和哈萨克斯坦、中亚等友谊合作一步步走向新境界。

---

* 作者简介：夏文斌，石河子大学党委副书记，“中亚文明与向西开放”协同创新中心主任，北京大学教授。

一 向西开放：机遇与意义

丝绸之路是人类文明历程的一项重大创举。自西汉时代张骞出使西域起，就已经开启了跨文化交流的征程，并由此带动了东西间经济文化的交流和互动。

数千年来，为什么人们一代代在丝绸之路这一漫长的古道上，翻山越岭，奔波于荒无人烟的戈壁原野中，历经许多难以想象的艰难曲折而永不停止，就是因为丝绸之路是开辟物品交易的经济发展之路，是不同文化交流的精神融通之路，是探索自然奥秘的生命探险之路。

习主席在新的历史条件下，提出“一带一路”战略思想，就是要让这条千百年来造福人类的发展道路焕发新的生命力。所以，再次简单重复从张骞以来的陆上丝绸之路是不可能的，我们需要从新的经济、文化发展方式出发，从当代世界新的背景、新的走向出发来共建丝绸之路经济带。

作为世界上最大的发展中国家，改革开放以来，我国经济社会的发展如一道美丽彩虹，为全世界的和平与发展增添了新的色彩和能量，创造了举世瞩目的“中国奇迹”。

进入21世纪以来，世界经济由于金融危机所带来的后续振荡效应，尚没有完全走出经济低迷的状态，中国经济社会在走过了30多年的高速发展的同时，也出现了一些结构性的问题和挑战。世界将向何处去？中国该如何在经济新常态下行得更好更快？我们必须要未雨绸缪，防患于未然。以习近平为总书记的中央领导集体，正是面对风云变幻的新情况、新形势，提出包括丝绸之路经济带在内的一系列新战略、新举措，这是影响和优化世界经济社会发展格局一个大手笔，必将给中国现代化的高速列车提供新的能源和动力。

在国际政治经济秩序深刻变动，经济全球化呈现新的态势，国内发展方式面临重要转变的宏观背景下，向西开放成为我国进一步融入和参与国际经济合作与世界分工的必然选择。诚如李克强总理指出的："向西开放是中国全方位对外开放的重大举措。"将向西开放放到丝绸之路经济带的总体战略中来统筹思考，就会使得我们进一步明晰向西开放的意义、目标和重点任务，进一步把握丝绸之路经济带的内涵和系统要素。

西北地区乃至全国向西开放面对的首要对象和重要阵地是中亚地区。无论是历史还是现实，中亚国家都在各种力量博弈中占有事关全局的重要战略地位。从地缘政治的重要性来看，中亚国家地处亚欧大陆的中心位置。早在19世纪，英国著名地缘政治学家麦金德曾经发出预言认为：谁统治了中亚，谁就能控制大陆心脏；谁统治大陆心脏，谁就能控制世界岛；谁控制世界岛，谁就能控制全世界。这是著名的"麦氏三段论"。中亚国家在古代丝绸之路中承担着贯通东西必经要道的重要联通作用，现在独立后的中亚等各国已被重新定位于"欧亚桥梁"，这也是各国实现资源富国战略最理想的对外经贸文化通道，复兴这条古丝绸之路日渐为欧亚国家所高度重视。并且今天的中亚国家政治总体稳定、发展经济势头猛烈，有着丰富的能源资源，是一个潜力巨大的市场，所有这些都为我国的向西开放提供了丰富的战略合作和双赢题材。

中国和中亚国家有着悠久的、和平的历史情缘。这是我们共建丝绸之路经济带和提出向西开放战略中最重要的历史情感基础。1941年是我国抗日战争最艰巨的时候，我国著名的音乐家冼星海到了中亚哈萨克斯坦的阿拉木图，当时他贫病交加，而哈萨克斯坦的音乐人拜尔达莫夫向他伸出了援助之手，帮他治病，同时与他交流音乐和文化，也正是在这期间，他写出了著名的民族解放音乐《满江红》等。并且为哈萨克斯坦的民族英雄阿曼盖尔德写了交响乐。这是中亚两国人民结下深厚历史友谊的见证。2013年9月，习近平主席在哈萨克斯坦访问时和大家重温了这个故事，在场的听众都唏嘘不已并为之动容，为中哈人民坚固的历史友谊而感动。

中亚、南亚和西亚国家资源能源丰富，经贸合作前景看好。这些国家不仅地大，而且物博。广袤的土地资源适于农牧业发展，是粮食、棉花、畜产品的重要产区。特别是中亚五国蕴藏着更丰富的能源和矿产资源，包括石油、天然气、有色金属和黑色金属资源。

哈萨克斯坦已探明223个油气田，石油探明储量为48亿—59亿吨，占世界总储量的3.3%。据哈方专家评估，2025年之前，哈萨克斯坦原油探明储量占世界储量的比例将提升到5.5%，哈萨克斯坦总的潜在原油量为120亿—170亿吨，其中60%以上集中在哈属里海水域。已初步探明中亚天然气可采储量为十多万亿立方米，地质储量为25万亿—30万亿立方米。

随着改革开放步伐的加快，我国经济得到迅速发展，已成为世界第二大能源消费国，能源储量已无法满足能源需求。没有能源，中国的现代化建设将失去自然动力。能源安全关系到国家的经济安全。目前，中国石油消费主要依赖于中东供给，马六甲海峡是唯一的运输通道。而马六甲海峡不仅交通拥挤、过货速度慢，而且易受到外来力量的制约，不稳定因素难以掌控，加上我国海上运输主要依靠外资货轮，这些不利因素会对我国能源安全产生严重影响。中亚地区能源储量丰富，被誉为“第二个中东”，中亚与中东、俄罗斯并称为世界三大产油基地。而且中亚能源还处于起初大规模开采阶段，能源发展潜力非常大。丰富的矿产资源，为中亚国家民族经济的振兴奠定了坚实的基础，提供了持久的动力，也为丝绸之路经济带提供了源源不断的“加油站”。以前我们主要依靠中东，但近一段时间以来，我们和俄罗斯、中亚有广泛深度的合作，使我们的能源安全更加平衡、全面。显然，构建一个安全高效的战略资源通道，关系到中国和世界经济可持续发展的大问题，也关系到丝绸之路经济带可否带来持久效益的大战略。

中国西部邻国巨大的市场潜力和日新月异的发展速度，给我国向西开放提供了有力的回应。一说到霍尔果斯口岸，相信不少人都去过，几年前我怀抱美好的憧憬去了那里，感觉人气并不是传说中的那么旺，而去年我带着团队再次去调研时，看到川流不息的人群，我有一种深深的感慨，开会时特意请来一些常年做边贸生意的人，他们向我们表达近几年政策非常好，和中亚地区的经济社会合作加深，生意越来越好做。自2015年1月到2015年10月，霍尔果斯口岸出入境人员突破330万，比上年同期增长82%。前景一片繁荣。繁荣的背后其中有一个重要原因是邻国哈萨克斯坦的国民经济发展也取得了很大成就，哈萨克斯坦国民经济部长叶尔博拉特·多萨耶夫于2014年9月15日宣布，到2019年哈萨克斯坦的国内生产总值将增加到4000亿美元。多萨耶夫指出："预计，哈萨克斯坦国内生产总值实际增长速度为5%—6.8%。同时，人均国内生产总值将从2015年的1.39万美元增长到2019年的2.14万美元。"土库曼斯坦总统古尔班古雷·别尔德穆哈梅多夫2014年9月11日在政府工作会议上宣布，自年初以来，国内生产总值增长了10.3%。近几年来，中亚地区的经济增长一直处于5%—10%，同期世界平均经济增长水平不超过3%。可见，中亚地区的发展速度很惊人，而这正和中国一样，是很大的增长极，一旦联手之后，将会爆发出更大的能量来影响和改变整个世界的进步和发展。

中亚地区经济的快速发展，人民生活水平的不断提高，使之作为巨大消费市场的潜力进一步显现。由于工作关系，我近期赴哈萨克斯坦等国进行学术文化交流已有三次，每次去都感觉到很大的发展变化，感觉到当地人民越来越富裕，越来越自信，他们对中国经济发展都表示由衷的佩服，对中国商品和到中国旅游都充满了期待。石河子大学有350名留学生，绝大多数来自中亚、南亚和西亚，我曾多次与他们交流，问他们为什么选择中国？选择新疆？他们几乎都异口同声地回答：将来想到中国发展，做边贸生意等。我想他们的表达更进一步证明向西开放迎来了前所未有的良好发展机遇。

二　"两个大局"与向西开放

邓小平早在1987年就指出："沿海地区要加快对外开放，使这个拥有两亿人口的广大地带较快地先发展起来，从而带动内地更好地发展，这是一个事关大局的问题。内地要顾全这个大局。反过来，发展到一定的时候，又要求沿海拿出更多力量来帮助内地发展，这也是个大局。那时沿海也要服从这个大局。"

党的十八大报告提出，要"促进沿海内陆沿边开放优势互补，形成引领国际经济合作和竞争的开放区域，培育带动区域发展的开放高地。”就是说，如果仅仅只有东南沿海的深圳开放，西北地区总是封闭落后，我们的发展成果是不可能惠及整个中国的。

习近平总书记于2015年1月在云南会见独龙族代表时深情地说，全面实现小康，一个民族不能少，不能让一个兄弟民族掉队。确实，我们正在向着全面建设小康社会的目标前进，但是对于中国这样一个发展还不平衡的大国，仅仅有北京、上海、深圳建设小康社会，当然不能标志着我们中国已经全面进入小康社会，还需要包括像沿边地区等这样相对落后的地区进入小康，才是真正意义上的小康社会。

2015年5月初我参加了由北京大学牵头发起的“中国道路与中国化马克思主义协同创新”签约仪式，参加的有中央党校、吉林大学、《求是》杂志等研究学术的高端机构，北大还吸取了包括广西壮族自治区、新疆维吾尔自治区等5个自治区的高校参与其中。大家在会上达成共识：中国道路要真正走得更宽、走得更远，要真正实现中华民族伟大复兴，必须要让新疆在内的边远地区、相对落后地区进入到现代化的康庄大道。

在一带一路愿景与行动中，确定21世纪的海上丝绸之路的核心区是福建，丝绸之路经济带核心区是新疆，而新疆需发挥向西开放重要窗口作用，形成丝绸之路经济带上重要的交通枢纽、商贸物流和文化科教中心。毫无疑问，在丝绸之路经济带视角下向西开放的滚滚洪流中，古老而美丽的新疆正迎着朝阳，蓄势待发。

从地域上来说，接近中亚的新疆是丝绸之路经济带的交通枢纽中心。我的感触很深，每次我从乌鲁木齐到北京要3个半小时到4个小时，而从乌鲁木齐到哈萨克斯坦仅需1个半小时，很多生意人从乌鲁木齐到中亚国家都能够早出晚归。

以陆路向欧洲运送货物要比通过海运节约近1/3的时间，新疆借助丝绸之路经济带建设，正全力打造以伊宁、霍尔果斯、奎屯、喀什、乌鲁木齐5个城市（口岸）商贸物流中心为主的新经济引擎。

大美新疆、神奇新疆，因为新疆有丰富的历史文化底蕴，这里多宗教并存，各种文化相互碰撞、相互交融。英国历史学家汤因比在和池田大作对话时说过，如果让我再活一次，我愿活在公元1世纪佛教已传入时的新疆。还有著名学者、北大教授季羡林曾说过，希腊文明、穆斯林阿拉伯文明、印度文明、中国文明是伟大的，我叫它四大文明，真正交汇的地方只有一个——新疆，别的地方没有。季羡林先生曾任北京大学副校长，我曾多次与他交流，他的每句话都有丰富的历史文化支撑，他能够对新疆文化有这样的评价，我想这是新疆历史文化的实至名归。当然，我们现在一项重要任务，就是要通过先进文化、现代文化去引领这一悠久历史文化。

三　向西开放：目标与任务

对于我国来说，要完善开放格局、提升开放水平，就必须向西开放，在继续完善东南沿海开放格局的同时，也应该认识到东南沿海面临一些复杂的情况和一些不稳定因素，这就更凸显出我们要加强向西开放，如果把对外开放比作行驶的列车，东南沿海和西北开放就如同列车的两轮；如果把对外开放比作展翅鲲鹏的话，东南沿海和西北开放则为鹏之两翼。缺了西北，只有一个车轮；缺了西北，只有一只翅膀，对外开放就不可能跑得更远，飞得更高。我国对外开放战略需要全方位、多向度地实施，而向西开放和沿海开放正应当成为对外开放总战略的“车之两轮”、“鸟之两翼”。

我们向西开放还有一个重要的目标和任务，就是为国际经济社会秩序的优化发展提供重要的支撑。中国大国的崛起正在逐渐完善和优化世界经济社会的秩序，特别是包括中国、俄罗斯在内的金砖国家所形成的新型国家联合体、新型国家战略合作平台的建立，一个新的话语平台在形成，这个新的平台不是否定世界上已有的国际经济社会秩序，而是进一步丰富、提升世界经济社会格局。事实证明，仅由美国和少数发达国家决定世界发展大势的状况需要改变。自习近平主席上任以来，就在不断强化我们国家在世界和平进程中的地位和作用。他多次表示我们不能陷入修昔底德陷阱。修昔底德是古希腊著名历史学家，他提出，当崛起国发展到一定程度的时候，必然会和已经强大的守成国形成一次又一次的碰撞冲突。目前有一些人认为，中国作为正在崛起的大国，其走向强大的时候必然会和以美国为代表的现代化强国之间形成激烈冲突。习近平主席提出丝绸之路经济带，题中应有之义就是要避免掉入修昔底德陷阱。中国和平崛起是为世界发展增添新的身影和新的色彩。中国的文化讲究和而不同，中国元素是世界和平发展的独特的元素，是维护世界和平的独特的力量，会为世界和平贡献自己的一份力量。丝绸之路的精神元素最主要的就是和平与合作，无论是西汉的张骞、东汉的班超，还是唐朝的玄奘、明朝的陈诚，他们的西域之行都是为了传播和平，促进合作，而今天丝绸之路经济带同样也是要传播和平，促进合作。

四　向西开放：我们在行动

在一带一路愿景与行动中，中国提出“五通”的行动要略：政策沟通、设施联通、贸易畅通、资金融通、民心相通。这是我国向西开放的行动指南，更是向西开放能否取得成功的关键词。

政策体系与法律法规的完善是推进向西开放的根本保障。从国内来讲，我们需要进一步加强顶层设计，深入研究中国西部地区在向西开放中所遇到的新情况新问题，对不适应向西开放的法规条文进行调整和修正，同时积极主动地推进制度创新。从国内外交流交往的层面上，我们需要加大与中亚等国家在法律法规和相关政策上的交流对接，以促进交往便利化提升效率为目标，删繁就简，重在实效，真正打通影响我们向西开放的法律政策瓶颈，从而让国内外的创造活力在开放的大潮中竞相迸发。在我们到新疆边贸局和一些企业家交谈时，大家感到最大的困惑是对中亚、南亚、西亚很多法律法规不适应、不熟悉、不了解，因而走了很多弯路。2014 年我们就请来了中国的法学、边贸专家到中亚去，大家共同交流如何在交往便利化过程中减少边贸的政策性、法律性的障碍。石河子大学和对外经贸大学共同成立的中国边贸研究中心也就是要重点解决新疆在边贸过程中所遇到的一些瓶颈性问题。

对外开放要拓展，基础设施应先行。要加快中吉乌铁路和中巴铁路的建设进度，积极参与国家规划的中俄蒙哈阿尔泰山区域交通等一系列工程。当前，虽然中亚国家的经济发展速度惊人，人民生活水平提高较快，但是和我们的经济和开放还有一定的差距，特别是基础设施的建设。我们正在启动的中巴经济走廊，起点在喀什，终点在巴基斯坦瓜达尔港，全长3000公里，北接“丝路经济带”、南连“21世纪海丝之路”，是贯通南北丝路的交通枢纽，是一条包括公路、铁路、油气和光缆通道在内的贸易走廊，同时是“一带一路”的重要战略组成部分。

当前中国要充分利用我国基础设施建设实力雄厚的优势，积极向西拓展基础设施项目。在2014年的APEC会议上，中方提出要建设亚洲基础设施建设银行，这无疑会极大地推进我国周边地区的基础设施建设。

我们要巩固与发展同中亚、南亚、西亚国家的睦邻友好关系，增进政治互信。由于各种政治力量的相互博弈，使得国际政治交往呈现复杂的境地。无论如何，中国走和平发展之路的决心和信心是不变的，同时这也是世界的主流。为此，就需要我们在求同存异的基础上，坚持政治伦理互信。习近平主席在2013年周边外交工作座谈会上指出：要“坚持与邻为善、以邻为伴，坚持睦邻、安邻、富邻，突出体现亲、诚、惠、容”。为此，我们要进一步加强和扩展与这些国家常态性高层互访，逐步建立和完善在各领域沟通与磋商的政治机制，在互信的基础上加强战略合作。我的一位朋友是全国道德模范，叫马军武，他和他的妻子常年值守在中哈边境的桑德克哨所。“一生只做一件事，我为祖国当卫士。”2014年习近平主席来新疆接见他时，马军武掷地有声地说了上面一句话。他的哨所大概100米以外就是哈萨克斯坦，夫妻二人坚忍着孤独，20多年如一日地坚守中哈友好的界碑。这是边疆安全的界碑，是希望的界碑，精神的界碑，他的哨所就体现了习总书记所说的亲、诚、惠、容。我们西北地区的一个个边防哨所，都是与周边国家的与邻为伴、与邻为善、睦邻、安邻的典型和榜样。

我们要在上海合作组织框架下加强与西部邻国的安全合作，合力打击恐怖主义，探索应对非传统安全协调机制，强力打击“三股势力”。上海合作组织2001年成立，每年召开一次峰会，更多的以安全和发展为主题，在西部地区安全形势面临严重挑战的背景下，我们更需要通过上海合作组织等平台建立目标统一、相互协调的合作机制，反应迅速、行动有效的应急机制，全面完整、操作便利的信息共享机制，牢牢构筑安全稳定带。

我们要广泛拓展公共外交，丰富周边和谐稳定的内容。我国西北地区与中亚、南亚、西亚等国家有着天然的民族文化联系，这既有利于双方经贸上的沟通互动，也有利于发展和谐的民族关系。我们要继续利用各种形式，丰富和拓展与中亚、南亚、西亚的公共外交、民间外交，增强不同国别之间人民的政治包容、理解与互信。2014年我和我的同人在哈萨克斯坦期间，驻哈使馆的同志专门请我们到大使馆进行交流，大使馆的同志对我们说，现在中国与哈萨克斯坦是前所未有的政治外交的“蜜月期”，但是要把中国和哈萨克斯坦及中亚的政治友好外交延续下去，巩固下去，发展下去，仅仅靠外交大使馆的同志，靠高层推动是远远不够的，还需要你们这样的学者和文化使者来共同打造公共外交、民间外交，使得友好团结的纽带更加坚固。大使馆同志的真知灼见，也提醒我们需要从新的角度、通过新的方式，去推进向西开放。

附：现场答问互动

一教师问：夏教授，请问在向西开放过程中兵团应当发挥什么样的作用？

习近平主席在2014年4月到新疆兵团考察时，要求兵团要成为“安边固疆的稳定器，各族人民的大熔炉，先进生产力和先进文化的示范区”。确实，在中国革命、建设、改革的不同历史时期，兵团都发挥了重要的不可替代的作用。具体到丝绸之路经济带和向西开放层面，我想兵团发挥了以下几个方面的作用：一是发挥兵团现代化大农业的作用。兵团的农业现代化大生产程度高，许多技术处于全国和中亚领先地位，特别是我们的滴水灌溉技术，无论是技术含量，还是应用推广面积及效果，都是可圈可点的，完全可以在向西开放中发挥其技术引领作用。还有包括棉花种植、畜牧病防护、生态修复治理等，都可以在扩大对外交流中不断推广。二是发挥兵团的基础设施建设实力强的优势。新疆生产建设兵团从新中国成立以来，就一直以建设大军的形象展现在世人的面前。这是一支有智慧、有纪律、能战斗的“部队”，关键时候，他们能上得去、干得好，曾经高质量地完成了一些重要的铁路、机场等基础设施建设。三是兵团文化和精神。兵团文化是中华优秀文化的重要组成部分，是社会主义核心价值观在边疆的生动体现。在向西开放过程中，兵团精神所体现出的闪光的价值，一定会在交流交往中发挥出独有的正能量。

一学生问：请问夏老师，有人说新疆维护稳定的任务比较重，向西开放可能会带来不稳定，你怎么看？

在经济全球化时代，各国的经济社会文化都处于相互联系的发展的过程，新疆要发展也必须走开放之路，并且新疆向西开放的成效已经显现。当然，我们要特别注意的是，新疆的反恐维稳问题，这确实也是世界局势特别是中亚、南亚、西亚各种力量相互博弈带来的新变化，对此，我们必须从世界和中国的大势出发，来全面把握新疆的开放与维稳的关系。要通过开放，在更大范围内来解决影响稳定的隐患问题；要随时把维护稳定作为向西开放的题中应有之义，未雨绸缪。我有充分的理由相信，通过我们共建丝绸之路经济带战略的全面实施，新疆的未来一定是开放、祥和、富足的。

（本文系2015年6月石河子大学未名山文化大讲堂的讲演原稿，修改后发表于2015年6月25日《光明日报》。）

中亚地缘政治博弈及其新动向

潘志平*

近代，特别是中亚五国独立以来，中亚地区日益成为大国及各种政治势力博弈的场所。2013 年秋，中国国家主席习近平提出共建“丝绸之路经济带”的构想，在国内外引起巨大反响。处于“丝绸之路经济带”枢纽的中亚，地缘政治上的博弈之动向，是本文关注的重点。

一 地缘政治主题

地处欧亚大陆腹地的中亚地区，受限于地理、人口诸因素，本身并不能成为地缘政治的中心。它为各大文明的交汇之地，同时也是各大文明的边缘地带，只是最近的一二百年方成为地缘政治角逐的对象。随着苏联解体和中亚地区建立起五个独立的共和国，新一轮的地缘政治经济博弈开始。

当然，近些年来中亚及周边的情况比较复杂：2014 年北约及美军撤离阿富汗，后撤军时代的前景一直为诸方分析和猜测之焦点：是全撤还是部分撤，塔利班是否还会卷土重来？特别是伊拉克和黎凡特伊斯兰国（ISIS）异军突起，搅得中东一团乱象。乌克兰政变以及俄罗斯被指控“干预”，俄罗斯与美国、北约、欧盟的关系骤

* 作者简介：潘志平，新疆大学天山学者、中亚研究院教授，中亚地缘政治研究中心研究员。

然紧张。但这些都改变不了的现实是：其主角或大国博弈的主要对手，在欧亚大范围是北约和俄罗斯，在欧亚的腹地则是美国与俄罗斯。

（一）美国的“愿景”

苏联解体后，中亚被认为是地缘政治的真空。早在1992年美国便出台涉及中亚的“自由促进法案”，其基本内容是：非核化、自由和民主。1997年华盛顿推出“丝绸之路战略法案”，其战略目标是遏制俄罗斯、获取能源和推广美国的价值观。尽管美国千方百计地想打入中亚，但成果甚微。中亚国家相继被纳入北约和平伙伴计划，但这些国家仍然跟着俄罗斯，至少不敢背向俄罗斯。

“9·11”后，美国得到千载难逢的机遇，即以反恐为名打入中亚——吉尔吉斯斯坦玛纳斯空军基地和乌兹别克斯坦的汉纳巴德空军基地。随着美军进驻，打出“持久自由行动”致力于民主化，鼓动起“颜色革命”，通过“郁金香革命”推翻了吉尔吉斯斯坦阿卡耶夫政权，但引起俄罗斯和中亚国家的警惕。此后，美国推出“大中亚伙伴计划”，但未有响应者。2010年，希拉克在修改“大中亚伙伴计划”的基础上推出“新丝绸之路愿景”。最近十年美国的“计划”和“愿景”，就是以重建阿富汗为名，挖空上海合作组织，排斥俄罗斯与中国，力图将中亚往南拉入美国的势力范围。所谓的“新丝绸之路”，只是借此掩盖其真实的政治目标。

（二）俄罗斯的“联盟”

苏联解体之初，在很大程度上，中亚被认为是卸去的“包袱”。但一厢情愿地融入“西方”美梦破灭之后，俄罗斯愈来愈认识到，中亚地区于俄罗斯安全与发展具有的重要地位。“格乌冲突”后，普京、梅德韦杰夫郑重宣布，包括中亚在内的独联体地区是俄罗斯“特殊利益”地区。其所谓的“特殊利益”就是传统的“势力范围”。在一些俄罗斯政治家和地缘政治学家眼中，中亚无论如何是不容他人染指的后院。

与美国不同的是，俄罗斯在中亚地区有着广泛的政治、军事、经济和文化的影响，并有不同内容和层次的平台：独联体、独联体集体安全条约组织和欧亚经济共同体。2010 年开始，俄罗斯效仿欧盟，开始打造俄白哈关税同盟。2014 年 5 月 29 日，俄罗斯、白俄罗斯、哈萨克斯坦三国领导人在阿斯塔纳签署《欧亚经济联盟条约》，宣布欧亚经济联盟将于 2015 年 1 月 1 日正式启动，在此基础上建立超国家的联盟，旨在政治、经济上整合独联体。

（三）欧盟的“计划”

欧盟对中亚关注有限。1995 年通过《欧盟对中亚国家战略》，但相互伙伴关系与合作协议长期并未有实质性落实。2007 年欧盟推出新版中亚战略，2008 年出台“东方伙伴计划”。欧盟聚焦于中亚两个方面：能源、交通与民主、人权，前者实，后者虚。欧洲本来就能源紧缺，主要依靠俄罗斯之油气。欧洲愈来愈想直接获取中亚的油气，而摆脱对俄罗斯的依赖。近十年来一直在经营里海、高加索、土耳其的巴库—杰伊汉油管和纳布科气管。这些与中亚油气东输形成竞争关系。

在交通上，欧洲则致力于“欧洲—高加索—亚洲运输走廊”（TRACECA）计划。这是由欧洲通过土耳其、高加索，穿越里海的宏伟计划。其最诱人的前景是：以标准轨与我国向西铁路在中亚对接。最新消息是，连接亚欧大陆的马尔马雷海底隧道，于 2013 年 10 月 29 日（土耳其共和国成立 90 周年之际）正式通车。隧道深度为海平面以下 60 米，为世界之最。土耳其总理埃尔多安在开通典礼上表示，海底隧道横跨博斯普鲁斯海峡，连接伊斯坦布尔的欧洲和亚洲地区。从理论上讲，这条隧道的开通会使从伦敦乘火车经伊斯坦布尔去北京成为可能。标志着北京和伦敦将通过这里连接起来。

二　“丝绸之路经济带”是什么

自习近平主席提出“丝绸之路经济带”后，学界已有很多很好的解读。笔者认为，以下两点很重要：一是源于悠久的古丝路历史传统；二是相关地区国家人民顺应当代全球化的大区域经济合作的愿景。

对于古丝路历史传统，大家都已十分清楚，这里就不多说了。而关于“全球化”这一概念要说上几句，一般而言，它说的是经济全球化，即指世界经济活动超越国界，通过对外贸易、资本流动、技术转移、提供服务、相互依存、相互联系而形成的全球范围的有机经济整体。当然，关于“全球化”争议很大，拥护者憧憬它会给整个世界带来空前的进步和繁荣；批评者断言它会给发展中国家带来贫困、战争甚至文化灭绝。但我认为，无论你喜欢或不喜欢，无论你赞成或反对，全球化总的来说是历史大趋势、大潮流。借用孙中山先生的话“世界潮流，浩浩荡荡，顺之则昌，逆之则亡”，要“内审中国之情势，外察世界之潮流，兼收众长，益以新创”。从这点看，当代全球化是“丝绸之路经济带”的时代背景。

宽容与不排他，是“丝绸之路经济带”与所有其他的计划最重要的区别。“丝绸之路经济带”不是论坛，不是要搞什么国际组织，更不是策划什么排他的经济，或意识形态的“同盟”，而是相关地区和国家共同努力奋斗的美好“愿景”。中国只是倡导者、推动者，而不是主导者，更不是主宰者。我们应清醒地认识到，“丝绸之路经济带”要由相关地区的国家人民“共建”，这应是一个平等、协商、共赢的“水到渠成”的过程。在“丝绸之路经济带”的两端，是互为方向的大开放之“梦”，而在其枢纽的中段——中亚地区，却是摆脱封闭的多方位的大开放之“梦”，归根到底是“丝绸之路经济带”相关地区国家和人民的共同之“梦”。

在中亚地区已有一个特别重要的国际组织——上海合作组织。这个组织成立已 13 年，取得了许多成果。但迄今为止，中亚地区的经济合作还局限于双边，也就是说，尚未有真正意义上的上海合作组织框架下的多边合作。有些利好的项目和机制建设进展缓慢，如上海合作组织发展银行、能源俱乐部。作为一个国际组织，上海合作组织有自己的规章制度和运行机制，在具体操作中总有一定过程。比如说，“成员国协商一致”的原则，即凡事须成员国协商一致，方能形成决议。这充分体现了上海合作组织成员国无论大小一律平等，固然很好，但问题的另一方面，那就是“一票否决”，即若有一成员国不同意，那就什么事也做不了。我想，“丝绸之路经济带”的构建，亦可反过来推动上海合作组织区域范围的多边合作。这些年来，中国—中亚天然气管道建设如火如荼，这是中国、哈萨克斯坦、乌兹别克斯坦和土库曼斯坦四方合作，其中土库曼斯坦不是上海合作组织成员国，因此不能说是上海合作组织框架下经济合作，却可以说是“丝绸之路经济带”板块中的经济合作。这种合作更灵活，不受组织限制，还可反过来推动组织的合作建设。笔者甚至想，可以在“丝绸之路经济带”自由地灵活地搭建经济合作发展银行、能源俱乐部之类的合作平台，参加者自愿。这或许能更便捷地办一些实事。

三　中俄两“带”之对接：前景广阔

在2013年底北京召开的“丝绸之路经济带”国际学术座谈会上，俄罗斯学者提出，要避免用“中国梦”“绑架”他国。此说讲得很客气，实际上体现了外界的特别是俄罗斯方面的一些疑虑。

2014年2月，国家主席习近平在索契冬奥会上会见俄罗斯总统普京。普京表示：俄方积极响应中方建设丝绸之路经济带和海上丝绸之路的倡议，愿将俄方跨欧亚铁路与“一带一路”对接，创造出更大效益。此后，俄罗斯学术和实际部门重量级人物亚库宁、奥西波夫和萨多夫尼契提出“跨欧亚发展带”的构想。

俄罗斯信息分析中心网站2014年5月26日文章就此评论说：“自开始全方位合作以来，莫斯科和北京还从未如此接近建立战略……俄联邦希望得到中国的投资，中国希望得到俄罗斯的资源。中国与俄罗斯的紧密合作，打造独特的欧亚‘经济脊梁’，这有望催生新的地区安全体系，将使美国不再觉得自己是可随意发动革命和内战的地区霸主。”

2014年7月21日，上海国际问题研究院与世界“文明对话”公众论坛合办的“加强中俄合作实现丝绸之路经济带与跨欧亚发展带的有效对接国际研讨会”在上海举行。中俄最重要的智库代表人物，包括俄罗斯铁路总公司总裁亚库宁出席会议，初步地探讨了中俄两“带”之对接的意义及必要性、可行性。

虽然还未看到关于“跨欧亚发展带”的详细报告，但我感到，俄罗斯的这个“发展带”与中国的“经济带”，所划出的地域大体吻合；所倡议的内容，包括铁路、公路、航空、油气管道、电力、通信网络以及金融信贷的互通互联，高度吻合。因此，有理由相信，中俄的这两条“带”是完全可以对接的。问题是，中国的“丝绸之路经济带”是由国家主席在各种场合下一再强调的，表明它已成为中国的国家发展战略的重要内容。而笔者近日专门请教过俄罗斯著名学者卢金，他认为，俄罗斯的“跨欧亚发展带”还处于学术和实际工作部门讨论之中。也就是说，只有当“跨欧亚发展带”如同中国一样，成为俄罗斯国家发展战略，这两个“带”的对接方能进入实质性讨论研究阶段。

至于如何对接问题，笔者以为，须考虑以下几点：一是形而上层面，必须不断提高中俄两国政治层面上的互信。这个互信程度越高，对接的基础就越扎实。二是较为具体的技术层面，必须在加强中俄经济合作的过程中，逐步实现技术标准的对接，比如在铁路互通就有标轨与宽轨的对接。三是先易后难、循序渐进，还是摸着石头过河。总之，在可预见的中俄关系愈来愈好的发展趋势下，加强中俄经济合作，前景广阔；中俄的“丝绸之路经济带”、“跨欧亚发展带”的对接，前景亦广阔。

现代丝绸之路：亚欧腹地多元文化的复兴与交流

石 岚 刘 艳*

当德国地理学家费迪南·冯·李希霍芬1877年在其出版的《中国——我的旅行成果》一书中，首次提出“丝绸之路”概念时，世界各国开始重新认识和评价这条曾经绵延数千公里，连接亚洲东部与欧洲、北非的大通道。这条通道承载的是文化与商贸活动的交流与合作，留下了古代人类社会往来的历史印记和美好融通的回忆。

正是在对古代丝绸之路理念广泛认可的基础上，人们才有了今日复兴丝绸之路的构想。复兴丝绸之路的倡议，再次提出在现代国际社会和区域环境条件下，具有促进不同文明之间的文化与商贸交流的重要意义。

一 丝绸之路的承载

丝绸之路承载的是人类跨越千山万水的文化交流与经济贸易活动，传递友谊、和谐与互助的理念。按照运输方式的不同，丝绸之路又分为陆上丝绸之路和海上丝绸之路。其中，陆上丝绸之路起始于西汉都城长安（东汉时延伸至洛阳）①。作为重要的亚欧大陆商路

* 作者简介：石岚，新疆社会科学院中亚研究所副所长、研究员，石河子大学“中亚文明与向西开放”协同创新中心研究员。

① 佚名：《丝绸之路（古代连接中西方的商道）》，百度百科（http://baike.baidu.com/link?url=jfr4ZAhOWPLqWxeuk8R3-OYxEAKYyvTRqGUwx6Ovx0e2U9zcaeMr0LXH4U_2DQYgSq5o-WgKC8hVTBnnJPnuLqpBD3K_j8KT4qqEymjnza0_）。

与文化交流通道，陆上丝绸之路经中原、河西走廊、塔里木盆地，一直进入中亚的河中地区、伊朗等地，进一步延伸，连接到地中海沿岸和欧洲。因该通道上过往货物中丝绸制品数量与影响较大而得名。在上述描述之外，我们还能查询到形成于公元前 5 世纪的草原丝绸之路、曾经在宋代发挥巨大作用的海上丝绸之路等，这些交流通道都是东西方商贸与文化合作的典范，记录下早期不同区域人类交往活动的轨迹，也是最早开始的全球化交流合作活动的雏形。

亚欧腹地地处古代陆上丝绸之路的核心地段，这里因此成为多元文化汇聚之地。持久兴盛的贸易商业活动带来人员的大规模长时期流动，随之而来的，是人类文化传统与社会意识形态。从经营理念上看，起自东方的丝绸之路，在新疆与中亚汇聚，因而在这两大区域，我们可以看到东西方文化交融的结果。从日常种植的作物，如洋葱（皮牙子）、石榴，到主要饮食类别，如抓饭、烤肉、烤包子；从传播久远的丝绸与布匹，到东方著名的瓷器与西方的香料；从多元宗教的信仰，到遍布西域各地的古代城郭及其后裔的姓氏所代表的独特含义。宗教的传播在这一历程中得到推进，同时民族的兴衰存亡、帝国的构建也成为历史画卷中多姿多彩的组成部分。

亚欧腹地独特的人文特质，决定着这里成为古代丝绸之路大商道的核心。这里有着典型绿洲经济的农业属性，同时兼顾草原所带来的流动性；商业上对驼队与贸易的依赖无可丢弃。作为重要的驿站与通道，丝绸之路的功能在这一刻最为凸显，交流、合作、融合、会通，一切如此自然。但归根结底，丝绸之路的文化属性才是合作交流的基础与升华。

在今天的中国新疆、中亚、阿富汗和伊朗等地，你能够从博物馆的历史展品陈列或讲解图册中，清晰地感触到丝绸之路的文化魅力。例如，在中亚国家有些特色餐饮或旅店会以穿越沙漠的 Caravan 命名并装饰。在布哈拉，古王宫的展厅中有非常著名的来自东亚的瓷器（可能来自日本或中国），虽然不能算得上是极品，但能够在长途运输后依然保存完好，令人惊叹。

在中国新疆南部的塔里木盆地边缘，有考古发现，古代居民的特质与今日有很大不同。这些古代人身材高大魁梧，有些拥有金发深眼眶。在遍布塔里木盆地边缘的各种古城遗址和洞窟中，能看到来自希腊、印度或中国内地的服饰、发型、姿态图案，甚至语言与行为方式。距离塔里木盆地以东不远处的敦煌是这一奇妙历史传承的代表。北方的草原、中部的沙漠与绿洲，南部的海洋或岛屿，瑰丽的丝绸之路冲破传统居住地的藩篱。以贸易和商业活动为助推，丝绸之路承载的是更为丰富的文化功能，为途经区域带来了无可比拟的沟通与交流。这也为后人的研究与重构，提供了很好的窗口。

二 现代丝绸之路建设中的文化与商贸

现代丝绸之路建设，是在新的历史条件下以区域合作与互利共赢为目标，致力于复兴亚欧腹地的多元文化对话与交流。

（一）繁荣的商业贸易活动带动丝绸之路复兴

过去20余年中，随着中亚国家的独立与经济复苏，尤其进入21世纪之后的加速发展，区域性合作的扩大和深化成为可能。尽管中国新疆地区经济发展状况远不如中国东部沿海地区，但新疆与中亚地区的贸易活动依然呈现出较快增长。2013年，中亚国家与新疆的经贸合作取得新的突破，成为新疆最主要的贸易伙伴。2013年新疆对外贸易同比增长9.5%，达到275.619亿美元，其中与中亚国家贸易额达到190.24亿美元，占新疆进出口总额的69%（见表1）。

表1　**2013年新疆与中亚国家进出口贸易情况表**（单位：亿美元）

国别	贸易总额	同比增减（%）	出口	同比增减（%）	进口	同比增减（%）
哈萨克斯坦	122.55	9.7	83.69	17.2	38.86	-3.5
吉尔吉斯斯坦	41.73	3.3	41.34	3.7	0.39	-23.6

续表

国别	贸易总额	同比增减（%）	出口	同比增减（%）	进口	同比增减（%）
塔吉克斯坦	15.85	12.6	15.76	15.3	0.09	-77.0
乌兹别克斯坦	8.72	4.9	4.92	27.8	3.8	-14.9
土库曼斯坦	1.39	10	1.35	10	0.04	9.9
合计	190.24		147.06		43.18	

注：数据来源于新疆乌鲁木齐海关网（http：//urumqi.customs.gov.cn）。

中亚国家是新疆地区对外经贸活动的重点，是新疆最大的贸易伙伴。2013 年新疆的外贸情况统计中，哈萨克斯坦与新疆的贸易额高居首位，占新疆对外经贸总额的 44%；顺次为吉尔吉斯斯坦占 15%，塔吉克斯坦占 6%，乌兹别克斯坦占 3%，土库曼斯坦占 1%。上述五国与新疆的贸易额占新疆当年对外贸易总额的 69%（见图 1）。

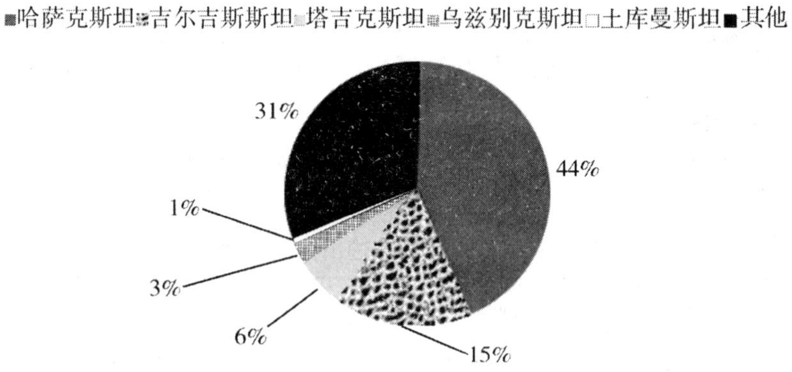

图 1　2013 年中亚国家与新疆贸易额占比图

在新疆外贸水平不断提升，包括与中亚国家贸易额屡创新高的同时，从数据分析可见，新疆的贸易伙伴多元化也取得初步成果，新疆与中亚国家的贸易占新疆对外贸易总额的比例呈逐年下降趋势。反之，新疆与阿拉伯国家、土耳其、伊朗等国的贸易水平大幅提升。2012 年，新疆与阿拉伯国家贸易额不足 8 亿美元，2013 年则大幅上升到 21 亿美元。新疆与伊朗双边贸易额 2013 年度达到 10.45 亿美元，同比增加 2424.5%。与印度、乌克兰等国家的贸易增速也位居前列。

经过 20 余年的发展，中国企业在中亚地区的投资呈显著上升态势。借助双边关系的日益密切，新疆企业也加大了在中亚地区的投资力度（见表 3）。

表 2　**2010—2013 年新疆进出口贸易总额表**　（单位：亿美元;%）

年份	新疆外贸进出口总额	其中与中亚国家贸易额	占百分比
2010	171.28	137.42	80.23
2011	228.2	169.84	74.43
2012	251.7	175.7	69.81
2013	275.619	190.24	69.02

注：数据来源于乌鲁木齐海关网（http：//urumqi.customs.gov.cn）。

表 3　**中国企业在中亚的投资情况**　（单位：家）

国　家	中国企业在该国投资总数	其中中央企业	其中新疆企业
哈萨克斯坦	265	35	130
土库曼斯坦	35	12	5
塔吉克斯坦	86	16	32
乌兹别克斯坦	146	18	41
吉尔吉斯斯坦	117	12	43
合　计	649	93	251

注：1. 数据来源于国家商务部网站（http：//wszw.hzs.mofcom.gov.cn/fecp/fem/corp/fem_ cert_ stat_ view_ list.jsp）；

2. 数据统计截至 2014 年 11 月底。

（二）便捷的人文往来带动文化交流与合作

贸易的大幅增长带来人文交流活动的拓展。为顺应社会需求，乌鲁木齐机场已经开通了直飞中亚各国、土耳其伊斯坦布尔、阿联酋迪拜、俄罗斯新西伯利亚和莫斯科、阿塞拜疆巴库、格鲁吉亚第比利斯等重要亚欧城市的航线。南疆重镇喀什也开通直飞伊斯兰堡的航线，区域开放格局进一步打开，人文交流的通道更加便捷畅通。2011 年，中国以新疆为西段建设了经霍尔果斯的国际铁路线，这是在早先经阿拉山口通行运营的亚欧大陆桥之后，又一条连接新疆与中国中东部地区和亚欧国家的交通大动脉。2014 年，新疆开通了乌鲁木齐至哈密的高速铁路和连接乌鲁木齐、石河子、奎屯、克拉玛依的“北疆之星”城际列车，新疆内部不同区域间和新疆与外界的交流变得更为快捷。即便是相对封闭，自然条件并不理想的南疆地区，设计中的交通网络建设也会为区域互联互通加速。

便捷的交通带动了人员往来，扩大了亚欧腹地文化的传播。各种各样的主题文化节、旅游节、舞蹈节、民俗展示或诗歌比赛等，增添了文化交流的魅力与内涵。多层次、多主题、多领域的文化活动欣欣向荣，向外界展示了一个多姿多彩的亚欧。

在 2007 年中国与哈萨克斯坦签署的联合公告中，明确双方文化交流的重点领域：联合考古、历史文献研究、庆祝民俗节日、丝绸之路跨国申遗和广播电视领域合作交流等。2014 年 6 月，中、哈、吉三国联合申报的“丝绸之路：长安—天山廊道路网”获得审议通过，列入《世界遗产名录》。这次申报使用的是吉尔吉斯斯坦名额，项目全称“丝绸之路：起始段与天山廊道的路网”，全长 5000 公里，涉及三国 33 个申遗点，包括各帝国都城、宫殿群和佛教石窟寺等。这也是中国完成的首个跨国申报项目。此外，孔子学院建设、在对方图书馆开办主题国文化展览和设立对方国家的文化中心，以及在运动体育项目中相互支持，共同举办和参加各种国际赛事等，都成为双方文化合作的重要领域。综合来看，近年来中国与西部邻国文化合作重点加强了以下内容：

第一，多边文化合作机制的启动和日益完善。在上海合作组织等地区性国际组织框架支持下，中国已经与中亚、俄罗斯等国家建立起相对稳定的文化合作机制，就文化领域共同关心的问题进行交流，制订多边文化合作计划。上海合作组织还根据各国需要，启动成员国文化艺术节机制，制定《文化节章程》。

第二，继续巩固和加强孔子学院建设，深化双边教育合作。经过多年努力，目前中国在西部周边地区的孔子学院建设取得一定成效。以中亚为例，表 3 可见孔子学院在中亚地区的分布情况[①]：

此外，吉尔吉斯斯坦还有 7 个孔子课堂。在教育合作领域，中国还与周边国家签署了教育合作协议，定期举行教育部门公职人员的互访。在相互间留学生的选派上，呈现逐年增长态势。截至 2013 年底，在新疆的外国留学生人数达到 6888 人，与 2010 年相比增长近 3 倍。这其中，76%来自中亚，七成留学生选择来新疆学习汉语。此外，医学、经济学、农学专业也备受青睐。目前，新疆已经有 20 所高校、2 所中职院校和 11 所中小学具备接收外国留学生的资质。[②]举办教育展、大学生艺术节或夏令营等，吸引了更多的年轻人加入到教育合作交流的行列中，双方在学习汉语和俄语等方面也取得更多认可，语言学推广与传播迎来新的发展机遇。在前期举办的央视汉语言比赛中，来自哈萨克斯坦的选手获得了较好成绩，这也与中国和西部周边国家语言教育合作的努力分不开。

第三，丰富多彩的文化交流活动让人文合作更加生动。自 2000 年开始，各类文化艺术活动成为中国与西部邻国交往的靓丽名片。中国文化中心的设立、中国文化图书馆、中国电影展、中国知识讲座、中国图片展，甚至不定期开办的春节联欢会等，都为文化的传播与交流营造了浓厚的艺术氛围。而在中国，不断揭幕的“哈萨克斯坦文化节”、“阿拉木图文化周”和此起彼伏的舞蹈节、艺术节，也让中国人领略了灿烂多姿的中亚文化，增加相互了解和友谊，构架互信的情感通道。据悉，部分亚欧腹地国家还通过免签证或落地

① 国家汉办：《关于孔子学院/课堂》（http：//www. hanban. edu. cn/confuciousinstitutes/node_ 10961. htm）。

② 车晓雪：《中亚八国来新疆留学人数猛增，三年增长近三倍》，2014 年 4 月 9 日，天山网（http：//xj. ts. cn/2014-04/09/content_ 9531619. htm）。

签等优惠政策，利用文化旅游的感召力，吸引越来越多的中国人前往休闲度假，感受浓郁异国风情。

三　亚欧腹地多元文化的复兴与交流

亚欧腹地处于欧亚大陆十字路口，是古代东西方间文化穿梭与人类往来的交通枢纽与十字路口。在现代经济社会发展推动下，区域文化合作交流进入一个新的空间。东部的亚太、北部的俄罗斯、西部的阿拉伯与欧洲、南部的印度次大陆等，都为新的丝绸之路建设中的多元文化复兴提供了更为广阔的机遇。

2013 年 9 月，中国国家主席习近平访问哈萨克斯坦，提出了构建丝绸之路经济带的倡议，获得各方积极关注。倡议提出一年多时间，也是各方充分调动资源，积极探讨如何认识、评价和参与丝绸之路经济带建设的过程。对于丝绸之路沿线各国积极参与的态度，中国政府非常欢迎。2014 年 8 月，习近平主席访问蒙古国时曾明确表示，“欢迎大家搭乘中国发展的列车，搭快车也好，搭便车也好，我们都欢迎”①。未来的丝绸之路经济带建设，也需要各方采取务实态度，积极设计构思，寻找到不同的发展机遇，创造合作共赢的双赢局面。

中国中央政府已经确定新疆为中国丝绸之路经济带建设核心区。未来的中国与西部各国的合作，将紧紧围绕丝绸之路经济带建设需要展开，新疆责无旁贷地承担着东联西出的重任。历史上耀目的古丝绸之路又展现出新的发展生机。要实现亚欧腹地多元文化的复兴与交流，首先需要解决亚欧大陆腹地的繁荣富强，增加团结互助和政治互信，强化合作共赢意识。

当前，依然有诸多因素干扰地区稳定发展和对文化观的看法。日益严峻的极端思潮渗透和极端主义活动的挑战，破坏了区域合作

---

①　欧阳开宇：《习近平在蒙古发表演讲：欢迎搭乘中国发展的列车》，2014 年 8 月 22 日，中国新闻网（http：//www.chinanews.com/gn/2014/08-22/6521375.shtml）。

的基础。国家制度的差异也阻碍了相互理解与信任关系的建立，民间人文交流的贡献力受到一定削弱。世界范围内政治经济秩序的变革带动了地缘政治环境的发展变化，为未来多元文化交流与复兴增加了适应新境遇的难度。

丝绸之路的核心地段在亚欧腹地。这里有着古老传承的丝路文化，也有着现实中的多元文化枢纽区位条件。对传统丝路文化的认同开启了各方进一步依托丝绸之路拓展文化合作交流的窗口。东西南北多元文化依然会在这里碰撞，但它们放射出的，将是多元文化复兴交流的星光，是基于区域商贸合作与政治互信之上，人类社会再次触碰跨文明的交流、对话与合作。

改革开放丝绸之路国际法

——从政治角度看待法律

李　鸣*

一　引言

这个题目是为了契合“西域法学高峰论坛”主题而定。大家说的丝绸之路，可以视为一种政策，它是以前经常提到的向西开放政策的延伸，来源于中央提出的打造海上丝绸之路和丝绸之路经济带的决策。所以，题目中的丝绸之路，是指丝绸之路政策，我今天要谈的，是这一政策与国际法的关系。而这一政策又是改革开放的深化，所以，我把改革开放加了进来，以便从更大的背景来思考这一政策与国际法的关系。实际上，改革开放以来中国的国际法立场、观点，应适用于丝绸之路政策，只是后者具有某些特殊性而已。此外，我所说的改革开放，主要是指对外开放，对外开放本身也是一种改革，所以，我用改革开放来表达对外开放。改革开放作为一个历史进程，包含许多国内政策、法律及其变化，我不直接涉及这些问题，尽管内政和外交是相通的。总之，我今天要谈的，属于中国对外政策与国际法关系范畴。

改革开放是1978年以来我国一直奉行的基本国策。改革开放之初提出的口号是20世纪末实现四个现代化，即农业、工业、国防和科学技术现代化。今天来看，这些目标已经大体实现，改革开放进

* 作者简介：李鸣，北京大学法学院教授。

入了一个新的阶段。这一阶段的改革开放，是将中国建成富强、民主、文明、法治的国家。

打造海上丝绸之路和丝绸之路经济带，是新一轮改革开放的政策选择，是中央在总结改革开放经验基础上，根据新的国情和国际环境，为推进和深化改革开放而采取的重大战略举措。建设海上丝绸之路是建设海洋强国的重要部分，从政策及其目的来看，与丝绸之路经济带有所交叉，涉及如何将一个陆地强国向海洋强国发展的庞大系统工程。而今天我主要把注意力放在丝绸之路经济带上。

丝绸之路经济带作为政策比较容易理解，主要就是进一步加强中国与丝绸之路国家的经贸往来。但它又有一些目的，这些目的应该是，第一，确保我国的能源供给；第二，确保我国欧亚大陆通道的便捷及安全；第三，促进我国的产品出口；第四，促进我国的对外投资；第五，增进我国与有关国家的政治互信，消除传统和非传统安全的威胁，确保我国西部一线的和平与安宁。经贸往来是手段，它包含战略意图。

显然，这些政策目的也是我们一直努力争取的，丝绸之路经济带是向西开放政策的继续，说大一点，是对外开放政策的延伸。但为什么冠以“丝绸之路”呢？恐怕主要是国情发生了变化，国际关系或环境发生了变化。这些变化要求进一步思考向西开放政策，并且不断发展这一政策。新的提法反映了背景的变化，特别是政策内涵的深化。此外，这里面还有一个话语的力量。丝绸之路蕴含了和平、友好、通商的意义，不仅能够形象地反映中国的政策取向，而且能够更加容易地为丝绸之路各国所广泛接受。它是具有中国特色并且能够产生共鸣的政策表达。“丝绸之路”一词体现了话语权。那么，国际法能够为实现丝绸之路的政策目标做些什么？这值得国际法律工作者认真思考。在我看来，更重要的是方法，也就是说，用什么方法或理论来解释国际法与国家对外政策的关系，因为方法决定一切。因此，我的重点是方法论，即提出一种能够比较有效地解释这种关系的方法。此后，我将运用这一方法简要分析国际法对改革开放所起的作用，包括对实现丝绸之路战略意图可能做出的贡献，并且谈谈中国在国际法上面临的一些挑战。

二　方法——从政治角度看待法律

我的方法简单地讲，是一种从政治或政策的角度看待法律的方法。它强调政治与法律的互动，认为政治是法律的实质，法律是政治的形式，政治决定法律，法律为政治服务；政治又需要法律，法律是政治有用的工具。这种方法与传统的实在国际法学（以下简称“传统观点”）相比，能够更加有效地解释国际法与国际关系包括国家对外政策的相互作用。

传统观点认为，国际法是国际条约和国际习惯产生的原则和规则，这些原则和规则调整国家之间的关系，对国家有法律的约束效力。[①]这种认识有三个密切相关的基本假设：第一，法律原则、规则的内容是确定的；第二，这些原则、规则是客观的或价值中立的，平等地适用于每一个国家；第三，这些原则、规则自动对国家产生约束的效力。然而，从国际关系的现实来看，这三个假设都存在问题。我想用一些实例予以说明。2009 年 9 月，在第 64 届联合国大会的一般性辩论之际，奥巴马总统表示，美国要持续空中打击叙利亚和伊拉克境内的“伊斯兰国”组织，美国的理由是反对恐怖主义和暴力极端主义以及该组织的暴恐行径。[②] 这些理由可以找到国际法根据。反恐是国际社会的一致要求，是维护国际和平与安全的需要，许多国际文件都有规定。而该组织的残忍性，又可以说是违背人类良知，构成反人类等国际罪行。针对美国的说法，俄罗斯外长拉夫罗夫回应道，美国的空中打击行为违反了国际法，因为使用武力需要联合国安理会和有关国家

---

① 参见王铁崖主编《国际法》，法律出版社 1981 年版，第 1—9 页；See also，Robert Jennings and Arthur Watts edited，Oppenheim's International Law，9th edition，New York：Longman，1996，pp. 4-7.

② Obama. Remarks by President Obama in Address to the United Nations General Assembly，2014-09-24（http：//www. whitehouse. gov/the-press-office/2014/09/24/remarks-president-obama-address-united-nations-general-assembly）。

的授权,[①] 在叙利亚境内反恐应有叙利亚政府的参与，打击恐怖主义也不能背离宪章宗旨。[②] 那么，美国的行为究竟是合法还是非法？在空中打击问题上究竟什么是国际法？立场不同，对法律的解释可以完全相反。第二个例子是叙利亚问题。美国等一些国家以巴沙尔政权严重侵犯人权为由，转而支持反对派，并向其提供武器、财物等各方面的帮助。[③] 美国的意图是清晰的，即最终推翻巴沙尔政权，实现叙利亚的政权更迭。美国支持反对派的理由同样是巴沙尔政权的残忍性，这种残忍性严重违反尊重人权的原则，并构成国际罪行,[④] 美国的另

① Lavrov. Russia's Lavrov questions legality of U. S. airstrikes on Syria, 2014-09-26 (http: //www. reuters. com/article/2014/09/26/us-syria-crisis-russia-lavrov-idUSKCN0HL21420140926)。

② Lavrov. Statement by HE. Mr. Sergey V. LAVROV at the 69th session of the UN General Assembly, 2014-09-27 (http: //www. un. org/en/ga/69/meetings/gadebate/pdf/RU_ en. pdf)。

③ 2012 年 12 月 11 日，奥巴马承认叙利亚反对派联盟为 "legitimate representative of the Syrian people in opposition to the Assad regime"，不过明确这是 "political recognition, not a legal recognition"。See Devin Dwyer, Dana Hughes. Obama Recognizes Syrian Opposition Group, Washington, December 11th, 2012, 2014-09-27 (http: //abcnews. go. com/Politics/OTUS/exclusive-presidentobama-recognizes-syrian-opposition-group/story? id=17936599)；2014 年 3 月 14 日，联邦众议院外交委员会通过一项没有拘束力的决定，要求奥巴马政府正式撤回对巴沙尔政权的承认。截至目前，奥巴马政府没有撤回。See US Congress House Resolution 520, Calling for an End to Attacks on Syrian Civilians and Expanded Humanitarian Access, Washington, March 14, 2014, 2014-09-27 (http: //legiscan. com/US/text/HR520/2013)。2014 年 5 月 5 日对来访的叙利亚反对派联盟，承认为 "foreign mission"，同时声明并没有承认叙利亚政府。See Office of Spokesperson. Visit of the Syrian Opposition Coalition to Washington, DC, May 5, 2014, 2014-09-27 (http: //www. state. gov/r/pa/prs/ps/2014/05/225637. htm)；2014 年 5 月 6 日，美国国务卿在回答记者提问时表示，美国目前没有在外交上正式承认 "叙利亚反对派联盟"，See John Kerry Remarks With EU High Representative Lady Catherine Ashton After Their Meeting, Washington, May 6, 2014, 2014-09-27 (http: //www. state. gov/secretary/remarks/2014/05/225698. htm)。

④ See Bureau of Near Eastern Affairs of U. S. Department of State. U. S. Relations with Syria (Fact Sheet), March 20, 2014, 2014-09-26 (http: //www. state. gov/r/pa/ei/bgn/3580. htm)；See also Bureau of Democracy, Human Rights and Labor of U. S. Department of State. Syria 2013 Human Rights Report, 2014-09-26 (http: //www. state. gov/j/drl/rls/hrrpt/humanrightsreport/index. htm wrapper)；See also, Samantha Power, U. S. Permanent Representative to the United Nations. Remarks at the Security Council Open Debate on the Middle East, April 29, 2014, 2014-09-26 (http: //usun. state. gov/briefing/statements/225356. htm)；See also, Victoria Nuland (Spokesperson of U. S. Department of State), Daily Press Briefing, Washington DC December 12, 2012, 2014-09-26 (http: //www. state. gov/r/pa/prs/dpb/2012/12/201930. htm)。

一个理由是巴沙尔政权支持恐怖主义。[①] 然而，按照国际法院“尼加拉瓜”一案的判决，支持一国反对派的行为，从习惯国际法来看，不仅违反了禁止使用武力原则，而且违反了不干涉原则。[②] 如果我们将美国等国对叙利亚反对派的支持，与美国当年支持尼加拉瓜境内反对派的行为相比，可以发现，前者无论在强度或频度上都远超后者。美国支持叙利亚反对派是合法还是非法，这个问题上的国际法是什么？

再说一个中国和美国之间的例子。美国军机不断在中国专属经济区上空附近进行侦察，美国说其是在国际空域飞行，符合国际法。这貌似成立。但中国也可以反驳说，这种侦察对中国领土主权构成威胁，违反尊重主权原则，而且背离维持国际和平与安全的国际法宗旨。此外，你跑到我的家门口以牺牲我的安全来确保你的安全，这种行为违反了平等和正义的法律原则。什么是这个问题上的国际法？美国的行为可能形式上合法（legality），但不符合国际法的精神，不具有正当性（legitimacy）。

类似的情况在国际实践中不胜枚举。这说明，规则本身具有不确定性。你拿一个原则对我，我可以拿另一个原则对你，我如果找不到合适的原则，就用你的原则的例外，如果连例外都没有，我还可以寻找规则的目的；而规则的目的又是开放性的，你用这个目的，我也可以用那个目的。规则之间存在着竞争或对立关系。[③] 此外，什么是国际法要放在一个背景下来说，即具体问题具体分析，而不能抽象地说这是法或那是法。由于情况是在不断变化，法律也随之变

① United States Department of State. Country Reports on Terrorism 2013, April 2014：231-232, 2014-09-28（http：//www. state. gov/documents/organization/225886. pdf）。

② Case Concerning Military and Paramilitary Activities in and against Nicaragua（Nicaragua v. United States of America）, Merits, Judgment, 27 June 1986. ICJ Report 1986, pp. 146-147.

③ 参见［芬兰］马尔蒂·科斯肯涅米《国际法的目的是什么?》，陈一峰译，《北大国际法与比较法评论》2014 年第 11 卷，第 71—101 页。

化，法律是动态而不是静态的。[1] 再者，谁来说什么是法也非常重要。由于立场和观点不同，对于法律的解释也不尽相同，这更增添了什么是法的变数。[2] 因此，什么是国际法取决于是谁站在什么立场根据什么情况对规则做出的某种选择。

法律原则、规则也很难说客观中立。国际法从制定到解释到实施，都充满利益的讨价还价和价值的冲突及妥协，并且受国家实力左右。《联合国宪章》是几个大国先确定框架的，WTO 协议是重要贸易国讨价还价的结果，《联合国海洋法公约》历经 10 年艰难谈判才达成协议，但因美国等发达国家不同意国际海底制度，又追加了 10 年谈判，专门解决深海海底开发问题。国家尤其是大国，都要把自己的立场、观点摆到国际法中，国际法从一开始就深受力量、利益、价值等因素影响。[3] 正因为如此，国际法才被说成是大国意志的体现，国际力量对比的结果。[4] 实际上，这些因素一直贯穿于国际法的始终。各国都是根据自己的利益和价值，将国际法朝着对自己有利一面来加以解释，都是凭借自己的力量来推行自我解释的国际法。[5] 这就是为什么国际法会经常出现"公说公有理、婆说婆有理"的情况。克里米亚并入俄罗斯后，西方国家纷纷予以谴责，认为违反了领土完整原则。普京则反击道，看看你们对前南斯拉夫的轰炸，

---

① See Michael Reisman, Law from the Policy Perspective and Myres S. McDougal, Harold D. Lasswell & Michael Reisman, Theories about International Law: Prologue to a Configurative Jurisprudence//Myres S. McDougal and Michael Reisman, *International Law Essays: A Supplement to International Law in Contemporary Perspective*, New York: the Foundation Press, 1981, pp. 6, 13-14, 54-55.

② Ibid..

③ Louis Henkin, *How Nations Behave*, 2nd Edition, New York: Columbia University Press, 1979, pp. 13-22.

④ Bin Cheng, Epilogue: On the Nature and Sources of International Law // Edited by Bin Cheng, *International Law: Teachingand Practice*, London: Stevens & Sons, 1982, pp. 204-214; 另见, Louis Henkin, *How Nations Behave*, 2nd Edition, New York: Columbia University Press, 1979, pp. 13-22., Henkin: 33-34; 另见，［美］迈克尔·赖斯曼:《国际法：领悟与构建——W. 迈克尔·赖斯曼论文集》，万鄂湘、王贵国、冯华健译，法律出版社 2007 年版，第 135 页。

⑤ Bin Cheng, Epilogue: On the Nature and Sources of International Law // Edited by Bin Cheng, *International Law: Teachingand Practice*, London: Stevens & Sons, 1982, pp. 211-212.

看看你们是如何肢解它的，看看你们是如何制造出科索沃这样的国家的。如果你们说我们违法，那你们以前做的又如何解释。[①] 我这里丝毫没有为普京辩解的意思。我想强调的是，在国际法实施过程中，采用双重标准是常见的事，双重标准体现了决策者的主观性，是因人而异对规则的选择。双重标准既说明了规则的不确定性，也否定了规则的价值中立一说。有人提出要通过国际司法机构来加强国际法的确定性和客观性，以实现国际法治。[②] 但是，法官也是人，法官也有自己的价值倾向。很难相信法官就一定比国家更加客观和公正。[③] 这就是国际法院曾被说成是西方法院的原因。[④] 法律规则的不确定性和主观性，又意味着它们不是自动适用的。规则不是一堆僵死的教条，它是与人的结合，人的操作赋予其生命，而人又是有立场的，法律是人根据自己的立场和具体情况对不同规则选择适用的活动。[⑤] 国际法肯定是这样。以美国在政府承认上的实践为例。美国不承认拉美国家军人政权，理由是它们违宪，不符合民主原则；[⑥] 美

① Vladimir Putin, Vladimir Putin addressed State Duma deputies, Federation Council members, heads of Russian regions and civilsociety representatives in the Kremlin, The Ministry of Foreign Affairs of the Russian Federation, March 18, 2014, 2014-9-26（http://www.mid.ru/bdomp/brp_4.nsf/e78a48070f128a7b43256999005bcbb3/2a848aedcfc7109644257ca0002a1ca6!OpenDocument）。

② Antonio Cassese, The International Court of Justice: It is High Time to Restyle the Respected Old Lady // edited by Antonio Cassese, *Realizing Utopia-The Future of International Law*, Oxford: Oxford University Press, 2012, pp. 239-240.

③ Marko Milanovic, "On Realistic Utopias and Other Oxymorons: An Essay on Antonio Cassese's Last Book", *European Journal of International Law*, Vol. 23, No. 4, 2012, pp. 1046-1049.

④ Edward McWhinney, *The International Court of Justice and the Western Tradition of International Law*, Netherlands: Martinus Nijhoff Publishers, 1987, pp. 137-138.

⑤ Bin Cheng, Epilogue: On the Nature and Sources of International Law // Edited by Bin Cheng, *International Law: Teachingand Practice*, London: Stevens & Sons, 1982, pp. 204-214; 另见，［美］迈克尔·赖斯曼：《国际法：领悟与构建——W. 迈克尔·赖斯曼论文集》，万鄂湘、王贵国、冯华健译，法律出版社2007年版，第11、20页。

⑥ Thomas M. Franck. Fairness in International Law and Institutions, New York: Oxford University Press, 2002, pp. 84-89; 另见，［美］迈克尔·赖斯曼：《国际法：领悟与构建——W. 迈克尔·赖斯曼论文集》，万鄂湘、王贵国、冯华健译，法律出版社2007年版，第482—493页; See also Rosalyn Higgins, *Problem and Process-International Law and How We Use It*, New York: Oxford University Press, 1993, pp. 6, 43.

国承认埃及军政府，实则根据有效统治原则，① 尽管之前的穆尔西政权来自于合法选举；美国反对巴沙尔政权，理由是它执政的不合法，尽管巴沙尔政权仍然控制着领土的大部；② 美国迟迟不承认中华人民共和国政府，理由是台湾还有一个政权，美国最终承认了中华人民共和国政府，理由是它有效控制了领土③。其实，美国是否承认一个政府，完全取决于其政治价值的偏爱和国家利益的需求，它是根据政治因素来选择法律原则适用的。美国只是一个方便的举例，大家都是在利用法律原则来贯彻自己的政治意图。法律原则和规则肯定不是自动适用的，它们是人有目的的适用，是国家贯彻自己意图的适用。

当国家真正达成一致时，法律原则、规则就可能具有了确定性。从这个意义上讲，原则、规则的不确定性只是相对的，而非绝对的。导致国家“心想一处”的主要原因是共同的利益或价值。中美两国在政治价值上存在鸿沟，但仍不乏共同利益，正是这些共同利益使得两国能够超越意识形态分歧，在不少问题上达成协

① The White House, Statement by President Barack Obama on Egypt, July 3, 2013, 2014-09-27 (http://www.whitehouse.gov/the-press-office/2013/07/03/statement-president-barack-obama-egypt); See also William J. Burns (Deputy Secretary of State). Press Availability in Cairo, Egypt, July 15, 2013, 2014-09-27 (http://www.state.gov/s/d/2013/211959.htm); See also U. S. will accept any Egyptian authority that controls the territory, June 22, 2014, 2014-09-27 (http://rt.com/op-edge/167720-us-egypt-kerry-ally/)。

② Vladimir Putin, Vladimir Putin addressed State Duma deputies, Federation Council members, heads of Russian regions and civilsociety representatives in the Kremlin, The Ministry of Foreign Affairs of the Russian Federation, March 18, 2014, 2014-9-26 (http://www.mid.ru/bdomp/brp_ 4.nsf/e78a48070f128a7b43256999005bcbb3/2a848aedcfc7109644257ca0002a1ca6!OpenDocument); 另见, Victoria Nuland (Spokesperson of U.S. Department of State). Daily Press Briefing. Washington DC December 11, 2012, 2014-09-27 (http://www.state.gov/r/pa/prs/dpb/2012/12/201811.htm)。

③ See Philip C. Jessup (Ambassador at Large). U.S. Policy toward China, 1949-50, The Department of State Bulletin. October 15, 1951 (642), pp. 603 - 607. See also, Keith S. Petersen. Non-recognition of Red China: Reasons and Rationalizations. Arkansas Academy of Science. 1954 (7), pp. 75-79; See also, East Asia: U.S. Normalizes Relations with the People's Republic of China. The Department of State Bulletin. January, 1979 (2022), pp. 25-26. See also, Ian Brownlie. Recognition in Theory and Practice//R. St. J. Macdonald and Douglas M. Johnston, edited. The Stucture and Process of International Law: Essays in Legal Philosophy Doctrine and Theory. Boston: Martinus Nijhoff Publishers, 1982, pp. 628, 632.

议。共同的价值也是促使国家走到一起的重要原因。欧洲之所以能够统一，很重要的，恐怕是有关国家在政治价值、文化传统上的同一性或相似性。最有可能真正达成一致的，应该是那些既有共同价值又有共同利益的国家。尽管国家有可能真正达成一致，但由于法律规则需要放在具体背景下解释，并且决定于解释者的立场，它们仍然有可能是不确定的。更重要的是，在当今世界一些重大问题上，或者说在国际法一些大是大非问题上，由于价值和利益的严重分歧甚至对立，国际社会是很难真正达成一致的。因此，不确定性是法律原则、规则这一“矛盾”的主要方面，而确定性是其次要方面。不确定性体现了政治力量博弈的一面，而确定性则反映了政治力量妥协的一面。

传统观点的致命缺陷，在于只关注原则、规则、概念这些形式，而没有深入到国际法的身后或者实质，以至于它不能全面准确地反映国际法对国际关系的实际作用及其限度。它是一种形式主义的学说，并带有乌托邦色彩。

如果我们把观察国际法的视野扩展到国际法的实质，就会发现力量、价值、利益等政治因素，深刻地影响国际法的整个过程，国际法的身后充满了力量之间基于价值、利益的博弈及妥协。国际政治是国际法的实质，国际法是国际政治的反映，两者是表里关系。国际上的力量之间的博弈及妥协，也可以说是各国对外政策的互动过程。国家对外政策的决策者需要根据自己的力量大小、利益需求和价值偏爱，制定政策并决定实施手段，这些手段包括外交、军事、经济手段，也包括法律手段。如前所述，国家不仅要动用自己的力量把自己的价值和利益摆到国际法中，而且还要动用自己的力量按照自己的立场和观点来解释和适用国际法。国家这样做都是为了最大限度地实现自己的政策目标，世界各国无一例外。因此，国际法可以说是政治的工具，是国家推行和实现自己政策的工具。但另一方面，国际法又不同于政治，它是一个有别于国际政治的话语体系，是一个各国公认的法言法语的体系，也是国际上唯一的这样一个体系。[①] 大国的军事、经济、科技力量强大，并且通过控制跨国媒体掌握了话语权，因而更有能力利用国际法推行自己的政策，在这个意义上，国际法可以说是力量的工具。[②] 而小国则可以通过结盟来对抗大国，并且利用国际法的话语来挑战大国，国际法也可以是小国批判大国的力量。[③] 国际法的话语甚至可以为团体和个人所用，以实现其政治目的。最明显的就是像自决、人权、少数者权利等概念。它们尽管很抽象，但却能够构建某种身份和价值的认同，以服务于政治目的。[④] 也许更重要的是，国际法为国家之间的交往、合作以及解决争端提供了程序性和组织化的工具。[⑤] 国家承认这些工具的效力，并且使用这些工具实现其政治意图。以条约为例。由于"约定必须遵守"是公认的原则，条约不仅可以帮助你实现从事交往、合作以及结盟的政治意图，而且可以帮助你建立实现政治意图的稳定预期。条约作为工具，其效力，对于大国或小国，发达国家或发展中国家都是一样的。在这个意义上，国际法可以说是客观的，国际法的客观性表现在其形式或程序上。传统观点或形式主义的价值恐怕就在于此。因此，无论国际法的内容如何，无论国家是否真正达成一致，无论国家如何按照自己的价值偏爱和利益要求来解释国际法，至少大家都使用国际法的话语，都接受国际法的某些形式，都承认国际法具有程序上和组织上的效力，这就是国际法的重要性所在，就是国际法对国际政治或国家对外政策能够发生的作用。

---

① See Martti Koskeniemi, The Politics of International Law, Portland: Hart Publishing, 2011, pp. 265-267; See also, Martti Koskeniemi. From Apology to Utopia-The Structure of International Legal Argument (Reissue with a new epilogue), NewYork: Cambridge University Press, 2005, pp. 565-568.

② 参见［芬兰］马尔蒂·科斯肯涅米《国际法的目的是什么?》，陈一峰译，《北大国际法与比较法评论》2014 年第 11 卷，第 90—93 页。

③ 同上书，第 93 页。

④ 参见［美］本尼迪克特·安德森《想象的共同体——民族主义的起源与散布》，吴叡人译，上海人民出版社 2011 年版，第 1—9、38—135 页。

⑤ 程序性工具指公认的国际法渊源主要是条约和习惯，以及各种争端解决机制。组织化工具指国家之间的国际组织。

如果这样看待国际法，我们就可以推论说，国家的对外决策过程需要国际法，决策者需要用国际法的形式来包裹其价值偏爱和利益要求，需要用国际法的话语来表达这些偏爱和要求，需要用国际法的程序和组织上的效力来追求这些偏爱和要求，以实现自己的政策目标。法律是政策的需要，国际法是推行国家政策有用的工具。

三　国际法与改革开放及丝绸之路

1978年开始的改革开放，从对外政策的角度来看，主要是结束中国的闭关自守状况，使中国融入国际社会并成为其积极一员，以此服务于四个现代化的政策目标。国际法成为推进这一目标的重要工具。

为了同国际社会打交道，我们同许多国家建立了外交关系，并且参加了所有的重要国际组织。[①] 为了吸引外资，与世界各国各地区

---

① 目前中国与172个国家建立外交关系，其中1978年后（含1978年）建交的国家一共有61个，包括美国（1979年1月1日建交）、沙特阿拉伯（1990年7月21日）、新加坡（1990年10月3日）、韩国（1992年8月24日）、南非（1998年1月1日）。参见中华人民共和国外交部《中华人民共和国与各国建立外交关系日期简表》，2014年9月27日（http://www.fmprc.gov.cn/mfa_chn/ziliao_611306/2193_611376/）；根据国际组织联盟（Union of International Associations）2012年统计，中国加入的国际组织的总数为4080个，See Union of International Association. Yearbook of International Organizations, 50th Edition, 2014-9-27（http://www.uia.org/）。重要的如：1979年，中国参加联合国人权委员会会议，并于1982年成为理事国；1980年，中国成为国际货币基金组织和世界银行的理事国；1984年，中国加入国际原子能机构；1988年，中国成为维和行动委员会成员；2001年，中国加入世界贸易组织。另参考非官方数据，中国在1977年参加的国际组织是21个，参与的非政府国际组织是71个。See Gerald Chan, *China's Compliance in Global Affairs*, New Jersey: World Scientific Publishing Company, 2006, p. 51.

开展经贸往来，我们同不少资本输出国缔结了投资保护协定。① 为了与各国各地区开展自由贸易，我们加入了世界贸易组织，并且缔结了一系列双边自由贸易协定。② 改革开放需要一个和平的国际环境，特别是一个稳定的周边环境，我们与俄罗斯等国分别签订了边界条约，并且与英国、葡萄牙分别解决了香港和澳门的主权回归问题。为了安全利益，我们发起成立了上合组织，并参加了一系列反恐协议。③ 为了更好地尊重和保障人权，我们参加了不少人权条约。④ 为了打击刑事犯罪和反对腐败，我们缔结了许多司法互助协定，并参

---

① 根据商务部统计，截至 2012 年，中国已与 130 个国家和地区签署了双边投资保护协定。参见中华人民共和国商务部《中国对外投资合作发展报告 2011—2012》，2014 年 9 月 27 日（http：//images. mofcom. gov. cn/coi/201304/20130419163601702. pdf）；另，2014 年 9 月 13 日，加拿大已经完成《中华人民共和国政府和加拿大政府关于促进和相互保护投资的协定》的国内批准程序，参见中华人民共和国商务部《商务部部长高虎城就加拿大完成中加投资保护协定国内批准程序发表谈话》，2014 年 9 月 27 日（http：//www. mofcom. gov. cn/article/ae/ai/201409/20140900729623. shtml）；中美双边投资保护协定还在谈判过程中，参见中华人民共和国商务部《中美 BIT 谈判难点：负面清单论长短》，2014 年 9 月 27 日（http：//www. mofcom. gov. cn/article/hyxx/jidian/201404/20140400541849. shtml）。

② 根据商务部统计，截至 2012 年，中国已经与东盟、智利、巴基斯坦、新西兰、新加坡、秘鲁签订了自由贸易协定；内地与香港、澳门两个单独关税区订立了《更加紧密的经贸安排》（CEPA），其中内地与香港的 CEPA 先后一共签订了 9 个附件；2010 年 6 月，大陆与台湾地区签订了《两岸经贸框架》（ECFA）。此外，中国正在与澳大利亚、海湾合作委员会（沙特阿拉伯等 6 国）、冰岛、挪威、哥斯达黎加、南部非洲关税同盟等国家和地区进行自由贸易协定谈判。2012 年春，中国与日本、韩国开始了缔结自由贸易协定的谈判。参见中华人民共和国商务部《中国对外投资合作发展报告 2011—2012》，2014 年 9 月 27 日（http：//images. mofcom. gov. cn/coi/201304/20130419163601702. pdf）。其中，2014 年 7 月 1 日《中国—冰岛自由贸易协定》《中国—瑞士自由贸易协定》生效，参见中华人民共和国商务部《中国投资指南》，2014 年 9 月 27 日（http：//www. fdi. gov. cn/bbsinfo/s _ 21 _ 0. html? style = 1800000121-21-10000008&q = field2^% D7% D4% D3% C9% C3% B3% D2% D7% D0% AD% B6% A8；&r = &t = ichk = 0&starget = 1）。

③ 在现有联合国框架内 13 项反恐国际条约中，中国已经参加了 11 项，这些全部是在 1978 年之后加入的，如：1980 年加入海牙《关于制止非法劫持航空器的公约》、蒙特利尔《关于制止危害民用航空安全的非法行为的公约》，1992 年加入纽约《反对劫持人质国际公约》，2005 年签署纽约《制止核恐怖主义行为国际公约》，目前已进入国内批准阶段。参见段洁龙主编《中国国际法实践与案例》，法律出版社 2011 年版，第 435—437 页。

④ 中国目前参加的国际人权条约有 24 项，其中 8 项属于国际核心人权条约，如 1981 年加入《消除一切形式种族歧视国际公约》；1986 年签署、1988 年批准加入《禁止酷刑和其它残忍、不人道或有辱人格待遇或处罚公约》；1997 年签署、2001 年批准加入《经济、社会及文化权利国际公约》；另 1998 年中国签署《公民权利和政治权利国际公约》，尚未批准。参见段洁龙主编《中国国际法实践与案例》，法律出版社 2011 年版，第 400—402 页。

加了《联合国反腐败公约》。[①] 为了履行大国责任，我们积极参加联合国的维和活动，最近还刚刚向南苏丹派出了一个步兵营。[②] 改革开放以来中国的国际法实践是丰富的，上面只是举例而已。中国参加的条约和以条约为基础的国际组织，对改革开放的进程起了重要作用。虽然这种作用无法量化，但它是真实存在的。离开了国际法，中国难以融入国际社会。国际法对改革开放做出了很大贡献，为实现四个现代化的政策目标做出了很大贡献。

然而，在谈到这种贡献时，决不能忽略原则的指引。中国贯彻改革开放国策的国际法实践，是在和平共处五项原则（简称“五项原则”）指引下进行的。五项原则不仅是法律原则的表述，而且是对外政策的表述，它代表了中国对外政策的基本立场。更重要的是，五项原则包含了中国的核心利益，表达了中国对其核心利益的关切。

第一个核心利益就是国家领土完整，我们制定的很多政策、法律及有关的国际法运用，都是围绕这一核心利益的。[③] 第二个是不干涉内政，其真实含义就是，不同制度的国家应和平共处，而不能以

---

① 目前，中国已缔结27项双边刑事司法协助，20项已生效，如：加拿大、美国、澳大利亚、法国、韩国、日本；与19个国家签署双边民商事或民刑事司法协助条约，均已生效，如：俄罗斯、朝鲜、土耳其、埃及；参加了20余项含有刑事司法协助内容的国际公约，如：《联合国打击跨国有组织犯罪公约》和《联合国反腐败公约》。参见段洁龙主编《中国国际法实践与案例》，法律出版社2011年版，第235—238页。

② 1990年至2010年，中国共向24项联合国维和行动派出军事人员和警察1.4万余人次。参见中华人民共和国外交部政策规划司《中国外交》，世界知识出版社2010年版，第211页。目前，中国派遣的维和人员正在中东、西撒、马里、南苏丹、刚果（金）、利比里亚、黎巴嫩、海地等任务区执行任务，其中2013年12月，赴马里维和行动中，中国军队自1990年参加联合国维和行动以来首次派出安全部队。参见中华人民共和国国防部《国际维和》，2014年9月27日（http：//news.mod.gov.cn/action/wh.htm）。截至2014年9月，中国派遣的维和人员总数2192人（维和警察172人，联合国军事专家36人，维和部队1984人），在联合国派遣国中，总量位列第15位。See UN Peacekeeping Troopand Police Contributors，2014-09-27，（http：//www.un.org/zh/peacekeeping/resources/statistics/contributors.shtml）。

③ 例如对新疆、西藏等地的民族政策，参见《中华人民共和国宪法》，序言、第四条、第三章第六节，《中华人民共和国民族区域自治法》（2001）；另参见《中华人民共和国领海及毗连区法》（1992）第一条、第二条，《中华人民共和国反分裂国家法》（2005）第一条、第二条、第三条；中国在与外国的建交公报中都强调，世界上只有一个中国，大陆和台湾同属一个中国，中国的主权和领土完整不容分割。参见中华人民共和国外交部《声明公报》，2014年9月27日（http：//www.fmprc.gov.cn/mfa_ chn/ziliao_ 611306/1179_ 611310/）。

政治价值划线，更不能以各种方式包括武力的使用，来强迫制度或政府的改变。① 第三个是经济发展，“发展是硬道理”，发展是贯穿于对外开放的一条主线，而发展又需要一个稳定、和平的国际国内环境，需要与世界各国、各地区积极开展经贸往来，五项原则的每一项，乃至改革开放以来的中国国际法实践，都是为这个目标服务的。五项原则体现了中国政府对其政治价值的坚守和对国家利益的追求。讨论国际法对改革开放的贡献，决不能忽略五项原则作为基本政策的引领。正是因为坚持五项原则，改革开放才有今天的成就。

五项原则是中国的国际法立场，同时也是中国的国际法话语。明确这一点对于进一步阐明五项原则的意义至关重要。关于五项原则，国内的理论都说它与《联合国宪章》（简称《宪章》）的宗旨和原则是完全一致的，同时又说它是中国对当代国际法的重大贡献。② 这种认识似乎有些矛盾。如果说它和宪章是一致的，它如何体现原创性或贡献呢？魏敏教授曾说，五项原则比宪章更加言简意赅，更成体系。③ 这听起来有些创新，但这种修辞学上的创新似乎还不足以说明它对国际法做出了重大贡献。

---

① 例如，在利比亚问题上，中国态度是：“尊重利比亚人民的意愿和选择。利比亚的主权、独立、统一和领土完整必须得到切实尊重。利比亚前途和国家事务只能由利比亚人民自主决定。”参见常驻联合国代表团《常驻联合国代表李保东大使在安理会通过利比亚问题决议后的解释性发言》，2014 年 9 月 27 日（http://www.fmprc.gov.cn/mfa_chn/zwbd_602255/t8-59881.shtml）；在叙利亚问题上，联合国安理会于 2011 年 10 月 4 日、2012 年 2 月 5 日、2012 年 7 月 19 日、2014 年 5 月 22 日就叙利亚决议草案进行表决，中国和俄罗斯均投了反对票。2011 年 10 月 4 日，中国对安理会决议草案投反对票后，常驻联合国代表发言表示：“国际社会应为实现上述目标提供建设性帮助，同时应该充分尊重叙利亚的主权、独立和领土完整。安理会是否在叙利亚问题上采取进一步行动，应看是否有助于缓和叙利亚紧张局势、有助于推动政治对话化解分歧、有助于维护中东地区的和平与稳定，更应看是否符合《联合国宪章》及不干涉内政原则。因为这些原则关系着广大发展中国家、特别是中小国家的安全和生存，关系着世界的和平与稳定。在这些原则问题上，中国政府的立场是坚定和一贯的。”参见常驻联合国代表团《常驻联合国代表李保东大使在安理会表决叙利亚问题决议草案后的解释性发言》，2014 年 9 月 27 日（http://www.fmprc.gov.cn/mfa_chn/zwbd_602255/t865025.shtml）。

② 参见王铁崖主编《国际法》，法律出版社 1981 年版，第 81—83 页。另见赵理海《和平共处五项原则是当代国际关系的基本准则》，《法学杂志》1990 年第 4 期，第 2—3 页。

③ 同上；另见魏敏等《国际法讲义（适用本）》，法律出版社 1983 年版，第 21—22 页。

但如果从政策的角度来看，上述矛盾是能够得到合理解答的。五项原则是中国的基本政策立场，是中国站在自己的立场上对宪章所述国际法基本原则的表达，这一表达还结合了中国对自己在近代史上悲惨遭遇的反思，[①] 甚至带有中国传统文化的色彩[②]。此外，五项原则采用的是中国的话语，是中国对国际法基本原则的修辞，五项原则是用中国话语表达中国的国际法态度。在这个意义上，它当然具有创新性，可以说是对当代国际法的重大贡献。而另一方面，宪章的解释又具有主观性，各国都是站在自己的立场上来解释宪章的。中国是站在自己的立场对五项原则与宪章的关系加以解释的，其结果必然是两者一致。谁都要借用宪章的话语力量，而宪章原则的抽象性也允许这种借用。这就是为什么在叙利亚、乌克兰、伊拉克问题上，不同利益、价值的国家对国际法会有完全不同的理解。国际法是国家对外政策的工具！

谈到这里我突然意识到，为什么我们认为的国际法和传统的实在国际法学有着惊人的一致。传统观点所强调的国家主权，正是我们的政治价值和国际法观的和弦。这种观点尽管假定国际法的客观中立，但实际上已经预设了价值偏爱。[③] 当然，五项原则也需要与时俱进。在改革开放新的历史阶段，我们一方面要继续坚持五项原则，另一方面也要根据变化了的国际关系和国际法话语，在富强、民主、文明、法治的目标指引下，不断丰富和发展五项原则的政策内涵。

打造丝绸之路经济带，是推进改革开放进程的重要举措，是中

---

① ［日］大沼保昭：《人权、国家与文明》，王志安译，生活·读书·新知三联书店 2003 年版，第 2—3（中文版作者序文）、84 页。

② 习近平：《弘扬和平共处五项原则，建设合作共赢美好世界——在和平共处五项原则发表 60 周年纪念大会上的讲话》，2014 年 9 月 27 日（http：//www. fmprc. gov. cn/mfa_ chn/ziliao_ 611306/zt_ 611380/dnzt_ 611382/hpgc_ 668028/t1169582. shtml）；另见，习近平：《在中法建交 50 周年纪念大会上的讲话》，2014 年 9 月 27 日（http：//www. fmprc. gov. cn/mfa_ chn/sp_ 612429/wshd_ 1/t1141826. shtml）；另见，习近平：《在德国科尔伯基金会的演讲》，2014 年 9 月 27 日（http：//www. gov. cn/xinwen/2014 - 03/29/content_ 2649512. htm）；另见，《习近平出席中国国际友好大会暨中国人民对外友好协会成立 60 周年纪念活动并发表重要讲话》，2014 年 9 月 27 日（http：//www. gov. cn/xinwen/2014-05/15/content_ 2680306. htm）。

③ Iain Scobbie, *Wicked Heresies or Legitimate Perspectives Theory and International Law* , Malcolm D. Evans, edited. International Law, 10th edition. New York: Oxford University Press, 2010, pp. 58-62.

国对外政策新的重要组成部分，国际法能够为推进这一政策做出贡献。总的来讲，在运用国际法服务于政策时，首先，要继续坚持五项原则的基本政策立场，特别是要贯彻实施不干涉内政、平等互利原则；其次，要借鉴改革开放以来利用国际法的经验，充分发挥条约和国际组织服务于政策的作用；再次，要在国际法的实际利用上有所创新；最后，要考虑背景或情况的变化。

目前，国际国内情况已发生很大变化。过去，我们是资本输入国，现在成了资本输出国；过去能源自给自足，现在大量依赖进口；过去商品简单匮缺，现在成了世界工厂；过去贸易壁垒森严，现在主张贸易自由；过去外汇严格管制，现在人民币满世界流通；过去面临传统安全威胁，现在又加上了恐怖主义；过去出国困难，现在国人遍布世界。这些变化要求我们充分并且创造性地利用国际法，为实现丝绸之路政策目标保驾护航。

例如，我们一定要与丝绸之路国家签订投资保护协定。此类协定是保障投资一方财产及人员安全的比较有效的手段，因为它将对投资方的财产及人员的保障上升到了国家义务层面，并且有可能透过国内法加以实施。由于我们成了投资方，因此，要借鉴当年资本输出国的经验，制定有效条款并建立有效机制，确保我们的财产及人员的安全。为了促进贸易的自由流动，我们要与有关国家签订双边自由贸易协定，在对方建立各种自由贸易及产业园区。为了打破美元霸权，我们要与有关国家签订本币互换协定，甚至建立区域性的货币基金组织。为了方便人员往来，与有关国家签署互免签证协议也实有必要。鉴于丝绸之路个别国家的安全状况，我们还需要就中国公民的人身安全问题达成协议，在这个问题上，可以借鉴类似黑水公司等保安公司的经验。我们还要预见个别国家可能发生的政治动荡，以便在紧急情况下能够果断采取措施，比如利用联合国维和部队，确保我国公民和财产安全。当然，我们还要加强双边和多边的反恐机制，以维护西部一线的稳定及安全。总之，我们要结合新的情况善用国际法，以推进丝绸之路政策目标的实现。

四 中国在国际法上面临的挑战

第一个挑战来自于政治价值。目前，传统的国家主权观与所谓民主国际法学说，[①] 深刻影响各国的对外政策。[②] 从本质上讲，这是两种不同政治价值的对立。两种政治价值都以国际法的话语并凭借各自力量，在国际关系诸多领域展开博弈。[③] 你说主权，他就说人权；你说不能随便动武，他就说人道干涉；你说领土完整，他就说民族自决；你说自由贸易，他就说劳工权利；你说秩序重要，他就说公民抗命；诸如此类，不一而论。归根结底，是一些西方国家自视其政治正确，自视其模式是世界历史进程的唯一模式，[④] 并自信能够以此模式改造世界，而不惜使用武力。这是典型的欧洲中心论，[⑤] 国际法上两种政治价值的对立和博弈，只是它的缩影。实际上，当代国际法已经不再是欧洲国际法了，它不再是同一制度及文化国家之间的法律，而发展成为不同制度及文化国家之间的法律。联合国

① 参见［美］迈克尔·赖斯曼《国际法：领悟与构建——W. 迈克尔·赖斯曼论文集》，万鄂湘、王贵国、冯华健译，法律出版社 2007 年版，第 478—497 页；See note 21, Thomas M. Franck：83-137；See also note 21，Rosalyn Higgins：42-45.

② Ian Brownlie, *The rule of law in International Affairs*, Hague：Kluwer Law International, 1998, pp. 13-17.

③ 参见李鸣《当代国际法的发展：人权定向对主权定向》，《武大国际法评论》2011 年第 14 卷第 2 期，第 159—165 页。

④ 参见［美］弗朗西斯·福山《历史的终结》，远方出版社翻译组译，远方出版社 1998 年版，第 15—70 页。该书围绕福山 1989 年提出的论断：自由民主可能形成人类意识形态进步的终点与人类统治的最后形态，也构成历史终结。后将此理论扩充，参见［美］弗朗西斯·福山《历史的终结及最后之人》，黄胜强、许铭原译，中国社会科学出版社 2003 年版；另参见［美］弗朗西斯·福山《政治秩序的起源——从前人类时代到法国大革命》，毛俊杰译，广西师范大学出版社 2012 年版。在新书中，福山的基本观点是，良好的治理需要三个因素的结合：国家、法治及负责任政府追溯这三个要素的历史起源及其在世界不同地区的组合。新书在讨论国家时，福山将中国作为国家建构的经典例子，认为中国国家的发育远早于西方国家，但是中国虽然有强国家能力，但没有法治与负责任政府，直到今天仍然如此。而在讨论法治与负责任政府时，主要以欧洲为例子。

⑤ See Martti Koskeniemi, “Histories of International Law：Dealing with Eurocentrism”, *Rechtsgeschichte-Legal History*, No. 19, 2011, pp. 152-176.

成员国的构成就是最好的说明。如果非要以政治价值划线，将自己的制度或发展模式强加于他国，必然导致激烈的对抗。当前的一个动态是，政治价值与国家利益相互裹挟。日本与中国的钓鱼岛之争，本来是利益之争，但安倍到美国、菲律宾、东南亚，到世界各地，不停地宣扬民主国家说。他无非想要证明“我们都是一伙的”，证明所谓民主的国家不会开战一说，[①] 以结成国际统一战线对抗中国并争取领土利益。克里米亚并入俄罗斯后，日本由于价值的认同，被迫加入西方国家制裁俄罗斯的队伍，而实际上，这不符合日本争取从俄罗斯收回北方四岛并获得能源供给的国家利益。政治价值与国家利益相互裹挟及其在国际法上的反映，[②] 值得高度关注。共同利益能够掩盖政治价值的对立，但却难以长久消除。为什么中美关系总是斗而不破、和而不亲，道理恐怕就在于此。或许文明的相容是一条解决之道。我承认你的文化传统优点，你也要承认我的。法律、国际法、法治都是西方基督教社会的舶来品，我们不都接受了吗？反之也应该一样。什么是我的优点？中国的古老文明可以提供答案。这里援引一个世界秩序的假设，这就是多元文明相互包容之必要。[③] 美国在“解放”伊拉克和利比亚之后所遭遇的困境，说明了这一必要性。如果这一假设成立，如果承认这一假设的有效性，世界上的各种难题可能就比较容易解决。中国面临的第二个挑战来自于领土争端及其解决。和平解决国际争端是国际法上一项原则。然而，在这项原则下有多种解决方案，不仅包括仲裁和司法，而且包括当事方自行协商。从历史上看，涉及国家重大利益的争端，主要是事关

---

① 参见［美］约翰·罗尔斯《万民法》，张晓辉、李仁良、邵仁丽、李鑫译，吉林人民出版社 2001 年版，第 47—58 页。

② 澳大利亚与中国经济关系密切，却经常加入日本、菲律宾、美国在南海上的反华国际法合唱，其政治立场使然。美国等号称法治国家不愿同中国缔结司法互助协议引渡贪官，是用政治放大镜来看待此类问题，而并非缺乏共同利益。西方一些国家在中国投资准入上处处设置障碍，不是不缺钱，而是对“政治经济学”的担心。

③ 参见《习近平在联合国教科文组织总部的演讲》，2014 年 9 月 27 日（http：//www. fmprc. gov. cn/mfa_ chn/sp_ 612-429/wshd_ 1/t1141828. shtml）。

国家领土和荣誉的争端，是排除第三方解决的。[1] 中国的传统文化和一贯立场，也都强调当事方协商解决争端。正是运用了东方的智慧，我们创造性地提出"一国两制"，和平解决了香港、澳门的回归问题。这样的历史遗留下的难题，如果交由第三方解决，恐怕至今都难有满意结果。从这些方面来看，中国在解决领土争端上的立场，是有充分道理的。目前大家都关心菲律宾提起的南海仲裁诉讼，单从技术层面来看，该诉讼面临诸多程序上的障碍。无论是从国际法的话语来看，还是从这种话语背后的力量来看，中国完全有能力应对此类挑战。

五　结语

改革开放作为基本国策，重要的内涵是对外开放，以实现现代化目标。打造丝绸之路经济带，是对外开放的深化，有其战略意图。国际法是国家之间的法律形式，与对外开放，包括打造丝绸之路经济带有着密切关系。

阐明这一关系，方法很重要。传统的实在国际法学由于自身缺陷，不能完全胜任。本文提出一种从政治的角度看待法律的方法。它主张透过现象看本质，考察国际法背后的政治因素及其对国际法的制定、解释、实施的影响，认为国际政治是国际法的实质，国际法是国际政治的形式，是国际政治包括对外政策的工具。另一方面，

---

① 可参考"布莱恩条约"（*Bryan Treaty*）。1913 年至 1914 年，美国经国务卿布莱恩努力，同 30 多个国家分别缔结一系列"促进和平条约"（史称"布莱恩条约"），旨在谋求改善国际调查制度。布莱恩条约要求设立常设委员会，由委员会对争端进行调查并提出无约束力的报告，并要求缔约国将一切争端提交调查，包括涉及国家荣誉和重大利益的争端，但排除应提交仲裁裁判的争端。布莱恩条约被视为国际法上第三方解决争端的进步，但它同时说明，此前涉及国家荣誉和重大利益的争端，是不能通过第三方解决的，不仅不能通过调查与和解，更不能通过仲裁程序。参见［日］日本国际法学会编《国际法辞典》，外交学院国际法教研室校订，世界知识出版社 1985 年版，第 164 页。See also Hans-Jürgen Schlochauer. Bryan Treaties（1913-14），2014-9-27. Max Planck Encyclopedia of Public International Law.（http：//opil. ouplaw. com/view/10. 1093/law：epil/97 - 80199231690/law - 9780199231690 - e14? rskey = JpGbVQ&result = 1&prd = EPIL）。

它又承认国际法形式的重要性，承认国际法是国际政治有用的工具。这是一种政治与法律互动的方法，是现实主义与形式主义的平衡。它能够比较有效地解释国际法与国际政治的关系。

运用这种方法可以发现，在改革开放进程中，中国始终站在和平共处五项原则的政策立场上，采用五项原则的国际法话语，对国际法尤其是其基本原则加以阐释，并且不断运用这种阐释以及国际法的程序和组织上的效力，来实现自己的政策目标。改革开放的伟大成就表明，中国所坚持的国际法立场是有效的，利用国际法为政策服务是成功的。在这个意义上，国际法为改革开放做出了重要贡献。

在打造丝绸之路经济带的进程中，我们仍要坚持五项原则，并且根据变化了的国内、国际情况，充分并创造性地利用国际法，以实现这一政策的战略目标。中国目前在国际法上面临的挑战，主要是因为政治价值的对立。解决这一困境的唯一途径，应该是多元文明之间的相互包容，归根结底，就是承认各国国情的差异并尊重各国对自己发展道路的选择。

历史上的丝绸之路不仅是经贸之路，而且是传播和吸收文明之路。文化的相互了解、信息的广泛交流和语言的有效沟通，对于推进丝绸之路政策至关重要。

丝绸之路经济带与中亚发展

卡什巴耶夫·卡尤哈克　塔季扬娜·费利波娃*

众所周知，中华人民共和国国家主席习近平于 2013 年 9 月访问中亚国家，他在哈萨克斯坦纳扎尔巴耶夫大学提出共同建设丝绸之路经济带的重要设想。这一举措引起了国际社会的极大共鸣。因此，2014 年被称为丝绸之路经济带建设的“第一年”。建立丝绸之路经济带的构想表明，中国打算积极参与全球竞争，向西方展示其开放性。实现这一伟大构想的目的在于发展丝绸之路经济带国家的经济。丝绸之路经济带贯穿上海合作组织所有国家，从太平洋延伸到波罗的海，涉及东亚、西亚和南亚，涵盖了 30 亿人口。“丝绸之路经济带”这一宏伟目标的实现将会给经济带上的国家带来巨大利益，必将会大幅提高各国间的贸易往来，促进运输和物流基础设施建设，拓宽文化交流。丝绸之路经济带所涉及的地理范围非常广，处于欧亚大陆腹地的中亚地区应该是重中之重。

哈萨克斯坦由于其优越的地理位置和经济发展潜力成为“丝绸之路经济带”举足轻重的一员。哈萨克斯坦国内生产总值合计 1350 亿美元，国土面积居世界第 9 位，有 493 个矿场 1225 种矿物质。锌、钨和重晶石的储备量居世界第 1 位，银、铅、铬和铀的储备量居世界第 2 位，铜、萤石居世界第 3 位，钼居世界第 4 位，金居世界第 6 位，铁矿石居世界第 8 位。这还不包括石油和天然气的储量。数据显示，2013 年中哈间的贸易额占中国与中亚国家贸易额总量的

* 作者简介：卡什巴耶夫·卡尤哈克，哈萨克斯坦卡拉干达国立技术大学教授，博士；塔季扬娜·费利波娃，哈萨克斯坦卡拉干达国立技术大学副教授，副博士，技术科学委员。

61%（见图1）。[①]

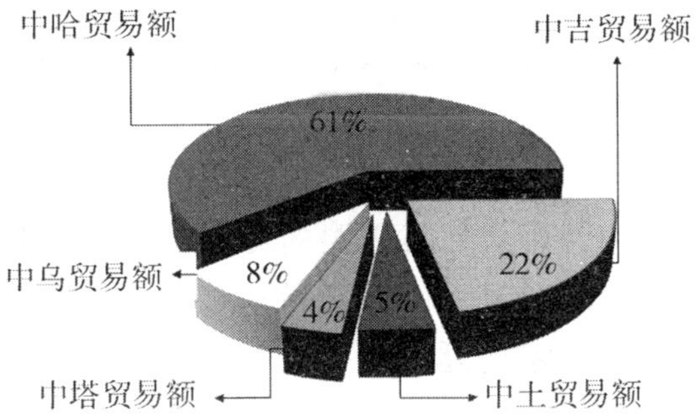

图1 2013年中国与中亚国家贸易结构

中亚五国在美国、俄罗斯、中国之间的战略利益中占据着重要的地位。而中亚地区地位最高的国家是哈萨克斯坦和土库曼斯坦。哈萨克斯坦具有可观的石油储备，而土库曼斯坦具有巨大的天然气储量。2009年4月，中国已向哈萨克斯坦提供了100亿美元贷款，用以维持金融稳定和能源合作。同年5月，中国也向土库曼斯坦提供了30亿美元贷款用以天然气的合作开发。中国继续购买美国政府国债，并掌握了8000亿美元证券。这一年，中国成为美国在世界上最大的债权国。[②] 在区域层面，人们应该注意到，俄罗斯和中国在哈萨克斯坦的石油和土库曼斯坦的天然气行业之间的竞争。如果说俄罗斯是通过集体安全条约组织和欧亚经济共同体的影响利用其杠杆作用，那么中国则是利用上海合作组织的影响。

中国向上海合作组织成员国提供总额为9亿美元的优惠出口买方信贷。其中，6.34万美元提供给塔吉克斯坦用以修建沙尔—沙尔隧道（又名“中塔友谊隧道”），建设塔吉克斯坦—乌兹别克斯坦道路，以及塔吉克斯坦、乌兹别克斯坦联合电力输送系统。这些项

① Ли Вэй. Город на перекрестке// Китай, 2013, №12 (98). - С. 56-59.

② Михеев В. Россия - Китай: дозагрузка отношений //Мировая экономика и международные отношения, 2010, №6, С. 10-19.

目由中国公路桥梁建设集团公司和新疆特变电工集团有限公司负责修建。塔吉克斯坦境内富含矿物质，在帕米尔山脉的中塔边界附近，许多矿藏尚未开发，所以在这方面，两国具有很大的合作潜力。鉴于土库曼斯坦在天然气资源的巨大潜力，土库曼斯坦向中国输送的天然气在逐年增加。

需要注意的是，中国一贯高度重视与中亚国家的经济合作。苏联解体后，中国有必要启动与其接壤的苏联国家的边境谈判，首先就是俄罗斯和中亚地区国家。中国领导人在谈判中一贯主张互利合作，共同繁荣。中亚国家地处大陆深处，远离海洋，是高度发达的欧洲和发展态势活跃的亚太地区之间的桥梁。此外，中亚国家还拥有丰富的自然资源，它被称为“21 世纪的能源基地”。开发和合理利用中亚的资源将有助于这两个地区及全世界的经济发展。①

1500 多年以前，伟大的丝绸之路是一个重要的贸易路线，它包括运送美丽的蓝青金石的“青金石之路”，受到了埃及、巴比伦、伊朗的高度重视；“玉石之路”成为中国古代皇帝和贵族最喜欢的玉石运输之路；“黑貂之路”，用来运输皮草。中国发明的丝绸是主要贸易品，所以此路的名称就以它命名，在运送丝绸的同时，也运输着东西方国家间的货物。丝绸之路成为一个系统，就像支撑人类整个身体的循环系统。丝绸之路有两个主要的陆地路线：南线——从中国出发经过哈萨克斯坦、中亚、印度北部，中东再到地中海；北线——从中国出发经过帕米尔，哈萨克斯坦南部，咸海地区，伏尔加河下游到黑海盆地。

“丝绸之路”，这不是一个古称，1877 年德国地理学家李希霍芬最早提出了这个名称。从那时起，它就成为人类取得惊人成就的代名词，人们正是通过它来进行相互间的贸易往来，传播科技，共享文化和宗教观念。伟大的丝绸之路在数百年前就像现在的网络一样综合传递大量的信息。

目前丝绸之路的任务是进行区域合作，发展和繁荣经济。在提

---

① Лэ Юйчэн. Начало реализации проекта《экономической полосы Шелкового пути》// Китай. – 2014. – №3 (101). – С. 4.

出“丝绸之路经济带”的概念时，中国国家主席习近平指出，丝绸之路经济带建设应该保证“五个关系”，即政策沟通，设施联通，贸易畅通，资金融通，民心互通。

搞好国家间政治关系的目的是解决国家政治动荡和合作障碍，寻求共同利益。当前，毗邻丝绸之路的各国间互相联系的交通方式，包括铁路、公路、航空和管道运输、通信等基础设施，要加强贸易联系，各国就要创造利于贸易和投资的条件；同时使用本国货币结算可以发展相互间的金融关系，从而在世界市场中增强金融安全，保护国家利益。另外，加强丝绸之路经济带各国人民之间的友谊和相互了解，将有助于加强区域合作。

中国正有意与上海合作组织框架内的中亚国家合作，创建合资企业来勘探和开采石油，建设天然气传输系统，并进行基础设施建设；利用各种双边商业论坛、交易会和展览会在中亚市场推广产品。然而，中国以提供援助和各种技术服务，优先考虑低成本、快回报的项目而进行的经济合作，引起了社会的关注。虽然，中国与中亚国家之间的贸易额相对较小，但中国担忧自己边境的经济和政治局势。与中国接壤的国家，如哈萨克斯坦、吉尔吉斯斯坦、塔吉克斯坦等国的交通、电力和电信基础设施都比较落后，而中国在基础设施建设和推动经济结构的多元化领域具有丰富的经验。

中国政府一贯强调建设“丝绸之路经济带”不是为了创建中国的势力范围，或与其他国家竞争在该地区的霸权，并且通过其开放的经济政策打消外界的不信任和猜疑，尤其是邻国对“中国扩张”可能性的猜疑，而且证明与中国合作对中亚地区有利，中亚的发展对中国也有利。值得关注的是，成功实施这一大型项目将形成一个高度集成的经济领域，并实现每个毗邻丝绸之路国家经济利益的最大化。

毫无疑问，中国的经济成就应当成为中亚深入分析地区经济发展的样板。在这方面，我们应该学习中国经济改革的总设计师邓小平，他把中国经济从单一经济过渡到了多种经济并存，从区域的各自为政过渡到国家的协调发展。由于30年来及时而强有力地进行经济的改革和开放，中国在社会经济发展方面取得了显著的成绩。现代中国的一个显著特点是具有超过13亿的人口，所以一些经济增长的指标并不能说明中国的基础发展，还有诸如提高教育和文化水平，加大对科技的投入，创新经济的模式等。

政府在2015年的工作报告中明确指出：2015年，预计中国经济增长率将达到7%左右，各项指标CPI（居民消费价格指数）大约为3%，预期失业率低于4.6%。[①] 中国计划在海外市场加大对中国设备设施（铁路、电力、电信、工程建筑），以及汽车、飞机、电子产品等的投资，并将它们推广到世界市场。

2008—2009年的全球金融和经济危机已成为一种“海外战略”，使世界经济和国际关系中的分权制衡发生变化。这种变化使国际政治格局发生变化，也提高了中国对俄罗斯、伊斯兰国家及全球金融体系的对外经济的积极性。世界变得多元化。同时，在美国主导的格局下，中国、欧盟和俄罗斯的地位明显提高。中国将逐渐成为能够刺激世界经济发展的重要推动力。许多经济学家认为，中国的GDP将会继续维持高速度增长，会吸引更多的投资，这会在“丝绸之路”复兴的进程中帮助中国成功实施大型项目。

① Новости//Китай, 2015, №4 (114). – С. 12.

“丝绸之路经济带”框架下的文明和文化交流

萨尔达娜特·梅拉莫娃*

两千多年以前，丝绸之路将亚洲、欧洲、非洲的文明及其物质、艺术、精神文化联系在了一起。我们的祖先开辟了几条贸易路线，使得亚洲、欧洲和非洲的文化、知识和文明展开了交流。为了货物贸易、观点和技术的交流，他们克服了缺少运输工具等艰难的条件（当然这些条件在全球化的现在很容易实现）。各个国家和人民的知识和经验交流日益频繁，从而给丝绸之路区域带来了经济、文化和社会的巨大发展。

2013年9月、10月，中国国家主席习近平在访问哈萨克斯坦和印度尼西亚期间，分别提出建设“新丝绸之路经济带”和“21世纪海上丝绸之路”的战略构想。

在全球化的形势下，为了实现共同目标开展国际合作显得更为重要。显然，丝绸之路的建设必将带来沿线国家的经济与社会繁荣。这些国家将被更加紧密地联系起来。商品和新技术的交流、不同文明的碰撞、理念的相互借鉴必将带来更多的可能性。这是一个向世界展示自己理念和创意的良好契机。

文明这个概念自古就有。它被称为一种社会进步状态，与“野蛮”一词相对立。在18世纪人们才从科学的角度将它作为与文化一词相关的概念来看待。

文明是一个多义词，有时可以代指文化，即一系列的价值观、传统、信仰、生活和思维方式以及意识形态。有时也可用来指社会

* 作者简介：萨尔达娜特·梅拉莫娃，哈萨克斯坦赛福林农业科技大学国际处处长。

发展阶段和文化状态，即人类发展的最高水平。同时它也可指教养、文化、生活方式、行为举止和习俗的理想状态，与不文明相区别。所以很明显，文明的相互碰撞有利于不同国家在全球化阶段更好地生存。

文化指一个特定国家一系列的信仰、传统、生活方式、行为准则、价值观、意识形态和习俗。没有文化不成国家。我们有责任将祖先传给我们的良好传统、价值观念等精神和物质财富传给我们的下一代。另外，迪尔和肯尼迪两位学者给出了以下定义：文化就是我们做事的方式。正如我们所知，行为是对一个人最好的诠释，而民族显示我们的本性。在这里我们有必要再提一下这句谚语：活到老学到老。与不同国家和民族的接触可以使我们相互学习。我想我们有必要向我们的祖先学习，是他们的勤奋和智慧开辟了丝绸之路。而丝绸之路也将他们与不同的民族、国家联系在了一起，为国家间的经济、技术等文化、文明的交流提供了有利渠道。

文化和文明的概念自古有之，两者概念相似。随着技术的进步，文明有了更广泛的含义。文化创造文明。简言之，文明以文化为基础，同时也需以物质生产为基础。文明带来了技术的巨大进步。有必要强调一下，“文明”这个概念通常与文化含义相近，但文化更强调科学与技术的发展。文化是指有史以来人类创造的物质和精神财富的总和。所以没有文化，文明也就无从谈起。综上所述，我们可以看出，文明是外部世界与受其影响的人类之间的关系，而文化展现更多的是人类的内在属性，展示精神财富的象征。

交流是生物间的一种信息传递。即经验和信息的获取和给予。接下来我们就来讲一讲跨文化交际。跨文化交际产生于人们与不同国家的民族交流的过程当中。跨文化研究学者丁允珠指出：跨文化交际是人类受到不同文化群体的影响时产生的相互间的意义共享。所以与不同国家间的跨文化交流显得尤为重要。所以丝绸之路概念的提出将会加大相关国家间的跨文化交流，也将使我们这代人对身处的世界及他人有更多的了解。相应地，很有必要在中学和高等院校开展跨文化交流课程以提高文化的自我认知。

想要让更多的人来了解自己，就需要有文化的自我认知。为了增长知识、提高文化的自我认知，我们就需要接触大量其他国家的信息并做跨文化对比。在进行跨文化对比的过程中也会更加了解自己的文化，了解它与别国文化的异同。如我们所知，在实践过程中我们能更快更好地学到知识。很明显，如果我们有更多的机会与不同国家和民族进行交流，来了解双方物质、价值观、行为等的差异，那么我们文化的自我认知也会有很大的提高。因此，丝绸之路的发展也必将使我们对不同的国家和民族有更多的了解，并建立更牢固的关系。当然也会有更多的机会向外界展示我们的优点，从而产生文化和不同文明间的交流。

在丝绸之路框架下，多语种教学和国际化对于文明和文化交流也是非常重要的。有必要在这里提一下，为了创造新的教育模式，在全球化条件下进一步推动语言文化发展，哈萨克斯坦赛福林农业科技大学已经在近期开展了多语言教学项目。如我们所知，语言是帮助人们交换信息、交流文化、传播文明的通信系统。所以多语种教学将带来国际合作、信息交换、文化传播以及国际化的进一步发展。

除此之外，哈萨克斯坦高等院校在博洛尼亚进程框架下所采用的新方法现今是非常重要的，这一方法也要求教育的国际化。而丝绸之路作为一个桥梁将欧亚国家联系在了一起，使各国能够共同参与、建立长期的联系和合作。在这样的条件下欧洲高等教育区应时而建，旨在协调合作院校的教育标准、教育方法、教学计划及教育专业。开放的教育领域使得哈萨克斯坦高校的师生与国外的学术交流活动有了很大的增加。这必将提高国际教育市场中高校的地位，使得学生在所选择的领域取得更大的成绩并进一步促进毕业生就业制度的发展。最后，教育的国际化、跨文化交际、科研和创新都有利于教育资源的质量和利用率的提高、更多创新性的教育方法的引进、高校声誉和在国际教育领域所占的份额的提高。同时也能够为哈萨克斯坦的社会文化发展及专业教育领域吸引投资。

国外学者来到赛福林农业科技大学开展讲习班和讲座将有助于跨文化交际，创造交流机会，利于文化知识以及经验的分享。热点课题讨论、寻找解决问题的方法等过程都能够将理论成果运用到实践当中去。譬如，这些课题可以是哈萨克斯坦和捷克共和国现代城市规划、哈萨克斯坦和波兰林业发展的科学化和产业化优先、现代生物技术的发展趋势，也可以是中国、保加利亚、马来西亚和哈萨克斯坦教育质量提高过程中存在的问题及其前景，社会发展过程中的环境保护，中国、哈萨克斯坦和意大利可持续农业技术的运用等。

最后，我想强调一下，我们大学还在不断地成长。我们正在积极寻求新的更有效的途径为农工联合企业培养高质量、有竞争力、多语种的专业人才。我们也将继续致力于融入全球科学教育空间、振兴丝绸之路以及助力哈萨克斯坦共和国的工业和创新型经济发展。

参考文献：

[1] John Shen, To develop the spirit of Silk Way and carry on grand actions through joint efforts, 2015.

[2] New philosophical encyclopedia, Moscow: Thoughts. Under the editorship of V. S. Stepin. T. 4, 2001.

[3] Deal, T. & Kennedy, A., *Corporate cultures: the rites and rituals of corporate life*, Addison-Wesley, Reading, USA, 1982.

[4] Ting-Toomey, S., *Communicating across cultures*, New York: The Guilford Press, 1999.

"丝绸之路经济带"视野下中国与沿线国家合作的法律保障机制研究

林　丽*

"丝绸之路经济带"是国家提出的加强区域经济合作的宏伟战略构想，"丝绸之路经济带"必须在法治的保障下才能顺畅运行，"丝绸之路经济带"下的中国同沿线各国应该构建正式的多层级合作机制、完善跨界运输法律机制、促进域内经贸立法及法律实施、建立区域合作下的争端解决机制及安全预警机制。

2013 年 9 月 7 日，习主席在访问中亚期间首次提出建设"丝绸之路经济带"的宏伟设想。为推动和落实"丝绸之路经济带"计划，我国进一步加强与中亚国家及其他沿线国家之间的联系与合作，在经贸、投资、运输、能源、人文、安全等领域签订了一系列项目合作协议。相关立法也在紧锣密鼓的酝酿中。

区域合作的实质是区域利益的制度化，良好的法律制度和法律环境是促进区域合作良好发展的保障。正如 GATT/WTO 专家彼德斯曼教授指出"自由贸易规则若无制度上或章程性的保障来辅佐，就不会持续有效"。中国与沿线国家经济合作的发展必须注重规则和制度建设。"丝绸之路经济带"要通过制度化保障使域内成员国享受更大利益。"丝绸之路经济带"以沿线国家间基础设施对接和项目合作为基础，以加强外部联系和政策沟通为前提，以经贸合作为主要形式并辅之以安全、金融等多维度合作，以便利人员、货物及各项生产要素流动为切入点。所有活动都须纳入法治的轨道，只有在法治的轨道上，才能保障"丝绸之路经济带"构想得以顺利实施和达到

---

* 作者简介：林丽，石河子大学政法学院副教授。

预期目的。

当前，一方面应尽快制定和出台有关“丝绸之路经济带”建设的专门性法律文件，明确其发展远、中、短期规划，纲要任务和具体实施措施；另一方面应加强多边、双边、区域、国家和地方等层面的法律法规体系建设以及确立和完善相应的法律执行机制。通过各个层面的法律机制保障，促进“丝绸之路经济带”沿线各国合作的规范化、秩序化。

一　促进成员国之间多层次合作机制的达成

促进成员国之间达成多层次的合作机制。首先，各国成立最高领导人会议，作为“丝绸之路经济带”次区域经济合作的最高决策机构，制定“丝绸之路经济带”未来发展战略框架、顶层设计及次区域合作协定；其次，构建由沿线国家的地方政府各个部门组成的高官会议制度，以确定“丝绸之路经济带”合作的重点、优先领域，批准和实施重大工程项目；最后，组建由专家委员构成的“丝绸之路经济带”监督实施机构，专门审议和监督参与方履行协定情况，讨论和帮助参与方解决次区域合作中出现的特定问题。这种多层级合作机制既由政府主导，又有金融机构、商事企业、专家学者参与，囊括次区域合作的各个领域，能够保障“丝绸之路经济带”次区域合作制度化。

二　促进中国与沿线各国经贸立法及法律的执行

自20世纪90年代起，中国与中亚国家签订了一系列促进经济合作的双边和多边法律文件，内容涉及经济贸易、投资保护、口岸合作、技术合作、银行合作、能源合作、跨境运输、海关互助、避免双重征税和防止偷漏税等领域。然而，这些条约大多笼统简单，缺乏实施和执行方面的内容，对缔约方缺乏法律约束力，随着各国经济形势的发展变化，某些内容已显陈旧过时。从各国国内法律环境来看，"丝绸之路经济带"沿线各国经贸法律差异较大，法规繁多且杂乱，缺乏透明性、连贯性和可预见性，国内执法环境普遍较差。因此，在沿线国家之间从事跨国经济活动的企业及其他经济主体仍然面临着较大的法律风险。"丝绸之路经济带"建设要实现其既定目标，则必须改变上述法制状况。除继续加强双边合作外，应持续不断地推进"丝绸之路经济带"次区域框架下的贸易投资便利化谈判，进一步降低沿线城市相互间的进出口商品的关税水平，减少和逐步消除贸易和投资壁垒，协调各自对货物、人员、车辆等的管理，大力推行多边标准化管理和服务。我国应极力推动各方制定约束力较强的国际法规则，确立条约的多边实施机制，消除区域经济合作的制度壁垒，逐步协调各国立法和改善国内执法水平。

三 完善"丝绸之路经济带"跨界运输法律机制

"丝绸之路经济带"将是一条中国经中亚至欧洲地区的长途跨境陆路运输大通道，与通往欧洲的海运相比，陆运运载量更大，线路更直接，风险小而成本低。但是，沿线途经国家和城市众多，在过境通关、检验检疫、税费等方面将存在反复报关、查验和交费问题，容易导致通关缓慢、货物积压、成本增高等现象。针对这些问题，"丝绸之路经济带"交通运输制度化建设的主要任务应是协调和衔接各个运输环节，简化手续和促进外贸商品的统一化、标准化和信息化管理，消除运输过程中的各种阻碍因素和规范各方的权利义务责任。首先，应尽量促成"丝绸之路经济带"下区域多边运输协定的制定，以改善以往双边协定无法实现不同国家跨境运输的统一管理、标准不一的混乱局面；其次，建立多部门参与的协调跨境运输的多边常设机构，对次区域合作道路运输进行系统规划、运营管理和组织实施，监督参与方执行协定情况和处理沿线日常事务、突发事件；再次，设立"道路专项基金"，充分争取联合国开发署、亚太经社会、亚洲开发银行等国际组织和机构的支持，为"丝绸之路经济带"

建设提供足够的资金；最后，应促进“丝绸之路经济带”国际道路运输信息网络化建设，建立交通信息交流与共享机制。

四　构建“丝绸之路经济带”法律框架下的安全联控机制和预警机制

位于“丝绸之路经济带”的中国西北边疆及其周边国家近年来成为暴力恐怖活动的“高危地带”。因此，除深化经贸合作外，应促进各国政府在安全领域的合作，在司法协助、情报交换和共同行动等方面加强协调与交流，构建“丝绸之路经济带”法律框架下的安全联控机制和区域预警机制。该联控机制或预警机制应与上合组织密切配合，以增强其对安全威胁的预警能力和治理能力，共同推动“丝绸之路经济带”沿线各国经济社会的可持续发展。

五　构建“丝绸之路经济带”争端解决机制

争端解决机制是深化合作的重要制度保障，是“丝绸之路经济带”沿线各国经济合作法律框架的重要组成部分。“丝绸之路经济带”将促进沿线国家和地区之间的经贸往来，随着经济合作机会增多，沿线跨国经济主体之间将可能产生更多的经济纠纷。由于纠纷各方对彼此国家的法律制度、法制环境和司法体制不熟悉和不信任抑或其他原因，现存的纠纷解决方式不足以满足次区域内跨国经济纠纷解决的需要。按照公平、合理、利益平衡等原则运用法律方式构建区域合作框架下的争端解决机制尤为必要，仲裁这种灵活的准司法模式成为解决区域贸易争端的主流。

“丝绸之路经济带”争端解决机制可设立一个多边常设争端解决机构，在组织、管理、协调、调停、斡旋以及处理具体行政事务等方面发挥职能。该争端解决机制应包括争端解决模式、机构设置、争端受理范围、参与争端解决主体的资格确定以及决策机制等基本架构。在争议的解决方式上应允许当事人选择调解和仲裁。制度设计上则侧重于仲裁，规定仲裁裁决对跨国争议当事方的强制效力，争端解决机制的决策方式应根据自身的特点，以及权衡各决策方式的利弊来选择，要兼顾公平和效率，寻求成员国主权平等和国际组织有效运转的合理平衡。明确“丝绸之路经济带”各参与成员方对仲裁裁决的执行义务。通过争端解决机制的构建和完善，为“丝绸之路经济带”域内经济主体营造稳定、安全和可预见的跨国经贸投资合作环境。

参考文献：

1. 耿明：《构建云南省与次区域国家区域性法律制度刍议》，《经济问题探索》2006 年第 4 期。

2. 一品周：《中国向西：丝绸之路经济带概述》，《喀什日报》2013 年 12 月 6 日第 6 版。

3. 袁利华：《“丝绸之路经济带”的法律思考及建议》，《商业时代》2014 年 2 月 3 日。

丝绸之路经济带贸易便利化：理论、实践与推进

程中海　罗　超*

一　引言

2013 年，习近平主席首次提出，“为了使欧亚各国经济联系更加紧密，相互合作更加深入，发展空间更加广阔”，应创新开放型经济区域合作模式，共同建设“丝绸之路经济带”的战略构想。该构想提出以来，国内外的政府、学者给予了广泛的关注，对丝绸之路经济带的概念与内涵、丝路区域合作领域与资源、丝路合作机制与区域博弈、地区参与定位与模式、丝路建设构想与前景等方面进行了较为丰富的研究，为丝绸之路经济带的繁荣与发展提出诸多有益的探索。但应当注意到，丝绸之路经济带构想是在后金融危机时期经济全球化发展受阻，2013 年世界各国与地区经济发展乏力，世界贸易组织（WTO）推动的多边贸易体制自由化进展举步维艰，区域经济一体化组织谈判与合作高涨，美国倡导的跨太平洋伙伴关系协议（TPP）谈判参与国家（地区）规模扩大，俄罗斯倡导推进欧亚联盟（欧亚经济一体化）进一步发展，中国在世界经济中的地位不断上升等大背景下提出的，具有重要的政治和经济因素。

共建丝绸之路经济带表明中国向西开放的鲜明政策方向，凸显

---

* 作者简介：程中海，石河子大学经济与管理学院副教授，博士；罗超，石河子大学经济管理学院硕士研究生。

中国推动全球开放型经济体系的视野。而实现丝绸之路经济带建设关键是要落实“政策沟通、设施联通、贸易畅通、资金流通和民心互通”，其中政策沟通是前提，道路联通是基础，贸易畅通是纽带，货币流通是手段，民心相通是桥梁。即没有丝绸之路经济带跨区域间的政策沟通，就无法实现区域间互联互通的道路联通，道路无法联通使得贸易也就无法畅通，贸易畅通则需要货币流通作为推动区域金融合作手段，而政策沟通、设施联通、贸易畅通、资金流通均需要丝绸之路经济带沿带各国（地区）的民意支持，通过民心互通这一无形桥梁夯实丝绸之路经济带的共建基础。

欧亚区域多年来的经贸合作实践经验表明，实现“政策沟通、设施联通、贸易畅通、资金流通和民心互通”的突破口，在于全面推进丝绸之路经济带贸易便利化。因为随着欧亚地区经济一体化的快速发展，贸易基础设施落后、通关程序复杂、法律救济措施滞后、贸易国国内外各组织的协调配合不够等问题对欧亚经贸合作带来的负面影响日益凸显，推进贸易便利化既是丝绸之路经济带经贸合作领域中最紧迫的要求，也是当前欧亚经济合作与发展的着力点之一。

二　丝绸之路经济带贸易便利化释义

（一）丝绸之路经济带的内涵

“丝绸之路经济带”是在古“丝绸之路”概念基础上，基于当代区域经济合作发展趋势所提出的包容性、开放性、创新性的战略构想，其以中国—中亚区域经济圈为纽带，东牵亚太经济圈，西系欧洲经济圈，辐射东亚、中亚、西亚、南亚和欧洲以及北非区域；是以“丝绸之路经济带”沿带（线）国家（地区）的综合交通运输体系为发展主轴（轴），以沿带（线）中心城市（点）及相关产业发展为依托，以“政策沟通、设施联通、贸易畅通、资金流通、民心互通”为路径形成“点—轴—面”巨型空间经济系统，以区域经济一体化安排为手段促进沿带（线）国家（地区）贸易和生产要素等资源配置效率，以实现亚欧大陆多方向、多路径、多形式的互联互通，形成欧亚大陆的“利益共同体”为目标，以点带面，从线到片，实现沿带区域大合作的跨国（地区）经贸合作网络。

（二）贸易便利化的内涵

便利化（Facilitation）一词，据考查来源于拉丁文 Facililis，意指简易、方便和便利。1923 年的国际联盟会议中首次提及“贸易便利化”，此后随着 1947 年关税与贸易总协定（GATT）谈判议题的深入和 1995 年世界贸易组织（WTO）的成立，贸易便利化的内涵与外延不断扩大，目前关于贸易便利化还没有一个普遍接受的统一定义，但各类组织对贸易便利化概念进行了不同的阐释。大致可归纳为 5 种：

（1）把贸易便利化看作对国际贸易程序的简化和协调。这一思想认为，贸易程序包括国际贸易过程中进行商品流通所需的与收集、提交、处理数据有关的行为、惯例和手续。①

（2）把贸易便利化看作在国际间移动货物以及买方向卖方付款所需的信息流及相关程序的简化和标准化。②

（3）把贸易便利化看作对海关及其他行政手续的简化及理顺。这一思想认为，贸易便利化是对进出口货物贸易边境措施的消减，使国际货物贸易能以最有效率的方式跨境流通。③

（4）把贸易便利化看作贸易交易过程中复杂性的降低及成本的减少。这一思想认为，在国际可接受的规范、准则及最佳做法的基础上，贸易便利化能够保证所有的交易活动在有效、透明和可预见的方式下进行，用全面的和综合的方法来降低贸易交易过程的复杂性及交易成本。④

---

① WTO. Trade facilitation（http：//www. wto. org/english/tratop_ e/tradfa_ e/tradfa_ e. htm）。

② OECD（2002）. Trade Facilitation, TD/TC/WP（2002）17/FINAL, Copyright OECD.

③ APEC. 1993. Report of the Fifth Senior Officials Meeting for Fifth Ministerial Meeting, Seattle, Washington, November 14-16.

④ UNESC（2002）. Trade Facilitation in a Global Trade Environment, TRADE/2002/21 Nation.

（5）把贸易便利化看作新技术和技巧的使用。这一思想认为，贸易便利化是指通过协调标准、使用新技术和其他的方法来降低或减少程序和管理上阻碍贸易的措施。[①]

上述贸易便利化的概念主要涉及货物流通所经历的边境措施、交易操作技术层面的便捷以及一系列国内法规及新技术的使用。总的来说，狭义的贸易便利化是指提高进出口货物通关的效率或处理进出口货物跨境流通所经历流程的效率；广义的贸易便利化是清除跨国交易过程中的机制性和技术性障碍，加快要素的跨境流通，最大限度地实现国际贸易的自由和开放。

（三）丝绸之路经济带贸易便利化的内涵与外延

根据前文所述丝绸之路经济带与贸易便利化的概念和内涵，本文认为丝绸之路经济带贸易便利化的内涵是指：以改善丝绸之路经济带沿带国家（地区）国内综合交通运输体系为保障，以促进丝绸之路经济带沿带国家（地区）贸易政策公开透明和政策沟通为制度基础，以加强丝绸之路经济带沿带国家（地区）贸易信息化和技术化为手段，以实现丝绸之路经济带区域贸易自由化的目标，提高丝绸之路经济带沿带国家（地区）货物贸易进出口物流效率，简化进出口贸易流程，清除区域国际贸易中的交易障碍，降低交易成本，最大限度地实现丝绸之路经济带沿带国家（地区）贸易的自由和开放。

丝绸之路经济带贸易便利化的外延主要包括五个层面：一是贸易政策与市场准入便利化，包括市场准入程度，是否签订优惠贸易政策，是否建立自贸区，是否减免关税等；二是互联互通基础设施贸易便利化，包括铁路互联互通、公路互联互通、航空互联互通、信息互联互通，例如运输基础设施质量、运输服务质量、信息通信技术质量；三是货物贸易与服务贸易的便利化，包括海关行政效率、商检、许可证、入境消费、商业存在、跨境支付、自然人存在等方

---

① 2002 年世界银行的研究报告“Trade Facilitation: A Development Perspective in the Asia Pacific Region”。

面；四是有关贸易的金融服务便利化，包括是否提供融资、进出口信贷、国家信贷担保、货币可自由兑换等；五是与贸易有关的投资便利化或商业环境便利化等。

三　丝绸之路经济带贸易便利化的理论源泉

虽然贸易便利化的概念常被提及，但目前尚未对贸易便利化的理论基础进行系统的归纳和概括，使得推进贸易便利化缺乏必要的理论基础。考虑到贸易便利化的本质是通过国家（地区）与国家（地区）之间的贸易谈判，减少交易成本，提高贸易效率，实现区域贸易自由的视角，解释自由贸易对经济增长的促进作用。因此，本文认为自由贸易理论、交易成本理论、区域经济一体化和博弈论等理论可以作为研究贸易便利化问题的理论基础。

（一）自由贸易理论为基础的贸易便利化

自 1776 年亚当·斯密发表《国富论》以来，自由贸易理论就成为国际贸易的核心理论，贯穿整个国际贸易理论发展的主线，成为经济全球化、区域经济一体化以及 WTO 多边贸易体制的理论基石。该理论通过对贸易原因和模式接近完美的逻辑推理，阐释国家与国家之间通过国际分工，实现专业化生产，参与国际市场交换，使参与贸易的双方均获得贸易利益。其核心观点包括“以己之长，换己所需”、“两优相权取其重，两劣相权择其轻”等。

在传统自由贸易理论比较优势理论的经济假设中，强调“物物交换”、“国内的商品和要素市场完全竞争”，特别指出“不考虑交易费用和运输费用，没有关税或影响国际贸易自由进行的其他壁垒”，这表明自由贸易理论认为只有两个国家实现了完全的自由化时，贸易利益才会产生。但在贸易实践中，两国之间的贸易没有交易费用和运输费用是不现实的。因此，当存在交易费用和运输费用时，商品价格（成本）就不仅仅由劳动生产率决定，贸易的模式也随之发生改变，真实的贸易利益将很难确定。由此可以看出，贸易便利化的实施将有助于减少交易费用和运输费用（事实上还包括时间成本等隐形费用），并最终实现贸易自由化。

在新新贸易理论（简称“HFTM”）中，Melitz 通过扩展 Krugman 的贸易模型，引入企业生产率差别概念，认为“削减关税、降低运输成本”将提高整个产业的生产率，从而使得生产率较高的企业进入出口市场。[①②] 这表明，贸易便利化能够提高产业生产率，改变产业内贸易模式。总之，自由贸易理论反对以关税和非关税壁垒形式保护国内产业，主张削减关税和非关税壁垒等各种贸易障碍，利用各自的自然禀赋，发挥比较优势，促进经济增长。而没有贸易便利化，就没有贸易自由，只有实行自由贸易和便利贸易，才能实现利益最大化，才能增加国家财富。[③] 由此可以看出，自由贸易理论是贸易便利化的最基本的理论基础之一。

（二）区域经济一体化理论推进下的贸易便利化

区域经济一体化的经济源泉在于贸易和投资的自由化，通过建立自由贸易区、关税同盟和共同市场等组织形式，消除区域间的贸易和投资障碍，促进区域经济增长。

传统的区域经济一体化理论以关税同盟理论为代表，其特征在于同盟内成员国之间相互取消关税，且各成员国对非成员国实行统一的关税，商品在关税同盟成员国可以自由流动，从而产生贸易创造和贸易转移效应[④]。关税同盟成员国实施贸易便利化后，有利于成员国充分利用国内外“两个市场”、“两种资源”，合理配置和利用生产要素，而消除烦琐的通关手续则有利于节约资金和时间。此外，由于成员国对外实行统一关税率，导致同盟内一国把与同盟外高成

① Melitz, M. J., “The impact of trade on intra-industry reallocations and aggregate industry productivity”, *ECONOMETRICA*, Vol. 7, No. 6, 2003, pp. 1695-1725.

② Paul Krugman, “Scale Economiec, Product Diffeentiation, and the Pattern of Trade”, *The American Economic Review*, Vol. 70, No. 5, 1980, pp. 950-959.

③ 娄万锁：《贸易便利化理论根源探析》，《上海海关学院学报》2010 年第 1 期，第 31—37 页。

④ Jacob Viner, *The Customs Union Issue*, New York: Carnegie Endowment for International Peace, 1950.

本的某个国家的相互贸易转变为与同盟内低成本成员国间的相互贸易，这种贸易转移也是由于同盟成员国取消关税，减少了跨国交易过程中的机制性和技术性障碍，降低交易成本，实施贸易便利化的结果。

自由贸易区是区域经济一体化的主要形式之一，它是指两个以上的国家，通过缔结条约消除关税壁垒和数量限制，在区内各成员国之间废除关税和其他贸易壁垒，实现区内的完全自由流通，但每个成员国仍保留对非成员国的原有壁垒。成员国间关税和非关税壁垒的消除降低了通关过程中产生的成本和贸易的复杂性，提高了贸易便利化水平和贸易效率及资源配置水平，使得各国经济得到全面快速发展。英国学者彼得·罗布森（P. Robson）将关税同盟理论应用于自由贸易区研究，提出了自由贸易区理论，认为自由贸易区给成员国带来消费者剩余的损失和负的生产效应比关税同盟小，而福利水平的提高要高于关税同盟；自由贸易协定还能使生产厂商获得显著的内部与外部经济利益。[①]

共同市场，是指两个或两个以上国家或经济体通过签署某种协议，实现自由贸易，建立统一的对外关税，同时还实现服务、资本和劳动力等生产要素自由流动的国际经济一体化组织。针对共同市场，小岛清（Kojima，1978）、西托夫斯基（T. Scitovsky）等人将区域经济一体化理论研究引向动态分析角度，提出“大市场理论”[②③]。该理论指出，在关税同盟中，如果允许生产要素在各成员国之间自由流动，区域一体化形式就升级为共同市场。在共同市场中，“消除阻碍最合理运营的各种人为障碍，通过有意识地引入各种有利于调整、统一的最理想因素，创造出最理想的国际经济结构”，即在大市场内部，实现贸易便利化后，有利于区域经济一体化组织高级化。

---

① ［英］彼得·罗布森：《国际一体化经济学》，译文出版社2001年版。

② K. Kojima, *Japanese Direct Foreign Investment: A Model of Multinational Business Operations*, Charles E. Tuttle Company, Tokyo, 1978.

③ T. Scitovsky, *The International Allocation of Economic Activity*, Palgrave Macmillan UK, 1977.

（三）交易成本理论框架下的贸易便利化的成本收益

罗纳德·科斯（Ronald H. Coase）在《论企业的性质》（1937）一文中，修正了新古典经济学零交易成本的假设，阐释了交易成本思想，肯尼斯·阿罗（Kenneth Arrow）在1969年明确其含义。交易成本有广义和狭义之分，广义的交易成本指一切不直接发生在物质生产过程中的成本；狭义的交易成本指经济制度的运行费用。在传统的国际贸易理论中，假设有交易成本和制度费用，在实际国际贸易制度安排中，繁杂的进出口贸易程序会导致成本上升和经济损失，等待的时间过长可能使企业丧失商业机会，通关时间过长会使产品的新鲜度和质量下降，特别是“即时”产品。一国的出口企业在海关部门或一些边境管理部门所需要缴纳的费用将直接转变成企业的成本，而这些成本又不得不在产品的价格中体现出来，这直接影响到该国企业的国际竞争力和该国的出口额。贸易便利化不仅降低了贸易国之间的交易成本，间接降低了企业的成本，而且营造了开放的贸易环境，增加了实行贸易便利化各国的经济收益。

（四）博弈论视角下的贸易便利化

贸易便利化谈判的过程本质是相互提供贸易便利以实现双边或多边互利共赢的动态博弈过程，既包括谈判前的“非合作博弈”，也包括谈判后的“合作博弈”，其动态博弈的结果可能是“加和博弈”，也可能是“零和博弈”。贾格迪升·巴格沃蒂（Bhagwati，1991、1996）认为：“优惠贸易安排不断涌现的真正令人信服的原因是经济学家所说的纳什均衡，即在博弈中，尽管参与者可以通过合作获得更大利益，但他们却以非合作的方式各自追求个人利益。”①② 国际关系和国际政治经济学学者（Robert Gilpin，2006）认为，“贸易问题的背后，隐藏着影响政权、独立性以及切身利益等意

① Bhagwati，Jagdish，*The Word Trading Systeerm ata Risk*，Princeton：Princeton Universtity Press，1991.

② Bhagwati，Jagdish，“The US Japan Dispute：A Monumental Mistake”，*NTERNATIONAL AFFAIRS*，Vol. 72，No. 2，1996，pp. 261—279.

义重大的政治问题，虽然贸易可以做到互惠互利，但每个国家都想得到多于其应得收益……每个国家也都要求对国际金融体系规则的制定具有发言权”①。

贸易便利化谈判过程中，各国或地区尽管认识到贸易自由化对世界经济发展是有利的，但由于各国或地区经济发展阶段不同，经济发展水平差异较大，资源禀赋、科技创新能力以及产业国际竞争力存在异质性，为了使本国获得更多的利益，往往在贸易便利化谈判的“非合作博弈”过程中选择对自身最优的策略（收益最大）。这样做的结果可能导致亚当·斯密在“看不见的手”论述中指出的“各个国家从自身利益最大化出发，可能导致所有国家均能获益（产生善果）”,② 即贸易便利化谈判使得参与谈判的国家都能获益，是一种“加和博弈”；也可能导致参与贸易便利化谈判的一国或地区未能从贸易便利化中获益，例如增加了提高贸易便利化基础设施的投入，但未能从贸易中得益，抑或是大国利用自身优势使小国“自愿”地提高贸易便利化水平，小国出现“贸易贫困化增长”，大国获得较多的贸易利益而小国受损，是一种“零和博弈”；也可能参与贸易便利化谈判的国家或地区由于信息不对称，导致谈判破裂并打“贸易战”，从而导致双方利益受损。不论出现上述哪种结果，博弈理论都能较好地解释贸易便利化谈判过程中各方的行为，也包括谈判成功后再次进行的“合作博弈”。

① 罗伯特·吉尔平：《全球政治经济 学：解读国际政治秩序》，上海人民出版社 2006 年版。

② 亚当·斯密在《国富论》中阐述道：“每个人都试图应用他的资本，来使其生产的产品得到最大的价值。一般来说，他并不企图增进公共福利，也不清楚增进的公共福利有多少，他所追求的仅仅是他个人的安乐、个人的利益，但当他这样做的时候，就会有一双看不见的手引导他去达到另一个目标，而这个目标绝不是他所追求的东西。由于追逐他个人的利益，他经常促进了社会利益，其效果比他真正想促进社会效益时所得到的效果为大。”由于斯密表述国际分工理论时，习惯使用由个人推及国家的逻辑推理方法，因此，本文认为贸易便利化谈判中各方的行为也符合“看不见的手”这一表述，即自由交换制度中利己心的作用也适用于国家之间的利益博弈。

四 丝绸之路经济带贸易便利化的实践与困境

（一）全球贸易便利化的实践

GATT 和 WTO 成立以来，通过双边和多边的谈判，世界平均关税水平已大幅下降，传统关税壁垒对国际贸易的影响逐渐减小。越来越多的国际组织、各国政府等逐渐把关注重点放到减少贸易的“非效率”上来，清除跨境交易过程中的障碍，减少交易成本和困难引起广泛的关注，建立贸易便利体系成为多边合作和区域经贸合作的重要内容。

WTO 在贸易便利化上的工作主要是负责各国之间的贸易便利化谈判。1996 年首届新加坡部长会议召开后，WTO 开始对贸易便利化进行全面考虑和专门分析，将贸易便利化纳入 WTO 工作日程。1997 年和 1998 年世界贸易组织货物贸易理事会讨论了贸易便利化存在的问题与表现，例如单证要求、政策透明度以及信息使用技术等问题。[①] 2001 年 11 月，第四届多哈部长级会议正式将贸易便利化纳入多哈回合“一揽子承诺”谈判议程，根据《多哈宣言》，“贸易便利化议题的谈判将于第五次部长会议后，就贸易谈判模式达成明确一致的基础上启动”。[②] 2002 年 WTO 贸易理事会根据《多哈宣言》的授权，探讨分析“各成员尤其是发展中国家和最不发达成员贸易便利化的优先权”的问题。2003 年 WTO 第五届部长级会议（坎昆会议），成员国对贸易便利化问题又展开了激烈的谈判，由于各成员方对启动贸易便利化的意见不统一，该议题最终以失败告终。2004 年 7 月，发展中国家同意接受贸易便利化谈判作为广义“七月一揽子协议”的一部分，随后 WTO 总理事会议通过《多哈回合贸易谈判框架协议》，明确表示重新启动贸易便利化谈判，主要涉及过境自由、

---

① 匡增杰：《WTO 贸易便利化议题谈判回顾与前景展望》，《世界贸易组织动态与研究》2007 年第 5 期，第 1—6 页。

② 详见 WTO 2001，Trade facilitation（http：//www. wto. org/english/tratop_ e/tradfa_ e/tradfa_ e. htm）。

规费和输出入手续以及贸易条例的公布和实施等条款（GATT 1994）。2005年在中国香港召开的第六届部长会议上，再次就削减农业补贴和农产品关税、降低工业品关税、发展问题、服务业开放、知识产权保护与贸易争端的解决、贸易便利化等多哈议题展开了谈判，在农产品贸易、非农产品市场准入、服务业和发展议题等方面取得实质成果，但贸易便利化未能达成实质性的共识。2006年在日内瓦贸易谈判委员会非正式会议上，由于分歧较大，多哈回合全球贸易谈判全面中止。

2009年在日内瓦召开主题“世界贸易组织、多边贸易体系和当前全球经济形势”的WTO第七届部长会议，会议仍未能在推动多哈回合谈判方面取得明显进展。2011年在日内瓦召开WTO第八届部长会议，议题主要包括多哈回合谈判问题、发展议题和多哈谈判，这次会议主要讨论了多哈回合谈判自身存在的问题，未涉及贸易便利化问题。2012年WTO总理事会议中，贸易便利化重新成为“早期收获”议题的重心。2013年12月在印度尼西亚巴厘岛召开第九届部长会议，发表了149国《巴厘部长宣言》，达成了“巴厘一揽子协议”，通过了以贸易便利化协议为核心议题的一系列草案文件。本次贸易便利化谈判旨在简化通关手续，优化货物通关效率，加快全球贸易发展。2014年的WTO总理事会议上，批准了有关落实《贸易便利化协议》的议定书，该议定书也成为WTO成立19年来的第一份全球性贸易促进协议，2015年该协议将通过WTO成员核准接受。

1996—2014年期间，WTO展开了多次有关贸易便利化的谈判，围绕贸易便利化法令，各成员消除分歧，最终在以下领域可能达成共识：（1）提高透明度，统一文件标准与贸易费用，简化现行边界程序，力求提高效率避免重复工作；（2）是否赋予任何个人或公司上诉海关/边境决定的权利，是否取消报关行，成员国是否能在其他成员国雇佣私人公司核实进口货物细节，以及在符合某些条件下，海关在货物进出口前制定法律决定——又称为“预先裁定”；（3）提高发货速度，包括出口涉及的安全、物流和定位控制各运输环节的跟踪技术；（4）平等对待各国货物，并允许他国贸易商自由选择运输路线。

此外，世界海关组织、联合国贸发会议以及亚太经合组织在推进全球贸易便利化方面做出了突出的贡献。世界海关组织①（简称“WCO”）的责任是改善和协调各国海关的运行，协调和简化海关手续，提高海关工作效率，以促进各成员在海关执法领域的合作及国际贸易的发展，是贸易便利化最主要的讨论场所。1973 年 5 月，原海关合作理事会（1995 年更名为“世界海关组织”）在日本京都制定了《关于简化与协调海关制度的国际公约》（又称《京都公约》），全面对海关制度进行阐述。1999 年 WCO 对《京都公约》进行大规模的修改，在海关业务制度简化、协调、统一、透明方面作出极大努力。2004 年 6 月，WCO 理事会制定了贸易安全发展标准框架。目前，WCO 通过 2006 年发布的修订的京都公约和商品名称及编码协调制度（HS），对国际贸易便利化发挥了积极作用。

联合国贸发会议（UNCTAD）是负责审议有关国家贸易与经济发展问题的国际经济组织，其从 1970 年开始开展贸易便利化工作，主要通过实施项目帮助发展中国家提高贸易效率，重点领域包括海关、运输（尤其是过境运输）、电子商务等。目前 UNCTAD 从事贸易便利化领域的研究与技术合作，通过管理海关自动数据处理系统（ASYCUDA）来帮助其成员国改革海关清关系统。亚太经合组织（APEC）自成立以来一直推行贸易便利化，在历次 APEC《领导宣言》中贸易便利化都被提上日程并被多次强调其重要性。1995 年《大阪行动议程》中明确指出，“鉴于自由化和便利化在实现亚太地区自由、开放的贸易投资中不可分割的性质，两者应同等对待”。2001 年《上海共识》提出了贸易便利化的实施目标，倡导透明、效率、可预测、一致性等贸易便利化基本原则。2002 年亚太经合组织通过了贸易便利化行动计划。2003 年落实《上海共识》有关贸易投资自由化与便利化领域的后续行动。2009 年《新加坡宣言》倡议提高贸易便利化管理水平和透明度。据 APEC 政策支持部门统计，2002—2010 年，由于 APEC 成员采取了 APEC 贸易便利化行动计划

① 详见 http：//www. wcoomd. org/en. aspx。

措施，APEC区域内贸易交易成本降低了10%。目前，APEC致力于实现区域供应链联通、单一窗口、海关合作、电子化程序等贸易便利化措施。

（二）丝绸之路经济带贸易便利化的进展与困境

1. 丝绸之路经济带贸易便利化的进展

2014年中国《政府报告》中强调："要坚持推动贸易和投资自由化便利化，实现与各国互利共赢，形成对外开放与改革发展良性互动新格局。"因此，推动贸易便利化将成为共建"丝绸之路经济带"的紧要任务之一。实际上，在"丝绸之路经济带"战略构想提出前，在上海合作组织框架下，中国已经大力推动丝绸之路经济带沿带国家开展广泛的贸易便利化合作。

一是提高物流运输效率，降低物流成本。近年来，中国长期致力于贸易便利化基础设施建设，通过完善国内综合交通运输体系，与周边国家签署国家公路、铁路、航空运输便捷通关合作协定，加强与丝绸之路沿线国家的互联互通，提高交通运输效率，降低物流成本，提升贸易便利化水平。主要举措包括：（1）倡导制定欧亚区域互联互通的发展规划，包括中国与东盟交通合作的战略规划、中亚区域经济合作机制成员国运输与贸易便利化的战略设施行动计划等。（2）依托建立的交通运输合作机制和互联互通规划，打造与中亚、南亚、东盟、东北亚国家国际物流大通道，包括贯穿中欧国际大通道的"长安号"、"渝新欧"等铁路专列。（3）积极推进运输便利化，加入了《国际铁路货物联合运输协定》《国际铁路货物运送公约》《集装箱海关公约》《国际道路运输便利化协定》等国际便利运输公约，签署了大湄公河次区域便利货物及人员跨境运输的协定、上合组织国际道路运输便利化协定和《亚洲公路网政府间协定》，与周边及丝绸之路沿线国家签订了十多个双边和区域性的汽车运输协定，包括与中亚国家签署的双边的汽车运输协定、实施细则和国际汽车运输许可证制度的协议、《中、哈、吉、巴政府过境运输协定》《关于建立国际公路过境运输行车许可证制度的协议》《中、吉、乌政府汽车运输协定》等多边运输协定。（4）构建丝绸之路经济带陆上贸易走廊合作机制，推进丝绸之路经济带沿线物流便利化，依托国际立体通道等物流载体，打造连接亚欧的便捷物流通道。例如河南和卢森堡航空公司携手打造以郑州为亚太物流中心，卢森堡为欧美物流中心，覆盖全球的双枢纽航空货运网络。

二是加强海关合作，简化通关和检验检疫手续。通过与丝绸之路经济带沿带国家的交流与沟通，增加了海关、检验检疫政策的透明度，简化了通关手续，提高了海关合作的紧密程度。主要包括：（1）实施通关区域一体化改革，实行“属地申报，口岸验放”，赋予属地海关直接放行口岸海关监管货物的权力，通过海关通力合作，形成便捷通关通道。（2）与周边国家签署海关合作协议，实现海关监管结果互认，节省了货物通关时间。例如，签订《中华人民共和国海关总署与俄罗斯联邦海关署关于在绥芬河—波格拉尼奇内与东宁—波尔塔夫卡口岸开展特定商品海关监管结果互认试点议定书》，使得进出口商品通关时只需一方海关查验即可快速通关。（3）全面推进通关作业无纸化改革，优化通关作业流程，提高货物通关效率，降低企业运营成本。例如，新疆乌鲁木齐海关试点口岸通关无纸化，节省了外贸企业在海关排队等候的时间，降低了贸易成本。（4）探索检验检疫机构信息互通、监管互认、执法互助模式，实行区域内“通报通检通放”，提高检验检疫工作效率，提供贸易便利。例如，中国开通了“渝新欧”国际铁路货运班列，试点了“一站式”报关报检，实现跨国铁路物流的无缝对接，既节省了货物运输时间，又提高了物流效率。

三是提升与贸易有关的服务支持水平。近年来，中国积极进行贸易便利化软环境建设，通过资金投入，提升了贸易通关中的技术水平，提高了通关效率。例如，中国大力推动跨境电子商务平台建设，西安成为跨境电子商务试点城市，重庆、克拉玛依建设面向中亚、南亚、东欧的跨境电子商务平台，打通进出口贸易中的“物流、资金流和信息流”，提高了贸易便利化服务水平。此外，在上海合作组织框架下各成员国积极推进贸易便利化协定，中俄、中哈和中吉先后实现了贸易本地结算，减少了外贸企业的中间环节，降低了成本。

2. 推进丝绸之路经济带贸易便利化的制约因素

从目前来看，WTO《全球贸易便利化》协议的签订，为进一步推进丝绸之路经济带贸易便利化提供了制度保障。但是，由于丝绸之路经济带沿带国家多，政治经济形势复杂，且随着贸易便利化议题的不断深入，沿带国家相互妥协的空间越来越小，贸易便利化的实施和推进将面临更多阻碍。

（1）保护贸易制约丝绸之路经济带贸易便利化的发展。后金融危机时期，全球经济发展前景不明，世界大多数经济体增长乏力，多边贸易体系举步维艰，国际贸易摩擦有所加剧，各种技术标准与绿色标准的非关税壁垒使用更加频繁和严格，新一轮“以邻为壑”的贸易保护主义势力的抬头，阻碍了丝绸之路经济带贸易便利化的进程。WTO 发布的调查结果显示，2008—2013 年全球贸易保护措施实施数量大幅增加，导致贸易效率降低、贸易流程的不可预见性和风险增加、贸易机会减少。例如 2013 年，中国共遭遇 19 个国家和地区发起的 92 起贸易救济调查，比 2012 年增长了 18%。近年来，中亚国家为保护本国民族工业，普遍增加了贸易的非壁垒，加之“俄白哈”关税同盟的实施，对中国向西开放实施丝绸之路经济带贸易便利化均造成了阻力。此外，欧亚国家由于经济发展水平处于不同的发展阶段，对贸易便利化进程的接受和推进程度也不尽相同，部分国家可能因为经济民族主义而对贸易便利化持反对或观望态度。

（2）通关缺乏合作制约丝绸之路经济带贸易便利化的发展。海关的主要责任和义务是按照国际通行规则做好管理和服务工作，提高口岸通关效率，保障进出关境合法贸易的便利化。促进各国海关改革与区域间海关合作，是推进丝绸之路经济带贸易便利化的关键措施之一。欧亚部分国家作为内陆发展中国家远离海口，贸易主要依赖陆路运输，加强海关合作尤其重要。由于这些国家海关缺乏与中国的合作，导致逃避海关监管、伪造单证、灰色清关、海关工作人员滥用职权等在这些国家海关管理中存在，进行海关改革显得尤为迫切。但是，这些国家处于经济转型期，海关的管理理念较为滞后，管理模式缺乏创新，管理手段较为单一，管理技术较为低级，与海关管理任务的复杂性的矛盾十分突出。要实现维护丝绸之路经济带贸易安全和保障贸易便利化的目标，各国海关都面临行政能力的挑战。

（3）贸易安全问题制约丝绸之路经济带贸易便利化的发展。贸易便利与贸易安全是区域经贸合作的基本要求，主要由海关负责监管实施，因此，海关选择何种制度往往决定了贸易便利化的程度以及贸易是否安全。如果过分追求贸易便利化，放松海关监管，则可能导致更大的贸易损失；反之，因为考虑贸易安全问题，采取苛刻的海关监管方式，则会牺牲贸易利益。向西开放背景下的丝绸之路经济带建设，中亚国家成为连接中国与欧洲的纽带，由于中亚国家独特的历史背景，使得中国推进与中亚国家贸易便利化时往往要权衡贸易安全问题。此外，部分欧洲国家也缺乏对中国必要的了解，阿富汗与周边国家的边界地区存在错综复杂的社会、经济和民族问题，加之中亚国家的“心脏岛”效应，导致这一区域经济和政治争夺长期存在。因此，在贸易便利化的框架内考虑贸易安全是最优的选择，贸易安全问题则制约丝绸之路经济带贸易便利化的发展。

（4）区域经济发展不平衡和利益分歧制约丝绸之路经济带贸易便利化的发展。丝绸之路经济带各国经济发展不平衡，甚至经济体制也不尽相同，多边及双边贸易合作水平没有达到一定规模也会阻碍丝绸之路经济带贸易便利化的进程。一般来说，区域内经济发展水平越高的国家在推进贸易便利化方面表现得越积极，因为推进贸易便利化可以使其获得更大的收益；而经济发展越低的国家越不愿意作出约定性的承诺并承担新的义务，因为新的承诺和义务在很大程度上会增加投入，这本质上也是各国动态博弈的过程。即使各国出于自身经济发展的需要，均想推进贸易便利化，但对实施贸易便利化的目标、范围和要求也必然各不相同，有时甚至是相悖的，这也在一定程度上制约了贸易便利化进程。中亚和欧洲各国之间经济发展存在较大差异，例如塔吉克斯坦与吉尔吉斯斯坦南北交通条件迥异，经济发展南北失衡，贸易便利化需求也就明显不同。因此，推进丝绸之路经济带贸易便利化时，必然会面临各国利益诉求矛盾，如果处置不当，将制约丝绸之路经济带贸易便利化的实施。

五 丝绸之路经济带贸易便利化的推进措施

本文通过分析丝绸之路经济带贸易便利化的内涵与特征，阐释丝绸之路经济带贸易便利化的理论源泉，结合全球贸易便利化的实践经验，指出保护贸易、通关缺乏合作、贸易安全、区域经济发展不平衡和利益分歧等问题是制约丝绸之路经济带推进贸易便利化的主要因素。基于此，为促进亚欧大陆多方向、多路径、多形式的互联互通，降低区域内贸易成本，推进丝绸之路经济带贸易便利化，本文提出以下措施：

一是贸易便利协调机构日常化。由于丝绸之路经济带涉及国家多，经济发展水平差异较大，双边或多边贸易便利化谈判非常复杂。因此，建议通过与主要国家平等协商，设立跨区域的贸易便利化协调机构，明确协调机构的职能，负责联络和沟通沿带各国，适时展开丝绸之路经济带各国贸易便利化的谈判，从中斡旋，以促进贸易便利化的顺利实施。

二是贸易便利关注内容专业化。世界各相关组织、不同区域开始积极地参与到制定的进程中，制定主体开始扩展；同时，一般来说，贸易便利化关注的内容包括一切提高物流效率和通关效率，降低交易成本的措施。但在 WTO 贸易便利化谈判的推动下，贸易便利化内容日益丰富，贸易便利化的内涵不断扩展，涉及的贸易领域不断延伸，国际组织间、不同区域间关于贸易便利化的合作不断深化。因此，建议综合运用不同国际组织对贸易便利化基础规则的细化，实现贸易便利化内容在专业性国际组织的参与下，从“综合性”向“专业性”发展。如：国际海关组织（WCO）更关注海运供应链相关因素的安全；万国邮政联盟更注重于快件的通关效率；国际民航组织 ICAO 与 WCO 之间的合作更关注航空运输与旅客通关的便利。

三是贸易便利信息平台化。由于贸易便利化涉及一系列规章、制度、技术、标准等，这些标准又较为专业，建议建设丝绸之路贸易便利化信息平台，实现资源共享，信息沟通。

四是贸易便利规则技术化。由于不同的组织、国家对贸易便利化主张的差异逐渐增大，贸易便利化规则除了基本的国际条约，还包括丝绸之路经济带各国进行的承诺和减让，这些承诺和减让往往具有很强的技术性，需要通过信息技术手段进行分析、甄别。因此，建议丝绸之路经济带沿带各国尽可能地运用技术标准来测度各国贸易便利化的水平，通过规则技术化来适应 WTO 框架下的贸易便利化要求。

新疆的核心区建设
——“一带一路”与地区共同发展

石 岚*

2013年习近平主席在哈萨克斯坦访问时，提出了建设“丝绸之路经济带”的倡议。此后，关于“丝绸之路经济带”的国内外大讨论兴起。各方都希望通过不同层面的研究，明确各自对“丝绸之路经济带”的理解、在“丝绸之路经济带”建设中的定位，以及可能的项目对接与任务要求。

非常荣幸，新疆被中央赋予“丝绸之路经济带核心区”的定位，这归功于新疆西邻八国的独特地理区位和丰富多彩的人文文化特质，也在于新疆扩大向西开放与提升西部经济社会发展能力的改革目标，更在于广大新疆人不断追求美好生活的努力和对未来“丝绸之路经济带”建设的构思与谋划。

新疆的核心区建设，符合地区共同发展的利益目标。在2014年第四届亚欧博览会上，来自中亚哈萨克斯坦与吉尔吉斯斯坦的两位总理明确表达了希望加强与中国，尤其与中国新疆地区合作，共同建设丝绸之路经济带的美好愿望。新疆的核心区建设，直接关系到“一带一路”中心地带的区域发展与繁荣，关系到丝绸之路经济带建设未来成效和发展前景。

* 作者简介：石岚，新疆社会科学院研究员、中亚所所长。

一 新疆的核心区建设总体规划内涵

根据新疆的现状与未来建设需要，结合国家政策引导，目前已基本确定了新疆对接“一带一路”的实施方案。

这主要包括：

（一）规划

新疆对接“丝绸之路经济带核心区”建设，以“三通道”为主线，以“三基地”为支撑，以“五大中心”为重点，以“十大进出口产业集聚区”为载体，积极创新与周边国家的合作模式，做好国内省区向西开放的服务工作，充分发挥丝绸之路经济带桥头堡、排头兵、主力军的作用。

（二）目标

近期目标：用3—5年时间，编制完成“五大中心”专项规划，明确新疆丝绸之路经济带核心区建设的思路和重点任务。

中期目标：用5—10年时间，以铁路建设为突破口，以中巴铁路建设为重点，建成中巴经济走廊，通往印度洋的大通道基本畅通，与周边国家高效便捷的运输体系初步形成。

远期目标：到21世纪中叶，三通道、三基地、五大中心和十大进出口产业集聚区全面建成，区域合作向纵深发展，安全高效的现代综合交通网络全面建成。

（三）解读

新疆丝绸之路经济带核心区建设的总体思路是，以“三通道”（北、中、南三条通道）为主线，以“三基地”（国家大型油气生产加工基地、大型煤炭煤电煤化工基地、大型风电基地）为支撑，以“五大中心”（交通枢纽中心、商贸物流中心、金融中心、文化科教中心、医疗服务中心）为重点，以“十大进出口产业集聚区”为载体，充分利用两种资源、两个市场，推进改革创新，加快开放步伐。

新疆计划用3—5年时间，编制完成“五大中心”专项规划，优先启动医疗服务中心、交通枢纽中心、商贸物流中心和文化科教中心建设；基础设施方面，提升中通道功能，全面展开南、北通道建设，基本形成新疆段综合交通运输体系，同时初步形成面向国内和周边国家的现代商贸物流网络；巩固新疆能源资源战略地位，提升能源通道建设和能源安全。

三通道分别指的是：

——北通道从伊吾进入，沿巴里坤、富蕴、北屯、阿勒泰，向北从布尔津过吉克普林口岸（待开放）到俄罗斯，向西过吉木乃口岸、阿黑土别克口岸（待开放）到哈萨克斯坦，向东辐射到蒙古的塔克什肯、红山嘴、老爷庙、乌拉斯台口岸。

——中通道沿哈密，经乌鲁木齐、昌吉、石河子、奎屯、精河向西，一路从阿拉山口口岸出境，一路经伊宁，从察布查尔的都拉塔口岸、霍城的霍尔果斯口岸，以及昭苏的木扎尔特口岸进入哈萨克斯坦。

——南通道从格尔木进入若羌后，经且末、和田、莎车、喀什，至塔什库尔干，从红其拉甫和卡拉苏口岸进入巴基斯坦和塔吉克斯坦。

（四）核心区建设中的城市定位

中方公布的《推动共建丝绸之路经济带和21世纪海上丝绸之路的愿景与行动》，明确提出“发挥新疆独特区位优势和向西开放的重要窗口作用，形成丝绸之路经济带上重要的交通枢纽、商贸物流和文化科教中心，打造丝绸之路经济带核心区”。作为首府的乌鲁木齐正在积极制定“五大中心”的规划（2015年6月份制定完成）。2015年乌鲁木齐将推进13个政府投资重点项目，为有效承载丝绸之路经济带“五大中心”建设，乌鲁木齐经济技术开发区正在规划建设国际物流枢纽基地、新疆旅游集散中心、保税区。下一步还将发展电子商务、楼宇经济和信息产业。乌鲁木齐目前的一项重要任务是加速高铁车站及北广场的建设，争取在年底具备出行和通车的能力。

霍尔果斯：丝绸之路经济带核心区建设的排头兵，也是新疆新的经济增长点。霍尔果斯计划2015年7月正式开通国际客运班列，目前将陆续开工建设312国道霍尔果斯段改线；城市东风干渠、边境公路和新老国门大道等公路建设项目；国际物流园、国际客运站、整车进口口岸、粮食进口口岸建设稳步推进。

哈密：希望打造核心区重要增长极。

库尔勒：希望构建核心区重要支点。

吉木乃口岸：希望建设成最便捷的国际贸易通道。

喀什：依托喀什经济特区，以中巴经济走廊起点位置为突破，发挥面向中亚、南亚通道优势，建设为丝绸之路经济带新疆地区的一个重要节点。

当然，新疆地域辽阔，是一个有着特殊区情的省级行政区，涉及的情况也非常复杂，因此，很难对每个地区进行精确定位。但各地区围绕丝绸之路经济带建设开展的项目推进与建设目标却是扎扎实实，有目共睹的。这也是未来区域发展的一个重要机遇。

（五）核心区的核心项目：中哈霍尔果斯边境合作中心

截至目前，中哈合作中心已确定投资项目24个，主要涉及商贸展示销售、会展、酒店、金融服务、整车进口、休闲娱乐等领域，计划总投资额242.46亿美元。已经投入运营项目有6个，包括苏新中心项目、江源国际时代广场项目、中科仓储式购物中心项目、金港国际皮草城项目、黄金口岸商业中心、义乌小商品展示、销售市场项目等。其中，苏新中心已完全建成。

二　新疆的核心区建设面临的一个严峻问题是安全保障

第一，社会安全问题较为复杂，来自中东地区的极端思潮渗透与组织活动极大地危及地区安全稳定前景。在塔吉克斯坦和吉尔吉斯斯坦，ISIS针对当地年轻人的招募活动导致对地区未来伊斯兰极端活动的预期更为谨慎或悲观。2014 年 12 月吉尔吉斯斯坦议会的一份报告称，有 500 名吉公民在叙利亚参加圣战，但实际数字可能要高数倍；目前有 3 名吉公民因参加圣战被关押在叙利亚监狱中，这些人将面临死刑。同时至少已有 8 名吉公民死于叙利亚内战。而在塔吉克斯坦，战略研究中心正在研究制定国家宗教政策纲要。根据掌握的情况，当前在伊斯兰国的塔吉克斯坦年轻人有 200—300 名、在伊拉克和叙利亚参加圣战的有 1000 人。

第二，经济失速。以中亚最大经济体哈萨克斯坦为例，哈官方公布信息显示，2014 年哈萨克斯坦实现 GDP 增幅为 4.3%。当年哈固定资本投资 65740 亿坚戈，同比增长 3.9%。工业生产总值 184920 亿坚戈，同比增长 0.2%。其中，采矿业同比下降 0.3%，加工业同比增长 1%。交通运输领域生产总值同比增长 7%，电信生产总值同比增长 8.5%，贸易额同比增长 9%。

在经济运行降速同时，哈萨克斯坦经济面对的问题更为复杂尖锐。据哈央行数据，2014 年 11 月份，哈进口卢布 68.88 亿，环比增长 1.3 倍，是 2013 年全年进口卢布（15.55 亿）的 4.4 倍。哈卢布进口大幅增长的主要原因是卢布大幅贬值，哈居民尤其是与俄接壤的哈北部边境地区居民兑换卢布到俄抢购建材、家电、食品、家具以及汽车和不动产等。这从另一个侧面反映出卢布对哈萨克斯坦坚戈的影响是深层次、多维度的。

根据世界银行的预测，2015 年哈萨克斯坦的 GDP 增长仅为 1.8%。哈萨克斯坦的分析认为，世界经济尚未摆脱全球金融经济危机后果，复苏进程缓慢且不自信。世界最发达经济体的前景不乐观，发展中国家大大调低了本国经济的增速。西方国家货币信贷政策的不确定性使世界整个金融市场处于紧张状态。能源和金属价格的下跌增加了经济风险。为积极应对危机，哈萨克斯坦提出进一步发展的战略基础是具有逆循环性质和旨在继续进行经济结构性改革的“光明大道”新经济政策，大幅提高国家支出，保障国家经济免遭外部风险侵袭。主要采取措施包括：刺激中小企业发展，提高其在国民经济中的比重；支持和扩大产品出口，提高产品国际竞争力；引进外资向地质勘探倾斜，以增加矿产资源探明储量，为增加矿产产量创造条件。

第三，中亚政局的变化与利益集团争斗日益显性。

从2013年的塔吉克斯坦总统大选、2015年的乌兹别克斯坦和哈萨克斯坦总统大选来看，现任总统都高票成功连任。这意味着中亚国家政局在未来短期内会继续保持相对平稳。在吉尔吉斯斯坦实行议会制度基础上，中亚其他国家通过改变议会的组成，实现了总统议会制度的变革，为未来权力制衡的实现提供了法律保证。

但在这一切的背后，也看到中亚国家权力交接的风险与国内利益集团斗争的阴影。乌、哈两国总统都年事已高，选择新的领导人接班是情理之中的事。吉尔吉斯斯坦年底的议会选举对未来的总统选举至关重要，其结果可能改变当前吉国的政治体制，在总统、议会与政府间，形成新的关系定位。

国内利益集团斗争的严酷性可以从乌兹别克斯坦的情况窥伺端倪。卡里莫娃事件突出反映出不同势力派系在国家政治权力分割中的较量，在今后一段时期这种情况还会延续。在哈萨克斯坦，利益集团的斗争影响着总统的抉择，在政府的组成、地方政权的任命等方面，利益集团、地方势力、部落因素、外部力量等，都成为未来哈萨克斯坦前途命运的关键干扰因子。

第四，“颜色革命”的威胁依然存在。

吉尔吉斯斯坦曾经发生过大规模国内动荡导致的政权非正常更迭（外界称之为“颜色革命”）事件。受乌克兰问题、北非事件影响，中亚依然存在着出现类似动荡的可能性。这是各国政府极力规避的，也是现政权重点防范的一大威胁。除吉尔吉斯斯坦外，中亚国家目前并不存在真正意义上的反对派力量。但经济环境的恶化与外部条件的改变，也会促使各国滋生动荡土壤。更为重要的是，近期美国加大在中亚的资金投入和项目活动，其目的性引起中亚国家广泛关注。

第五，非传统安全风险依然高悬。南亚地区的毒品及其对外输出也非常令人忧虑。极端组织和毒品犯罪组织会努力确保通道的安全。同时，阿富汗和巴基斯坦北部地区风险增加，关键在于新的秩序建立前，这一广泛地带出现各种极端势力割据局面，相互之间争夺主导权的斗争日益残酷：从传统的地区极端力量塔利班、基地组织，到新生的ISIS。与这一地区接壤的土库曼斯坦、塔吉克斯坦和乌兹别克斯坦，近来承受更大的越境武装袭击、毒品和枪支走私、极端武装招募行动的压力。围绕水资源、边界、民族关系等出现的争端依然会在一定区域存在。这些都可能引发国家间关系不睦，不利于区域合作共赢，影响共建丝绸之路经济带进程。

三　结语

“一带一路”提倡的是“和平、合作、开放包容、互学互见、互利共赢”的丝路精神，要求“共商、共建、共享”。在大力推进互联互通、经济贸易活动便利化基础上，实现区域国家的合作共赢，发展进步，共同建设好亚洲命运共同体，是“一带一路”的目标、意义与价值所在。

“丝绸之路经济带”：民族地区的优势

刘丽丽*

2013年9月7日上午，中国国家主席习近平在哈萨克斯坦纳扎尔巴耶夫大学演讲时，第一次正式提出共同建设“丝绸之路经济带”的战略构想，这一提法不但借用了古代丝绸之路的概念，涵盖范围也大致相同，从中国中西部的各个省区一直延伸到欧亚各国。然而，这些相关地区与国家在政治制度、经济水平，以及宗教文化上的差异非常大，如何正确对待这些差异，使之成为黏合“丝绸之路经济带”的条件，而不是障碍，将成为关系到未来这一战略构想能否顺利实施的重要问题。如果从国家的层面上看，这将是一个跨区位、跨文化、跨语言的沟通进程，但作为一个具有世界眼光的共同体设计，国家不再是与世界打交道的唯一名片，“丝绸之路经济带”给中西部各民族地区提供了与周边国家，甚至其他发达国家更直接联通的机会。那么，作为民族地区来说，如何充分把握并利用好这一重大历史机遇，立足自身的资源和比较优势，释放自身活力，实现跨越式的发展呢？

首先，民族地区具有地缘上的优势。原来，我们习惯讲少数民族边疆地区，但实际上如果反过来从欧亚大陆的视角看，民族地区恰好位于中间，是中国与欧洲国家相连相通的枢纽。1902年，麦金德曾经提出了“世界岛”的概念，一百多年以来，随着海洋、空间甚至核武器的发展，这个理论经过不断修正，已经发生了许多变化，但是世界岛的心脏地带没有变，仍旧是亚欧大陆的中心，从世界格

---

* 作者简介：刘丽丽，国家民委研究室研究五处副处长。

局的发展趋势看，未来这个中心也许就是新疆，就是乌鲁木齐。如果以方圆 1500 公里为半径画个圆，乌鲁木齐周边人口超过 100 万的城市只有两个，一个是喀什，一个是塔什干，而只有乌鲁木齐是超大城市，未来乌鲁木齐将会成为物流、信息流、医疗等各方面的中心，这也许就是新疆的前景，我相信也是许多民族地区的前景。

其次，民族地区具有人缘上的优势。我国有 30 多个民族与周边国家跨界而居，丝绸之路经济带上就分布着如哈萨克族、柯尔克孜族、塔吉克族、塔塔尔族、乌孜别克族和俄罗斯族等众多跨界民族，这些民族与周边相邻国家之间无论是语言文字、文化习俗，还是生活方式、民族感情，甚至经济结构与模式，都有互通性和认同感，这也为双方贸易往来提供了政治互信的基础。因此，在丝绸之路经济带上，联结民族之间的文化感情纽带，加强与沿线各国的交流与合作，尤其是充分发挥民族地区科研院所的语言优势将十分重要。一个共同体，如果想获得可持续发展，只有经济利益的维系是远远不够的，也是不稳定的，而共同的文化和由此建立起来的共同价值观才更可靠，而我们的民族地区是拥有这个天然优势的。

最后，民族地区具有商缘上的优势。改革开放以来，一方面，我们的经济发展取得了较大的成绩，中西部民族地区的经济发展也非常显著，如 2013 年全国民族 8 省区的经济总量为 64772. 1 亿元，与周边国家相比优势明显，使得我们有能力去推进丝绸之路经济带的构想。另一方面，我们也确实面临许多已经走到瓶颈的问题，走出去与其他国家合作将是解决问题的双赢之路，这是一个问题的两个方面。此外，民族地区还建立了许多贸易的平台，除中亚区域经济合作（CAREC）之外，还有中阿合作论坛、中国—阿拉伯博览会等。同时，在产业方面，民族地区的煤炭、油气、金属、机电制造，以及核电、风电等清洁能源等许多产业，都经过多年的发展，形成了规模与质量，不但能够满足国内市场，而且具备了走向国际市场的能力。比如，我国政府近些年来对西部民族地区的清真食品产业链给予扶持，已经发展起一大批清真食品加工生产企业，质量好、种类多的清真食品受到许多周边伊斯兰国家的欢迎，如果我们拓展市场，甚至将这些工厂进一步前移到相关国家去生产，既降低了成本，又带动了相关国家的产业发展，是真正的双赢。

总之，"一带一路"的总体战略为民族地区进一步开放、加快发展提供了机会。129 年前的 6 月 29 日，法国著名政治家舒曼先生出生，1951 年在他倡议下建立的"煤钢共同体"，如今已经发展成欧盟，这也许已经大大超越了舒曼先生的设计。也许若干年后，丝绸之路经济带上的许多相关国家也会结成一个休戚相关的命运共同体，这同样也将是顺应时代潮流发展的结果，我们共同期待这一天的到来。

俄白哈关税同盟贸易效应及对中国新疆商品出口贸易的影响

李豫新[*]

关税同盟是区域经济一体化的组织形式之一，它对区域内成员国取消关税和贸易壁垒，对区域外成员国则实行统一关税和对外贸易政策。俄白哈关税同盟，自 2010 年 1 月 1 日起开始对外实行统一进口税率（部分商品有过渡期），标志着俄白哈关税同盟成立并开始运作。关税同盟成立后，俄、白两国的进口商品税率基本变化不大，而哈萨克斯坦上调了约 5044 种商品的进口税率，且平均关税已由原来的 6.2%提高至 10.6%。哈萨克斯坦、俄罗斯一直以来都是中国新疆的主要贸易伙伴，截至 2012 年，中国新疆对哈萨克斯坦的出口额为 71.39 亿美元，占中国对哈萨克斯坦出口总额的 64.89%。俄白哈关税同盟的成立所产生的贸易效应，势必会对中国新疆的出口贸易造成一定的影响。

一　俄白哈关税同盟的贸易效应分析

本文应用巴拉萨模型，采用 2005—2012 年俄白哈三国的总进口值、区内进口值和区外进口值，以及三国的国内生产总值等相关数据，测算俄白哈关税同盟成立前后俄白哈三国进口需求收入弹性值来度量同盟的建立所产生的贸易效应，结果如下：

（1）俄罗斯产生的贸易创造效应大于贸易转移效应。同盟成立

---

* 作者简介：李豫新，石河子大学科研处常务副处长。

后，俄罗斯的区内进口需求收入弹性比同盟成立前增加了0.009，俄罗斯从同盟国内进口的低成本产品替代了本国生产的高成本产品，获得了贸易创造效应；而区外进口需求收入弹性相对降低，比关税同盟成立前减少了0.005，俄罗斯把原来从同盟国外国家或地区进口的低成本产品转为从同盟国内进口成本相对较高的产品，有一定的进口损失，产生了贸易转移效应，且俄罗斯获得的贸易创造效应大于贸易转移效应，说明同盟成立后，俄罗斯的经济福利水平有所提高。

（2）白俄罗斯既没有产生贸易创造效应，也没有产生贸易转移效应。白俄罗斯的总进口需求收入弹性增加了0.010，而区内进口需求收入弹性下降了0.002，说明白俄罗斯从俄、哈进口的大部分产品成本高于本国生产的产品成本，不会通过同盟成员国内部进口来扩大本国的贸易规模，未获得贸易创造效应；区外进口需求收入弹性增加了0.026，说明白俄罗斯与其他国家或地区进行的贸易仍然低于同盟国内的贸易量，并未发生贸易转移效应。

（3）哈萨克斯坦产生了贸易转移效应，并无贸易创造效应。哈萨克斯坦的区外进口需求收入弹性较同盟成立前下降了0.027，说明哈萨克斯坦从同盟国内进口的一部分产品成本低于其他国家或地区生产的商品成本，对哈萨克斯坦本身的进口带来了损失，存在贸易转移效应；而总进口需求收入弹性和区内进口需求收入弹性分别比关税同盟成立前下降了0.033、0.016，说明哈萨克斯坦的贸易规模并没有扩大，并未获得贸易创造效应。

二 俄白哈关税同盟对中国新疆商品出口贸易的影响分析

（一）对中国（新疆）商品出口贸易强度的影响分析

运用出口贸易强度指数分别测算了中国（新疆）对俄白哈同盟、俄罗斯、白俄罗斯、哈萨克斯坦的出口贸易强度指数，以反映中国（新疆）与俄白哈三国同盟之间出口贸易联系的紧密程度。

通过计算出的出口贸易强度指数可以看出，俄白哈关税同盟建立后，中国（新疆）对俄白哈同盟及俄罗斯、白俄罗斯、哈萨克斯坦之间的出口贸易紧密度不断减弱，说明中国（新疆）对其出口贸易水平在逐渐下降，俄白哈三国自中国（新疆）进口的商品也逐渐减少，对中国（新疆）商品的出口贸易带来不利影响。

（二）对中国新疆商品出口贸易规模及增速的影响分析

中国新疆对俄白哈三国商品出口贸易额增速放缓。同盟成立前的2005—2009年，中国新疆对三国商品出口额由310174万美元增加至545464万美元，年均增长15.16%，其中，对俄罗斯的出口额由5931万美元增加到20467万美元，年均增长36.30%，对白俄罗斯的出口额由30万美元增加到326万美元，年均增长68.96%，对哈萨克斯坦的出口额由304203万美元增加到524671万美元，年均增长14.6%。同盟成立后的2010—2012年，新疆对三国商品出口额由718257万美元增加到752462万美元，年均增长2.35%，其中，对俄罗斯的出口额由35348万美元增加到38491万美元，年均增长4.35%，对白俄罗斯的出口额由88万美元减少到30万美元，年均下降41.61%，对哈萨克斯坦的出口额由682821万美元增加到713941万美元，年均增长2.25%。同盟成立后，中国新疆对俄白哈同盟商品出口总额年均增速下降了12.81个百分点，对俄白哈三国商品出口额年均增速分别下降了31.95个百分点、110.57个百分点、12.35个百分点，年均增速下降幅度非常明显。

（三）对中国新疆商品出口贸易结构的影响分析

俄白哈关税同盟的成立，抑制了中国新疆工业制成品出口贸易的发展。同盟成立前的2007—2009年，中国新疆对俄白哈三国的出口商品结构中，工业制成品所占比重较大，达到96%以上，初级产品所占比重仅在3%左右。同盟成立后的2010—2012年，中国新疆对俄白哈三国出口的工业制成品占比由96.45%下降到95.79%，下降0.66个百分点；初级产品占比增加0.66个百分点。其中，对俄罗斯出口的工业制成品占比由76.46%下降到75.42%，下降了1.04

个百分点；对白俄罗斯出口的工业制成品占比由 47.16%下降到 8.66%，下降了 38.5 个百分点；对哈萨克斯坦出口的工业制成品占比由 97.49%降至 96.89%，下降了 0.6 个百分点。

从俄白哈关税同盟的贸易效应分析看出，俄白哈关税同盟的贸易转移效应十分明显。俄白哈关税同盟成立后，为促进成员国之间贸易规模的扩大不得不减少与非成员国之间的贸易往来，这对非成员国的进出口贸易产生不利影响，制约了贸易伙伴国——中国（新疆）的进出口贸易发展。

三 对策建议

为减少俄白哈关税同盟对中国新疆商品出口贸易的影响，特提出以下几点建议：

（1）加强与俄白哈的贸易合作，提高中国新疆出口商品的国际竞争力。首先，引进先进技术及高新技术产品，优化升级现有的传统产品，提高这些传统产品在国际贸易中的竞争力；其次，新疆海关应严格按照俄白哈同盟国内海关的检验检疫标准要求出口商品质量，简化通关程序，降低通关成本。

（2）优化中国新疆商品出口贸易结构，扩大出口贸易市场。首先，新疆应着手提高机电产品等工业制成品的技术水平，并鼓励生产企业的自主创新能力；其次，依托俄白哈针对小型家电产品、电子产品的进口税率降低的优势，加强对轻型电动汽车、电子产品和小型家电等产品的优化升级，以此来扩大中国新疆的出口贸易市场。

（3）以投资带动出口，鼓励企业“走出去”。首先，中国新疆应对企业提供一定的优惠政策，为外资企业提供技术、资金、人才等方面的支持。其次，通过中国政府对中国新疆的援疆政策支持，完善金融外汇等相关政策，着力提升企业“走出去”的动力。

丝绸之路经济带战略下新疆现代绿洲的结构与功能

赖先齐　王江丽[*]

丝绸之路经济带是我国到中亚再至欧洲的经济、科技、文化交往带，也是国家经济发展的战略需要。而新疆干旱区与中亚干旱区绿洲不仅地理位置处于丝绸之路经济带的中心地区，[①] 也是经济、文化、科技等合作最活跃的地区，近些年开展了大量的项目合作。该区域积极参与“丝绸之路经济带战略”实施，将大有可为。

我国西北及中亚干旱区中“山地—绿洲—荒漠”系统独特的地貌，造就了特殊的地理经济单元——绿洲及其上的工农业。新疆绿洲在古代成就了伟大的“古丝绸之路”，新形势下又肩负起建设丝绸之路经济带的重任。而根据生态学原理，结构决定功能，为了提升新疆绿洲在现代工农业发展和“丝绸之路经济带”中的功能，从结构与功能的角度研究新疆、兵团现代绿洲的发展、建设，对实现绿洲地区的农业现代化、新型工业化、城镇化及现代绿洲多元文化建设将起到积极作用，也将有利于丝绸之路经济带战略在当地的落实。

一　历史长河中的两种绿洲

在漫长的历史长河中，绿洲发展经历了从传统向现代的转变，

---

* 作者简介：赖先齐，石河子大学农学院教授，博士生导师。

① 陈曦、姜逢清、王亚俊等：《亚洲中部干旱区生态地理格局研究》，《干旱区研究》2013 年第 30 卷第 3 期，第 385—390 页。

主要表现为绿洲结构与功能的变化。

传统绿洲（英语：Traditional Oasis，俄语：Традиционное оазис），在绿洲自然生态系统基础上，以简单的人力、畜力为主要生产力，开展以家庭为单元的简单农副产品生产，以自给自足为主要目标，产业结构单一，功能简单。

现代绿洲（英语：Modern Oasis，俄语：Современное оазис），是在绿洲的自然及人工生态系统基础上，采用工业技术及信息技术等发展交通、农、工、商贸等行业，生产力得到很大提升；以社会化生产为主要目标；城镇化得到很大发展；社会及产业结构日趋复杂，功能日趋完善，产生了形式多样、各具特色的现代绿洲农业、工业、商贸及城镇。随着“丝绸之路经济带战略”的实施，将进一步推动绿洲现代化建设。

对一个事物的研究，采用从其结构与功能分析入手，是目前常用的好方法。在 20 世纪后期至 21 世纪初，不少专家学者主要从生态学的角度对绿洲地区特殊的光、温、水、土等生态结构进行研究，分析了棉花、瓜果等农产品的优质、高产、高效生产的功能，对绿洲的发展、建设起了积极作用，[①] 但很少提及现代绿洲的结构与功能。绿洲的结构与功能是一个整体，除受生态条件影响外，还受社会、经济、科技、文化等影响。因此，将生产力、生产关系、市场理论及绿洲特点，用于研究现代绿洲在发展、建设过程中的结构与功能转变，对地处丝绸之路经济带核心区、实施对内对外开放的新疆、兵团更具重要的意义，[②] 也是绿洲学科的发展、进步。

① 申元村、汪久文、伍光和等：《中国绿洲》，河南大学出版社 2001 年版，第 124—126、46、54—60、70 页；赖先齐、曾文彬：《新疆绿洲农业的结构、功能和演替特征》，《新疆农业科学》1997 年第 5 期，第 198—200 页；赖先齐：《中国绿洲农业学》，中国农业出版社 2005 年版，第 11—12、4、55、285 页；张凤华：《干旱区绿洲、山地、荒漠系统耦合效应及其功能定位——以玛纳斯河流域为例》，《干旱区资源与环境》2011 年第 25 卷第 5 期，第 52—56 页。

② 马林：《开放合作　共建丝绸之路经济带　第四届中国—亚欧博览会开幕》，《新疆日报》2014 年 9 月 2 日第 1 版。

二　丝绸之路经济带战略下新疆现代绿洲的主要结构与功能

在新疆绿洲中，石河子垦区是新中国成立后发展起来的新绿洲，短短60多年经历了从传统绿洲到现代绿洲的转变，所以对研究现代绿洲具有较好的现实性、典型性和可借鉴性。同时，在绿洲现代化过程中，对旧绿洲的现代化建设亦有很好的借鉴性。

（一）新疆石河子垦区从传统绿洲到现代绿洲的历程

1. 新疆石河子垦区传统绿洲阶段

1950年，解放军官兵开进亘古荒原石河子，修渠引水，开荒造田，发展农业生产，主要解决口粮问题。由于畜力短缺，出现了人拉犁、用石磨加工粮食、住地窝子、喝涝坝水、点油灯的辛酸局面，显示出典型的传统绿洲景象。

2. 农业现代化推动石河子垦区从传统绿洲向现代绿洲转变

1952年石河子垦区引进拖拉机，筹建机耕农场。1959年垦区内各农场普遍实施了机耕、机播，很快又实现了小麦机械收获。21世纪初，棉花、西红柿、辣椒等也开始采用机械收获。目前，垦区的耕、播、收机械化水平提高到93%；同时选用新品种、施用化肥、采用农业新技术及全面加强水利建设，滴灌率达85%以上，生产力、劳动生产率大幅度提高。2013年，石河子垦区粮食单产6438公斤/公顷、棉花2490公斤/公顷①，较20世纪60年代分别提高2.5倍和4—5倍。

养殖业、果业、经济林发展也很快，石河子市被评为“国家级农业现代化试验、示范区”，推进了绿洲农业现代化。②

近年来兵团“集团化龙头企业+团场农业公司+职工合作经营组

---

① 新疆生产建设兵团统计局：《新疆生产建设兵团统计年鉴》，中国统计出版社2014年版，第49—219页。

② 赖先齐、李宏彬、王江丽：《新疆石河子垦区绿洲农业现代化建设的初步分析》，《石河子大学学报》（哲学社会科学版）2011年第25卷第2期，第11—14页。

织+基地+职工”的现代农业产业经营体系初步形成,[①] 进一步促进了绿洲传统农业的现代化。

3. 工业化进一步促进石河子垦区从传统绿洲向现代绿洲转变

随着生产力水平的大幅提升，农副产品极大丰富，石河子垦区又发展了以农副产品为原料的机械化制糖、棉纺、毛纺、食品加工等工业，并衍生出农机维修等相关工业，延伸了产业链，丰富了传统绿洲的结构，目前初步建成化工、纺织、食品、能源、建材、新型农用机械等6大支柱产业。[②] 2013年工业产值120.3亿元，占垦区总产值的36.25%,[③] 新型工业化取得很大进展，石河子垦区荣获“国家新型工业化示范基地”、“中国纺织名城”等荣誉称号。

4. “三化建设”加快石河子垦区现代绿洲发展

2010年，兵团开始实施农业现代化、新型工业化和城镇化的“三化建设”，更加快了现代绿洲的发展。近年来，石河子垦区绿洲的城镇化建设发展很快，建成了石河子市及15个镇，石河子市被誉为“平安、绿色、文化、开放城市”、“适宜人居城市”,[④] 2015年2月又获“第四届全国文明城市”称号,[⑤] 极大地改变了绿洲面貌。同时，教育、科技、文化事业发展也很快；公路、铁路、空运系统及网络、通信系统越来越完善。

国家西部大开发和建设“丝绸之路经济带战略”，更加速了石河子垦区绿洲农业现代化、新型工业化、城镇化建设及屯垦文化的发展步伐，进一步提升城市面貌及人们的精神面貌。随着“三化”建设的开展，新的生产力、生产关系的建立，石河子垦区现代绿洲农业现代化、新型工业化、城镇化、新型绿洲多元文化的水平将进一

---

① 边芳:《打造兵团现代农业升级版》,《兵团日报》2015年2月5日第6版。

② 胡继光、齐龙:《60年在沧桑巨变中走向新的辉煌——八师石河子市改革发展巡礼》,《兵团日报》2014年9月22日第8版。

③ 新疆生产建设兵团统计局:《新疆生产建设兵团统计年鉴》,中国统计出版社2014年版,第49—219页。

④ 胡继光、齐龙:《60年在沧桑巨变中走向新的辉煌——八师石河子市改革发展巡礼》,《兵团日报》2014年9月22日第8版。

⑤ 胡继光、齐龙:《三代军垦人矢志不渝开创伟业　六十载奋斗戈壁明珠志耀中华》,《石河子日报》2015年3月1日第1版。

步提升，现代绿洲的功能将更趋强大。

（二）新疆现代绿洲的主要结构与功能探讨

从新疆、兵团的发展、建设历程可以看出，现代绿洲的社会经济结构变化最大，它不仅要求有新型农业结构——农业现代化，还要求新型工业化、新型城镇化及新型交通运输网结构等。新型结构必然导致新的功能（有利于社会进步及参与“丝绸之路经济带”的交流、合作），两者高度统一。具体表现在以下几方面。

1. 交通运输及油气管网结构改变促进各业发展，增强经济、科技、文化合作交流功能

绿洲的“维水性”使之各自相对孤立地分布在浩瀚荒漠中，传统绿洲时代交通运输成为制约绿洲发展、进步及相互交往的瓶颈，因此有计划地建设铁路、公路、航空交通运输系统及网络、通信系统，是传统绿洲向现代绿洲转变的首要条件。在西部大开发及丝绸之路经济带战略推动下，国家先后建成、改造了从内地通往新疆及中亚的铁路，新疆境内在天山南北及沿昆仑山北缘的铁路网络已形成，乌鲁木齐、石河子、伊犁、哈密、罗布泊等地为满足工业需要还分别建设了铁路支线，大大加快绿洲间交往及向西开放；公路建设也形成了国道、省道及县、乡、村道路网；已建成国内、疆内及国际航空运输网；网络、通信系统也越来越完善；连接东西的油气管网已建成，发展了绿洲生产力，整体提升新疆现代绿洲的结构与功能。

2. 绿洲农业现代化改变农业结构，提高现代绿洲农业生产力及效率，为丰富人们物质、文化生活及促进合作交流奠定基础

（1）加快农业现代化步伐，建设现代绿洲农业。绿洲的“光温耦合”、“沙漠增温效应”及“植物供水的可控性（可控灌溉）”等生态优势及其耦合，使绿洲农业成为中国农业生产中的“奇葩”。在此基础上，新疆又不断利用现代科学、工业及信息技术等装备农业，实施产业化经营，提高生产力，推进现代绿洲农业发展。如新疆2012年棉花种植面积占全国36.6%，产量却占全国总产的51.7%，其植棉技术受到中亚等国欢迎；西北绿洲农区生产的杂交玉米种子

产量占全国总产95%以上，很受中亚国家欢迎；石河子垦区生产的食葵、油葵杂交种子及甜菜杂交种子也颇受欢迎；瓜果飘香全中国及中亚地区。

（2）充分发挥新疆的“山地—绿洲—荒漠系统”地貌优势。夏季利用山地（牧区）的天然牧草资源繁殖、育幼牛羊，冬季利用绿洲（农区）的大量农副产品及苜蓿等育肥牛羊，助其越冬，另外应用现代运输及现代繁殖、养殖技术实行区域间大农牧结合，大幅度提高山地牧业效益，受到农牧民和市民的欢迎；在绿洲农区也大力发展养殖业，实行农区内小农牧结合，并将大小农牧结合进行整合，实施产业化经营，进一步扩大现代绿洲农业的优势。

（3）随着绿洲农业现代化的发展，国际合作交流增多。石河子市派出技术人员赴吉尔吉斯斯坦、塔吉克斯坦指导当地农户采用节水技术植棉，为塔吉克斯坦建立农业现代化试验、示范园区，修建温室大棚，促进了与中亚国家之间的合作交流；石河子大学与阿尔泰山周边四国高校合作；兵团农垦科学院与吉尔吉斯斯坦、哈萨克斯坦、塔吉克斯坦等通过提升绿洲农业现代化加强国际合作交流，共建丝绸之路经济带。

3. 新型工业化发展改变工业结构，推进绿洲现代商贸、物流、信息流功能发展

总体来说，新疆绿洲工业相对滞后，但也有许多基于优势资源的优势工业。新疆的煤炭储量占全国40%，石油、天然气储量占35%，新疆及青海的食盐、钾盐储量巨大，尤其是钾盐开采，改变了我国钾肥靠进口的困局；石油化工、煤化工、煤制气、煤电东送等在全国处于先进水平；太阳能光伏发电、风力发电、水力发电等清洁能源潜力很大；同时，新疆以优质高产棉为原料的纺织工业也正改变着我国纺织工业分布格局，石河子市被中国纺织协会授予“中国纺织名城”称号，乌鲁木齐市也利用纺织工业优势，与乌兹别克斯坦进行棉花来料加工和销售。石河子市采用当地盛产的煤、石灰石、食盐生产的聚氯乙烯（PVC）节水滴灌设备已销往15个国家，很受中亚及其他国家欢迎；而生产聚氯乙烯的“下脚料”——电石渣被回收利用，生产高标号水泥，通过石河子市（奎屯）海关

始发的“亚欧大陆桥专列”销往格鲁吉亚，聚氯乙烯原料及烧碱被销往俄罗斯。工业的发展大大加快了现代商贸、物流、信息流建设，加速现代绿洲的发展。丝绸之路经济带战略更为其提供了强大动力和巨大发展空间。

借助国内外市场发展优势工业丰富了绿洲传统工业结构，大大提升了现代绿洲的生产功能；同时也从俄罗斯、哈萨克斯坦、乌兹别克斯坦等国进口石油及天然气，共同推进丝绸之路经济带的发展。

4. 城镇化改变城镇传统结构，助推现代绿洲发展

城镇是人们的生活场所，智力、资本、信息、生产力集聚的地方，反映出社会精神面貌及生产力水平。城镇化有利于改善民生，增强社会稳定，加快实现农业现代化、新型工业化、发展现代商贸及形成新的绿洲文化。兵团的师建市、团建镇的城镇化将“屯垦戍边”发展到“建镇戍边”，目前城镇化率已达60%。[①] 亚欧大陆桥铁路、油气管道的开通及周边公路建设，更推进了丝绸之路的城镇建设。新建了阿拉山口及霍尔果斯等国际交往的新城市，发展了巴克图等边贸新集镇，新建罗布泊、五彩湾等新工业镇，改善绿洲城镇分布，将现代绿洲的功能发展到新水平。

5. 建设现代绿洲多元文化，全面增强现代绿洲功能

古丝绸之路既使东西方的物资进行交流，也将各种文化相互融合、淀积为丝路文化。如伟大的敦煌文化、克孜尔千佛洞文化、艾提尕尔清真寺文化以及乌兹别克斯坦的撒玛尔罕大清真寺文化等，共同组成古丝路文化。如今正在建设的丝绸之路经济带，各国间不仅开展经济合作，同时也进行着文化交流、军旅交流，有利于现代绿洲多元文化发展，振奋人们精神面貌，也有利于发展旅游业，进一步增强现代绿洲功能。

6. 绿洲现代化面临着环境资源的挑战

新形势下现代绿洲的生态环境也在随之变化，尤其是农业生态环境的变化更为突出。

---

① 胡继光、齐龙：《60年在沧桑巨变中走向新的辉煌——八师石河子市改革发展巡礼》，《兵团日报》2014年9月22日第8版。

（1）农业方面。风沙危害仍是现代绿洲农业的重要自然灾害，尤其是地膜植棉后风沙危害损失更大；土壤次生盐渍化危害仍将影响农业生产，随着实施机械开挖排水渠、渠系防渗、井灌井排及节水滴灌等水利工程改良技术的实施，土壤次生盐渍化危害已大大减轻，[①] 但今后还应采用生物工程改良技术等多方面提高土壤质量，根治盐碱；清除土壤中残留地膜污染刻不容缓。2013 年，兵团有 60% 耕地已遭受不同程度的残膜污染，清除残膜刻不容缓。2015 年全疆实行地膜的“强制性”地方标准，将起到扼制“白色污染”作用，[②] 而试验、推广可降解膜是治本之策；另外，还应避免在防治病、虫、草害，施用肥料时对农业环境产生面源污染。

（2）其他各业。绿洲地区的生态环境十分脆弱，在引进、兴办绿洲工商服务业时应力求避免对土地、水源、空气带来污染，造成危害。

只有保护好绿洲的生态环境，才能有利于现代绿洲的进一步发展。

三　讨论与结论

（一）讨论

古丝绸之路时代，传统绿洲对古丝绸之路的兴起、繁荣有着至关重要的作用。在现代“丝绸之路经济带”战略时期，更要以现代绿洲为依托。

“三化建设”的实施是丝绸之路经济带建设的基础。农业是新疆、兵团广大绿洲地区的基本产业，关系到社会稳定。独特的自然生态环境及现代生产技术造就了棉花等农作物的优质、高产、高效，所以从提高农业现代化建设入手（其中节水滴灌工程是较佳切入

① 赖先齐、王江丽、李万明等：《中国西北及中亚干旱区绿洲降水年内分配特点与现代节水农业》，《农业资源与环境学报》2014 年第 34 卷第 4 期，第 328—334 页。

② 李要武：《告别“超薄地膜”　扼制“白色污染”》，《兵团日报》2014 年 12 月 17 日第 6 版。

点），注重转变发展方式，提质增效、节本增收，按产业化要求生产更多、更好的农产品，同时发展优势工业、文化产业，搞好城镇建设，整合区域性产业，以此优化现代绿洲的结构，提升其功能，全面建设丝绸之路经济带。

现代绿洲的结构与功能在不断发展变化着，不同时期、不同地点的发展和建设有着不同的重点。

（二）结论

用生产力、生产关系、市场理论及绿洲特点，从发展、建设的角度研究新疆及兵团现代绿洲的结构与功能，主要表现为：建设完善的交通运输业、信息产业，促进经济、文化等发展、交流、合作；应用现代科学技术、工业技术、信息技术等，发挥绿洲的自然生态优势，生产特色工农业产品，是新疆、兵团参与“丝绸之路经济带战略”实施的基础。

依靠当地的优势农产品资源及矿产资源生产适销工业产品，建立新型产业经营体系，提高农业现代化、新型工业化水平，纳入丝绸之路经济带建设，是新疆及兵团现代绿洲发展的方向；按“丝绸之路经济带”战略需求建设新型城镇、改造老城镇，实施城镇化建设，加速工、农、商贸发展，建设现代绿洲；将传统的丝路文化与现代文化融合成新的现代绿洲多元文化，发展文化产业、旅游业，振奋人们精神，推动现代绿洲发展；对新形势下产生的生态环境问题进行防治，实现可持续发展；加强建设绿洲现代化，打通及利用东联西出的国际大通道，是当前国际合作交流、共同建设丝绸之路经济带的重要内容之一。

新疆与周边国家贸易流量影响因素研究

龚新蜀　张瑞华*

新疆与周边国家经贸往来已久，闻名于世的古丝绸之路就是双边经贸合作的历史见证。随着2001年上合组织的成立以及中国向西开放战略的稳步推进实施，新疆与周边国家[①]双边贸易发展迅速。2001年，新疆与周边国家双边贸易额为11.49亿美元，到2012年，双边贸易额增长至185.62亿美元，在不考虑通货膨胀和汇率的情况下，新疆与周边国家双边贸易额增长了15.15倍，年均增长率高达46.82%，与周边国家发展双边贸易已成为新疆经济发展的重要推动力。2013年，习近平主席在出访哈萨克斯坦时提出建设“丝绸之路经济带”的战略构想，将加强中国与欧亚国家之间“贸易畅通”设定为这一战略构想的重要内容。这为进一步推进中国向西开放进程提供了更为广阔的平台。新疆作为中国向西开放的“桥头堡”和与邻国开展互利合作的大通道，无疑在构建“丝绸之路经济带”中具有重要的战略地位。在此背景下，分析新疆与周边国家开展双边贸易的影响因素及各因素的影响程度，预测新疆与周边国家双边贸易潜力并提出相应建议，对构建“丝绸之路经济带”背景下进一步推进新疆与周边国家双边贸易持续稳定发展，具有重要的现实意义。

---

* 作者简介：龚新蜀，石河子大学经济与管理学院教授，博士生导师；张瑞华，石河子大学经济与管理学院硕士研究生。

① 周边国家，主要指哈萨克斯坦、吉尔吉斯斯坦、塔吉克斯坦、乌兹别克斯坦、土库曼斯坦、印度、俄罗斯、巴基斯坦8个国家。

一　新疆与周边国家贸易状况分析

（一）新疆与周边国家贸易规模

近年来，新疆与周边国家双边贸易规模增长较快。2005—2012年新疆与周边国家贸易额呈现“上升—下降—上升”的三阶段变动趋势（见图1），除2009年和2010年外，其余年份双边贸易均处于顺差状态。第一阶段（2005—2008年），新疆与周边国家进口额基本保持不变，双边贸易额和出口额一直保持上升态势，增长幅度逐年增加，且于2008年达到高峰；第二阶段（2009—2010年），2009年新疆与周边国家贸易额、出口额及进口额均有所下降，三者区别在于2010年新疆与周边国家出口额依然快速下滑，而双边贸易额和进口额处于上升阶段；第三阶段（2011—2012年），新疆与周边国家贸易额、出口额及进口额在经历了短暂的低谷之后重新恢复到上升状态。

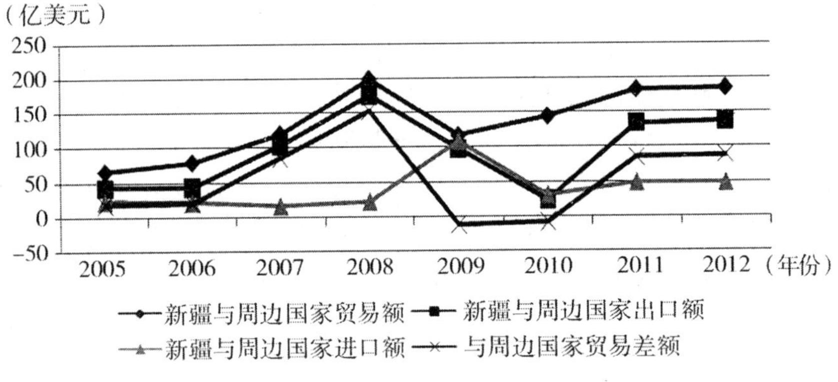

图1　2005—2012年新疆与周边国家贸易状况

资料来源：《新疆统计年鉴》（2006—2013年）。

（二）新疆与周边国家贸易商品结构

2001年新疆初级产品出口比重为33.14%，工业制成品仅为

66.86%。从2005年开始新疆贸易商品结构得到了一定程度的优化和改善，2005年新疆初级产品出口比重下降至9.81%，工业制成品出口比重上升到90.19%。[①] 2012年新疆出口商品结构变化不大，初级产品出口比重10.69%，工业制成品比重89.31%。近年来，新疆与周边国家贸易商品结构表现出较强的互补性，周边国家主要出口原油、成品油、天然气、钢材等能源及原料类商品，新疆主要出口服装、鞋类、纺织制品、机电、番茄酱等轻工业制成品，这种互补性为新疆与周边国家贸易潜力的发挥提供了有力保障。随着双方贸易合作的深入，新疆已逐渐成为中国向中亚及周边国家出口制成品的劳动密集型加工基地。

（三）新疆与周边国家贸易市场分布

随着国家向西开放战略的稳步推进，新疆与周边国家双边贸易快速增长（见表1）。双边贸易额方面，较之2005年，2012年除巴基斯坦外，其余各国与新疆双边贸易额均有所提升，哈萨克斯坦和吉尔吉斯斯坦与新疆依然保持着第一、二大贸易伙伴关系。据海关统计，哈萨克斯坦已连续10年成为新疆最大的边境贸易伙伴，且双边贸易额远远超过其他周边国家。出口市场方面，新疆对哈萨克斯坦和吉尔吉斯斯坦的出口额一直保持领先水平，对塔吉克斯坦和俄罗斯的出口额在各国排名中变化不大，变化最为显著的是巴基斯坦，新疆对其出口额不增反降，从2005年的第三位降到2012年的第七位。进口市场方面，哈萨克斯坦、乌兹别克斯坦及俄罗斯一直是新疆主要的产品进口国，2005年至2012年新疆与三国进口贸易额均有增加，部分原因是新疆从三国进口的资源型产品（如石油、天然气等）所占比重较大。

① 由《新疆统计年鉴》（2002—2006年）相关数据计算得到。

表 1　　2005 年和 2012 年新疆与周边国家贸易市场分布状况

年份	国家	双边贸易额（单位：万美元）	新疆对其出口额（单位：万美元）		新疆向其进口额（单位：万美元）	
2005	哈萨克斯坦	501563	哈萨克斯坦	304203	哈萨克斯坦	197360
	吉尔吉斯斯坦	74686	吉尔吉斯斯坦	64591	俄罗斯	17469
	巴基斯坦	34275	巴基斯坦	34188	吉尔吉斯斯坦	10095
	俄罗斯	23400	塔吉克斯坦	9018	乌兹别克斯坦	9684
	乌兹别克斯坦	13832	俄罗斯	5931	塔吉克斯坦	913
	塔吉克斯坦	9931	乌兹别克斯坦	4148	印度	297
	印度	1536	土库曼斯坦	1259	土库曼斯坦	96
	土库曼斯坦	1355	印度	1239	巴基斯坦	87
2012	哈萨克斯坦	1116736	哈萨克斯坦	713941	哈萨克斯坦	402795
	吉尔吉斯斯坦	403899	吉尔吉斯斯坦	398808	乌兹别克斯坦	44639
	塔吉克斯坦	140738	塔吉克斯坦	136722	俄罗斯	25951
	乌兹别克斯坦	83111	俄罗斯	38491	吉尔吉斯斯坦	5091
	俄罗斯	64442	乌兹别克斯坦	38472	塔吉克斯坦	4016
	印度	19460	印度	16016	印度	3444
	巴基斯坦	13965	巴基斯坦	13696	土库曼斯坦	361
	土库曼斯坦	13849	土库曼斯坦	13488	巴基斯坦	269

资料来源：《新疆统计年鉴》（2006—2013 年）。

二　新疆与周边国家贸易流量与贸易潜力测算

（一）引力模型构建

近年来，引力模型在对外贸易实证分析中取得了较大的成绩，被广泛应用于测算贸易流量和潜力，甄别贸易集团的效果，分析贸易模式以及估计边界成本等领域。① 最早将引力模型用于贸易流量研究的是 Tinbergen 和 Poyhonen，他们认为两国之间的贸易流量与两国

① 盛斌、廖明中：《中国的贸易流量与出口潜力：引力模型的研究》，《世界经济》2004 年第 2 期，第 3—12 页。

的经济规模成正比，与两国之间的贸易距离成反比。①② 引力模型的一般形式为：$X_{ij}=\beta_0 Y_i^{\beta_1} Y_j^{\beta_2} D_{ij}^{\beta_3} A_{ij}^{\beta_4}$，其中 X_{ij} 为 i 国与 j 国的贸易额，Yi 和 Yj 分别为 i 国和 j 国的 GDP，D 为 i 国和 j 国之间的距离，A 为影响双方贸易流量的其他因素。为了便于进行回归分析，一般将模型转化为自然对数形式，得到：

$$lnX_{ij} = \beta_0 + \beta_1 \ln Y_i + \beta_2 \ln Y_j + \beta_3 \ln D_{ij} + \beta_4 A_{ij} + u_{ij} \qquad (1)$$

其中，β_0 为常数项，β_1、β_2、β_3、β_4 为相应变量的弹性系数，为随机误差项。随后，学者们相继引入一些新的变量对原始模型进行补充和完善（如内生变量：人口、人均 GDP、汇率等；虚拟变量：是否同属一个贸易集团，是否同属某一区域合作组织等），实践说明这些新变量的加入提高了模型的解释力与说服力。根据新疆与周边国家贸易发展特点和趋势，本文重点研究新疆与周边国家的人均 GDP、人口、距离、区域制度安排对双边贸易发展产生的影响。因此，在式（1）的基础上合理地修正和引入相关变量：用人均 GDP 代替 GDP，添加变量周边国家人口，虚拟变量和，得到贸易引力新扩展模型为：

$$\ln X_{ij} = \beta_0 + \beta_1 \ln PCY_i + \beta_2 \ln PCY_j + \beta_3 \ln Peop_j + \beta_4 \ln D_{ij} + \beta_5 WTO + \beta_6 SCO + u_{ij} \qquad (2)$$

① Tinbergen, J., *Shaping the World Economy: Suggestion for an International Economy Policy*, New York: The Twentieth Century Fund, 1962.

Poyhonen, P., "A tentative model for the volume of tradeetween countries", *Weltwirtschaftliches Archiv*, Vol. 90, 1963, pp. 93-99.

② 孙林、谭晶荣、宋海英：《区域自由贸易安排对国际农产品出口的影响：基于引力模型的实证分析》，《中国农村经济》2010 年第 1 期，第 74—82 页。

谢娟娟、岳静：《贸易便利化对中国—东盟贸易影响的实证分析》，《世界经济研究》2011 年第 8 期，第 81—86 页。

张英：《基于引力模型的中俄双边贸易流量与潜力研究》，《国际经贸探索》2012 年第 6 期，第 25—35 页。

艾赛提江、郭羽诞：《中俄与中亚五国贸易的比较分析》，《新疆社会科学》2011 年第 4 期，第 83—87 页。

其中，X_{ij}为新疆与 j 国的贸易额，PCY_i 为新疆的人均生产总值，PCY_j 为 j 国人均国内生产总值，$Peop_j$ 为 j 国人口数，D_{ij}为新疆乌鲁木齐与 j 国首都之间的距离，虚拟变量为上合组织（若中国与 j 国同为 SCO 成员，取值 1，否则取 0），WTO 为世贸组织（若中国与 j 国同为 WTO 成员，取值 1，否则取 0）。

（二）数据来源及说明

根据引力模型（2），以新疆和周边 8 个主要贸易伙伴国为研究对象，这些国家分别是：哈萨克斯坦、吉尔吉斯斯坦、塔吉克斯坦、乌兹别克斯坦、土库曼斯坦、俄罗斯、巴基斯坦、印度。它们的共同点：一是与新疆接壤或是近邻，二是位于“丝绸之路经济带”辐射范围之内。本文选取 2005—2012 年的面板数据进行分析，新疆与周边国家贸易额来自《新疆统计年鉴》（2006—2013 年）。周边国家 GDP 和人口来自联合国国家账户合计数据库。贸易距离使用 City Distance Calculator（www. geobytes. com）计算得到，距离计算时选择乌鲁木齐与各国首都之间的距离。

（三）实证检验及结果分析

本文运用 Eviews 6. 0，采用混合效应——广义最小二乘法（EGLS）在基本引力模型的基础上逐步引入新变量进行多元线性回归分析。在回归过程中，如果新加入的变量能够引起调整的 R^2 升高和 D. W 值逐渐接近于 2，则说明新的变量能够提高模型的解释能力和拟合度，否则将其剔除。回归结果见表 2。

表 2　**引力模型回归结果：双边贸易总量**

解释变量	简单回归方程	扩展回归方程		
	(1)	(2)	(3)	(4)
$\ln PCY_i$	0. 136 * (0. 663)	0. 206 * (1. 023)	0. 309 * (1. 621)	0. 294 * (1. 943)

续表

解释变量	简单回归方程	扩展回归方程		
$\ln PCY_j$	1.276*** (8.652)	1.195*** (8.415)	1.115*** (10.307)	1.003*** (222.342)
$\ln Peop_j$		-0.166** (-2.333)	-0.026* (-0.427)	-0.095*** (-34.733)
$\ln D_{ij}$	-5.021*** (-10.558)	-4.558*** (-9.492)	-5.087*** (-12.825)	-2.993*** (-205.499)
WTO			0.357*** (4.067)	0.295*** (67.950)
SCO				0.891*** (243.120)
常数项 C	16.343*** (10.180)	16.117*** (10.625)	16.814*** (13.621)	10.133*** (19.029)
R^2	0.712	0.730	0.821	0.999
D.W	1.851	1.808	1.909	2.055

注：***、**、*分别表示在1%、5%、10%的显著性水平上回归系数显著，括号内为回归系数的t值。

从整体来看，方程（4）的回归结果比较理想，各解释变量的系数符号和预期符号一致；各变量回归系数均能在较高的显著性水平下通过检验；方程调整后的 R^2 为0.999，D.W值为2.055，表明方程的拟合优度很好且不存在序列自相关性，可见本文构建的扩展贸易引力模型能够较好地解释新疆与周边国家贸易流量影响因素问题。对方程（4）做进一步分析，可以得到以下结论：

1. 新疆人均GDP对双边贸易促进作用相对较小。新疆人均GDP回归系数为0.294，表明在控制其他变量不变时，新疆人均GDP每增加1%，新疆与周边国家贸易流量将增加0.294%。可见，新疆与周边国家的贸易额部分取决于新疆经济发展的状况，随着新疆经济发展水平的提高，人均GDP的增加，能够在一定程度上扩大新疆与周边国家贸易流量的提升空间。

2. 周边国家人均GDP对双边贸易促进作用较明显。周边国家人均 GDP 的弹性系数为 1.003，表明在控制其他变量不变时，周边国家人均 GDP 每增加 1%，新疆与周边国家贸易流量将增加 1.003%，说明随着周边国家经济规模的扩大、富裕程度的提高，其进口能力和进口需求不断增长，进一步推动了新疆出口产品市场的快速发展。

3. 周边国家人口对双边贸易的阻碍作用微弱。周边国家人口规模的弹性系数为负（-0.095），表明在其他因素保持不变的情况下，周边国家人口规模每增加 1 个百分点，新疆对其贸易额将下降 0.095 个百分点。这可以解释为：一方面在周边国家国内生产总值不变的情况下，人口增加意味着人均 GDP 减少，导致进口能力下降；另一方面人口的增加使得本国产品市场扩大，进口需求弹性降低，新疆出口产品市场因此受到冲击，同时新疆目前的出口产品无法满足周边国家市场复杂而多样的产品需求。可见，优化出口产品结构是新疆与周边国家贸易发展亟待解决的重要问题。

4. 距离对双边贸易阻碍作用显著。新疆与周边国家之间距离的弹性系数为-2.993，表明在其他因素保持不变的情况下，距离每增加 1 个百分点，双边贸易流量将下降 2.993 个百分点。可见贸易距离越大，双边进行贸易的可能性越低，贸易距离的增加提高了运输成本，导致双边贸易流量受到运输成本的约束。新疆与周边国家之间的贸易以低附加值的劳动、土地密集型产品为主（尤其是农产品），对距离成本的要求相对敏感。因此，可以通过提高运输速率和口岸通关效率降低贸易双方之间的距离阻碍效应。

5. 区域性因素上合组织（SCO）比全球性因素世贸组织（WTO）对双边贸易促进作用更强。从表 2 中可以看到，上合组织（SCO）影响系数高于世贸组织（WTO）的系数，表明在多种贸易、经济合作组织重叠地区，区域性组织所发挥的作用要优于全球性组织，世贸组织（WTO）影响系数较小，部分原因是此因素的作用被区域性因素上合组织（SCO）所替代，这也强调了深化区域经济合作机制、制定优惠贸易安排在促进双边贸易中的必要性。

（四）新疆对外贸易潜力估算结果及分析

通过上文得出的扩展贸易引力模型回归方程，测算出新疆与周边国家理论贸易额，计算得到的理论贸易额与实际贸易额的比值，即为贸易潜力。2012 年新疆与周边国家贸易潜力计算结果见表 3。

表 3 **2012 年新疆对外贸易潜力估算**

国家	实际贸易额（T）（万美元）	理论贸易额（T′）（万美元）	T/T′	贸易潜力类型
哈萨克斯坦	1116736	1187862.578	0.940	潜力开拓
吉尔吉斯斯坦	403899	644558.283	0.627	潜力巨大
塔吉克斯坦	140738	72206.574	1.949	潜力再造
乌兹别克斯坦	83111	141220.635	0.589	潜力巨大
土库曼斯坦	13849	16944.536	0.817	潜力开拓
印度	19460	10497.580	1.854	潜力再造
俄罗斯	64442	129303.950	0.498	潜力巨大
巴基斯坦	13965	15040.366	0.929	潜力开拓

从表 3 中可以看出，新疆与周边国家贸易潜力实现程度不同，存在地区性差异，大致可以分为三种类型：

1. 潜力再造型，比值大于或等于 1.2，主要包括塔吉克斯坦和印度。新疆与塔吉克斯坦贸易合作的深化主要得益于 2010 年签署的《加强中国新疆和塔吉克斯坦合作的协议》和中塔边境卡拉苏口岸、通杜尚别公路建设的不断推进。要想继续保持新疆与两国的贸易增长，需要在原有积极因素的基础上积极培育新的贸易增长因素，挖掘新的贸易合作潜力。

2. 潜力开拓型，比值介于 0.8—1.2，主要包括哈萨克斯坦、土库曼斯坦及巴基斯坦，说明新疆与它们之间的双边贸易仍有一定的扩展空间。哈萨克斯坦一直以来都是新疆最大的贸易伙伴国，新疆对哈出口贸易占中哈贸易的 70%以上，2012 年新疆对哈萨克斯坦贸易额占新疆对外贸易总额的 44.4%。要想继续保持新疆与这些国家的贸易增长，需在继续保持原有双边贸易规模的基础上，通过发展多元化的贸易形式来进一步扩大双边贸易规模。因此，在巩固和发展哈萨克斯坦等传统市场的基础上，应加强对巴基斯坦等新兴发展中国家市场的开发力度。

3. 潜力巨大型，比值小于或等于0.8，主要包括吉尔吉斯斯坦、乌兹别克斯坦和俄罗斯。新疆与吉尔吉斯斯坦巨大的贸易潜力主要归因于得天独厚的地缘条件，以及吉尔吉斯斯坦平均关税的逐步削减；乌兹别克斯坦是中亚五国中人口最多的国家，其市场潜力巨大，由于新疆对它的贸易畅通程度较低以及乌兹别克斯坦严格的外汇管制限制了双边贸易的发展；俄罗斯与新疆的贸易潜力巨大，主要因为新疆与俄罗斯在经济和贸易上存在较强的互补性，但由于缺乏直接贸易通道，从新疆边境口岸进出口的中俄产品需经第三国转口，贸易成本的增加限制了新疆与俄罗斯贸易流量的提高。

三　结论与建议

（一）研究结论

通过以上引力模型的测算和分析可知：（1）周边国家人均GDP、新疆人均GDP因素对双边贸易具有促进作用；距离、人口因素对双边贸易具有阻碍作用；区域性因素上合组织（SCO）比全球性因素世贸组织（WTO）对双边贸易促进作用更强。（2）2012年，新疆与周边国家贸易潜力存在地区性差异：新疆与吉尔吉斯斯坦、乌兹别克斯坦及俄罗斯的贸易潜力巨大，与哈萨克斯坦、土库曼斯坦及巴基斯坦的贸易潜力需进一步开拓；与塔吉克斯坦和印度的贸易潜力达到饱和状态。

（二）对策建议

1. 加强口岸的基础设施和物流建设，提高通关效率。在各类影响因素中，距离对双边贸易的阻碍作用最大，距离的增加意味着运输成本的提高。因此，新疆应积极改善与周边国家口岸的基础设施和物流建设，根据《新疆维吾尔自治区口岸“十二五”发展规划》，以“丝绸之路经济带”为契机，建立融储存、加工、配送等基本功能为一体的口岸物流配套管理体系，改善口岸条件，提高贸易便利化水平。

2. 调整和优化出口产品结构，增强产品竞争力。周边国家人口增加，国内产品市场扩大，伴随着消费者对进口产品需求层次提高，新疆目前比较单一的出口产品结构已无法满足周边国家市场需求的多样性和复杂性。因此，新疆应根据周边国家市场需求合理调整和优化出口产品结构，对优势产品进行深加工和产品升级，以此增强出口产品竞争力以及国外消费者对产品的青睐程度。

3. 实施差别化区域贸易战略，加快向西开放进程。“丝绸之路经济带”战略的提出，给新疆的对外贸易尤其是与周边国家间的贸易带来了前所未有的机遇，[①] 新疆应紧抓机遇，全面加快向西开放步伐。在向西开放进程中，针对新疆与周边国家贸易潜力存在的地区性差异，实施差别化区域贸易战略。对于贸易潜力巨大的吉尔吉斯斯坦、乌兹别克斯坦及俄罗斯，应积极发掘刺激现有贸易量增加的因素，如放松外汇管制，开通直接贸易口岸，降低关税标准，放宽进出口商品市场准入条件等，进而不断提高双边贸易额。对于贸易潜力仍需进一步开拓的哈萨克斯坦、土库曼斯坦及巴基斯坦，应当在保持现有促进双边贸易量提高的积极因素的基础上，加强对新兴市场的开发力度，不断扩大双边贸易合作范围。对于贸易潜力饱和的塔吉克斯坦和印度，应当积极创造贸易增长点，挖掘新的贸易合作领域，促进双边贸易可持续发展。

---

① 何茂春、张冀兵：《新丝绸之路经济带的国家战略分析——中国的历史机遇、潜在挑战与应对策略》，《人民论坛·学术前沿》2013 年第 23 期，第 6—13 页。

丝绸之路经济带视域下新疆旅游中心地体系分形研究

杨宏伟　马　腾*

2013年9月，习近平主席开启中亚之旅，倡议用创新的合作模式共建新的丝绸之路经济带，不仅充分考虑到中国与邻邦的地理优势，更注意到在全球经济一体化的大背景下区域经济深度融合才能发挥更大的群体效应。丝绸之路经济带这一全新的多边区域经济重大战略谋划，必将复兴新疆作为中国古代丝绸之路上繁盛商道的区位角色，开创21世纪的新疆商贸旅游经济大时代。

毗邻中西南亚八国的新疆作为中国向西开放的“桥头堡”，位于古丝绸之路最核心地带。丝绸之路不仅是新疆旅游的重要特色，而且是新疆旅游产业重点打造的核心品牌。多年来新疆维吾尔自治区人民政府为推进旅游业发展出台了一系列重要政策，特别是2011年5月召开的新疆首届旅游产业发展大会明确提出要把旅游业培育成为国民经济的战略性支柱产业，把新疆建设成为我国重要的旅游目的地。为了促进新疆旅游经济空间结构的优化升级，新疆“十二五”规划制定了培育三大旅游产业带的战略目标。而丝绸之路经济带的提出则将为新疆旅游产业开发打开更加广阔的国际视野，它意味着新疆必须立足于新兴的欧亚经济板块推进“十二五”发展规划目标，着眼于丝绸之路经济带的大视野优化升级新疆旅游产业的空间布局。

“旅长游短”这一长期存在的突出问题意味着新疆旅游中心地体系尚不成熟，还处于较低的水平，是新疆旅游产业空间结构优化的瓶颈问题。在区域旅游产业空间结构问题中，旅游中心地被认为是

---

* 作者简介：杨宏伟，石河子大学商学院教授。

提供核心旅游产品的产业聚集地，是区域旅游产业空间结构布局优化的关键和重点。优良的中心地体系结构在一个区域中必须是均衡分布、层级梯次合理、相互支撑关系紧密的系统。“十二五”规划确定的三大旅游产业带正是优化新疆旅游中心地体系的重要战略举措，当下需要从丝绸之路经济带这一新战略高度思考新疆旅游产业空间结构的优化，大力推进高水平旅游中心地体系的创建。

一　文献述评

中心地理论是区域经济学的经典理论之一，1933 年由德国经济地理学家克里斯泰勒（W. Christaller）提出，现已广泛应用于区域科学的各个领域，成为分析经济空间结构问题的基础理论。20 世纪 60 年代以来，旅游服务业首先在发达国家出现突飞猛进的发展，旅游空间结构问题日益凸显，旅游中心地研究便受到了越来越多的关注。

21 世纪以来，中国经济飞速发展，成为世界经济的火车头和稳定器，近年来又快速上升为世界旅游大国。旅游业已逐渐成长为中国经济的战略性支柱产业和区域性的主导产业，因此包括旅游中心地问题在内的旅游空间结构研究也变得日益重要。国内已有一批学者从城市发展、区域规划与旅游开发等多领域展开了有关旅游中心地问题的研究，对旅游中心地的概念内涵与演变进行了比较深入的探讨，[①] 代表人物包括吴必虎（2001）、柴彦威（2003）、何调霞（2013）等。同时还开展了比较丰富的实证案例分析，有代表性的如黄静波（2008）、李晓东（2011）分别以湖南和新疆为实例进行省域旅游中心地体系结构分析，运用因子分析等方法对两省域旅游

---

① 吴必虎：《区域旅游规划原理》，中国旅游出版社 2001 年版，第 322—363 页。

柴彦威、林涛、刘志林等：《旅游中心地研究及其规划利用》，《地理科学》2003 年第 23 卷第 5 期，第 547—553 页。

何调霞：《旅游中心地的内涵及成长机制研究》，《无锡商业职业技术学院学报》2010 年第 2 期，第 27—30 页。

中心地的中心性和等级体系进行了定量测度以及优化对策的研究。[①]而分形工具被用于旅游中心地研究则是比较新的一个情况，近几年成果水平较高的如陈建设（2012）对湖南省旅游中心地空间结构进行的分形测度分析，展现了旅游中心地分形研究的重要价值。[②]

分形（fractal）理论是20世纪70年代中期以来数学理论与方法的一个重大突破，由著名的美籍法裔数学家曼德尔布罗特（B. B. Mandelbrot）先生创立。分形理论突破了传统数学工具线性思维方法分析碎片状空间结构问题上的局限性，揭示出碎片状空间结构自相似性和无标度性的混沌状态特征与规律。分形理论是研究和揭示复杂自然现象与社会现象中所隐藏的规律性、层次性与标度不变性的有效理论。20世纪80年代，S. L. Arlinghaus研究了克里斯泰勒（W. Christaller）的中心地体系，首次发现中心地模型具有分形几何结构。[③]

本文从分形理论出发，对丝绸之路经济带开发背景下的新疆旅游中心地体系优化问题展开研究，解析新疆旅游中心地体系空间结构在规模、分布与集聚三个方面的分形状态，以相应的量化数据透析关键性的问题，提出新疆“十二五”三大旅游产业带规划格局下如何有效优化旅游中心地体系的分形理论依据与对策方案。

二　测度旅游中心地体系空间结构的分形维数模型

依据分形理论，本文认为旅游中心地体系空间结构的分形状态可以从中心地体系的规模结构、分布结构和空间集聚结构三方面进行测

① 黄静波：《湖南省旅游中心地空间结构系统的构建与优化》，《旅游学刊》2008年第23卷第2期，第51—55页。

李晓东、孟令娟、白洋等：《新疆旅游中心地等级体系初构》，《干旱区地理》2011年第34卷第2期，第331—336页。

② 陈建设、朱翔、徐美：《基于分形理论的区域旅游中心地规模与空间结构研究——以湖南省为例》，《旅游学刊》2012年第27卷第9期，第34—39页。

③ S. L. Arlinghaus, “Fractals take a central place”, *Geografiska Annaler*, Vol. 67B, 1985, pp. 83-88.

度评价，分别用规模分布维数、空间关联维数和空间集聚维数值表达。为便于表述，本文对这三个分形维数统一用符号 D 来表示，并参照有关文献对三个分形维数求解模型的基本内容概括和阐述如下。

（一）测度旅游中心地体系规模结构的分布维数模型

由于多以旅游接待人次作为衡量旅游中心地水平的主要指标，因此本文按常规以旅游接待总人次来衡量区域旅游中心地规模。在分形理论模型中，主要用 Zipf 位序—规模法则来研究不同区域等级规模结构，针对旅游中心地体系的 Zipf 位序—规模法则便可表述如下①：设在某区域内，当改变旅游接待总人次尺度 r 时，区域旅游中心地数目 $N(r)$ 就会随之改变。如果 r 由小变大时 $N(r)$ 不断减小，那么区域旅游中心地的规模分布在一定时空条件下便具有分形性质并且满足 Zipf 位序—规模法则。于是在某个标度范围内，$N(r)$ 与 r 满足关系式（1）：

$$N(r) \propto r^{-D} \tag{1}$$

即旅游中心地累积数与旅游接待人次尺度成负幂律分布时，可以认为旅游中心地规模分布具有分形特征。式（1）是一个分形模型，类比于 Hausdorff 维数公式，那么 D 在该式中便是区域旅游中心地规模分布的分形维数，它在一定时期内为常数，表征的是旅游中心地规模分布特征。式（1）经变换可得 Zipf 公式：

$$P_r = P_1 r^{-q} \tag{2}$$

Zipf 公式服从幂定律，具有分形意义。② 式（2）中的 r 为旅游中心地序号（$r=1, 2, \cdots, N$；N 为系统中旅游中心地总数），P_r

① 刘继生、陈彦光：《城镇体系等级结构的分形维数及其测算方法》，《地理研究》1998 年第 17 卷第 1 期，第 82—89 页。

② 李传武、张小林、吴威：《基于分形理论的江苏沿江城镇体系研究》，《长江流域资源与环境》2010 年第 19 卷第 1 期，第 1—6 页。

是序号为 r 的旅游中心地的旅游接待总人次，P_1 为首位旅游中心地的旅游接待总人次，q 为 Zipf 指数，q 与中心地规模结构维数 D 互为倒数，即 $D=1/q$。D 值的大小有明确的地理意义，直接反映了区域旅游中心地规模结构。D 值的大小反映了区域旅游中心地体系规模结构的不同形态特征①：

（1）当 $D<1$ 时，表明不同旅游中心地接待人次分布差异较大，首位旅游中心地有较强的垄断性，次级旅游中心地的中心性强度较弱。此时区域旅游接待人次高度集中于首位中心地，中心地体系位序规模结构失衡。

（2）当 $D=1$ 时，表明首位旅游中心地与最小旅游中心地的旅游接待人次之比，恰好是区域内整个旅游中心地体系的旅游中心地数目，为约束型位序规模分布。此时区域旅游接待人次在各中心地分布呈现梯度有序的理想状态，中心地体系位序规模结构形态极佳。

（3）当 $D>1$ 时，表明不同中心地旅游接待人次分布比较均匀，中间位序的旅游中心地数目较多，首位旅游中心地的垄断性并不强。此时区域旅游接待人次在各中心地的分布相对均衡有序，中心地体系位序规模结构优良。

（二）测度旅游中心地分布结构的关联维数模型

假设区域内有 N 个旅游中心地，那么构建旅游中心地体系空间分布结构模型可用关联维数模型方法，由关联维数 D 推断旅游中心地体系空间分布结构的均衡状态。模型公式见式（3）：

$$C_r = \frac{1}{N^2}\sum_{i-1}^{N}\sum_{j-1}^{N} H(r - d_{ij}),\ (i \neq j) \tag{3}$$

式中，C_r 称为“关联函数”，表示满足一定条件的旅游中心地的数目；r 为给定的尺度；d_{ij} 为第 i 个旅游中心地与第 j 个旅游中心

① 贺晓慧、白凯、卫海燕等：《西安特殊时段旅游流规模分形结构特征研究——以“十一”黄金周为例》，《干旱区地理》2011 年第 34 卷第 5 期，第 858—865 页。

地之间的距离，d_{ij}可取直线距离（又称“乌鸦距离”），d_{ij}也可以取实际交通里程（又称“乳牛距离”），由此也表明关联维数 D 实际是对旅游中心地之间交通网络联通性的刻画；H 为 *Heaviside* 函数，其基本性质为：

$$H(r-d_{ij})=\begin{cases}1(r-d_{ij})>1\\0(r-d_{ij})<1\end{cases} \tag{4}$$

而在实际的计算过程中，为了计算方便，通常将 C_r 计算公式改为：

$$C_r=\sum_{i,\ j-1}^{N}H(r-d_{ij}),\ (i\neq j) \tag{5}$$

如果（5）式中所得关联函数 C_r 与给定尺度 r 满足关系式：

$$C_r\propto r^D \tag{6}$$

D 在该式中是旅游中心地体系空间分形的关联维数，满足该式则表明旅游中心地体系的空间分布结构具有分形特征。一般情况下点列（C_r，r）并不是完全呈对数线性分布，而是存在相应的无标度区间。关联维数 D 的值一般在区间（0，2）变化，其中较极端的两种情况：一是当 $D\to2$ 时，表示该区域内旅游中心地之间的空间作用力小，旅游中心地体系的空间分布比较均匀，各旅游中心地之间处于弱相关的均衡态，即区域旅游中心地体系的一体化发展水平并不高；二是当 $D\to0$ 时，表示该区域内各旅游中心地之间空间作用力很强，联系十分紧密，分布高度集中于某一地区，这表明区域旅游中心地具有高度极化性，空间分布不均匀，虽然一体化关系显著但是由于分布过于集中而使空间失衡；那么当关联维数 D 位于 0 与 2 之间较为中间的值时，表示该区域内旅游中心地之间的空间作用力相对较强，同时各旅游中心地在地域空间分布上也相对均匀，于是区域旅游中心地体系在一体化关联性和空间分布上都具有相对较优的均衡性。

（三）测度旅游中心地体系的集聚维数模型

空间集聚维数是判断旅游中心地体系分形水平的第三个关键参数。根据分形理论，假定旅游中心地系统各旅游中心地按照某种自相似规则围绕中心旅游中心地（级别较高的旅游中心地）呈凝聚态分布，且分形体是各向均匀变化的，同时不考虑边界效应，且系统不是一个几何上的多重分形，则可确定作为旅游中心地点（“粒子”）数目 N 的函数与回转半径 R（N）的关系为：

$$R_{(N)} \propto N^{\frac{1}{D}} \tag{7}$$

如果上述假设正确，则用回转半径法测算旅游中心地系统空间聚集的分维数。为避免半径 R 的单位取值的影响，可转化为平均半径：

$$R_N = < (\frac{1}{N}\sum_{i-1}^{N} r_i^2)^{\frac{1}{2}} > \tag{8}$$

R_N 即为平均半径，r_i 是第 i 个旅游中心地到中心旅游中心地的欧氏距离，N 为旅游中心地个数，符号“<>”表示平均，于是得到分维关系式：

$$R_N \propto N^{\frac{1}{D}} \tag{9}$$

集聚维数 D 反映了旅游中心地体系分布从核心旅游中心地向周围腹地的密度衰减特征，从中心地系统的空间结构上讲，集聚维数反映了结构的紧凑性特征。那么从集聚维数 D 的值判断，集聚特征总体表现为三种状态值：一是当 $D<2$ 时，表示旅游中心地体系空间分布从核心向四周是密度衰减的，即体系结构层次紧凑，核极的中

心性强，旅游中心地体系为高紧致度的结构体，是良好的分形演化；二是当 $D=2$ 时，表示旅游中心地体系空间分布在半径方向上是均匀变化的，其分形性质已退化，无凝聚态结构体系，体系结构是平庸的；三是当 $D>2$ 时，表示旅游中心地的空间分布从核心旅游中心地向四周是密度递增的，旅游中心地不具备中心性作用，这是一种非正常的情况。

三 新疆旅游中心地体系分形状态测度与评价

(一) 新疆旅游经济区位概况

在丝绸之路经济带构架中，新疆具有独特的历史文化与地理区位优势。从地理板块看，新疆恰位于亚欧大陆中部，不仅是古丝绸之路的重要通道而且是我国向西开放的新欧亚大陆桥的桥头堡。作为中国面积最大的省级行政区拥有 166.49 万平方公里辖域，长达 5600 多公里的边境线占到中国陆地边境线的 1/4，形成了与俄罗斯、哈萨克斯坦、吉尔吉斯斯坦、塔吉克斯坦、巴基斯坦、蒙古、印度和阿富汗 8 个国家相接壤的地缘经济与区位关系。行政区划包括 2 个地级市、7 个地区、5 个自治州、11 个市辖区、22 个县级市、62 个县和 6 个自治县，构成了新疆旅游中心地体系的行政区划系统。

目前，新疆旅游产业已取得长足发展，有力促进了省域范围旅游中心地体系的成长发育。相关统计资料显示，新疆作为我国旅游资源的富集区完整拥有《中国旅游资源普查规范》所列的六大类型旅游资源，在 68 种基本类型中拥有 56 种，占全国实体旅游资源类型数量的 82%，居全国各省市自治区前列。特别是喀什地区的泽普金湖杨国家森林公园建成 5A 景区，扭转了南疆旅游板块长期没有 5A 级景区的困境。与高品质景区产品开发相应的是新疆旅游经济出现的高速增长。根据中国旅游研究院的统计报告，2010 年以来新疆旅游增长已连续多年位于各省区市前列。新疆旅游局的数据显示，2013 年新疆接待国内外游客 5201 万人次，同比增长了 7.1%；旅游收入 673.24 亿元，同比增长了 16.88%，占全疆 GDP 的比重提高到

7.9%，直接旅游从业者人数达到32万人。新疆旅游产业所取得的成果，为推进丝绸之路经济带发展所要求的区域旅游中心地体系优化提供了重要的基础和发展动力。

（二）新疆旅游中心地体系框架的界定

学术界关于旅游中心地内涵的界定目前仍存在争议，我国学者中主要有两种观点：一是北京大学吴必虎教授的“旅游中心地是中心吸引物职能的供给地”①；二是北京大学柴彦威教授的“旅游中心地就是指旅游中心性达到某一强度的城镇中心，即具有一定强度的对外旅游服务功能的城镇中心”②。前者强调旅游中心吸引物所在地空间，后者强调提供旅游服务功能的城镇空间。而现实中这两种空间可能是统一的也可能是分离的，若简单强调旅游服务功能的城镇中心，则可能不完全符合实际情况。本文依据新疆旅游发展“十二五”规划的新思路确定实证框架，即选择规划中的三大集散中心（乌鲁木齐市、喀什市、伊宁市）与八座旅游中心城市中七城市（阿勒泰市、博乐市、哈密市、和田市、库尔勒市、阿克苏市、克拉玛依市），另加塔城市构成新疆旅游中心地体系模型。以塔城市替换了规划中的吐鲁番市，缘由是吐鲁番市与昌吉、石河子等新疆主要城市已紧密融入乌鲁木齐都市旅游圈，可以视为乌鲁木齐市的范畴。而塔城市是环准噶尔旅游产业带中规划的边境绿洲草原特色旅游区域的中心城市，具有一定代表性。

（三）新疆旅游中心地体系的空间分形水平

1. 空间规模分形维数测度分析

依据旅游中心地体系的Zipf位序—规模法则，对新疆旅游中心地体系的空间规模分形维数做测度分析。利用Arcgis工具对新疆交通图矢量化，然后测算得到新疆11个旅游中心地测量基点两两间的最近距离，即两地间的最近交通里程，构成11×11矩阵（见表1）。

---

① 吴必虎：《区域旅游规划原理》，中国旅游出版社2001年版，第322—363页。

② 柴彦威、林涛、刘志林等：《旅游中心地研究及其规划利用》，《地理科学》2003年第23卷第5期，第547—553页。

表 1 **新疆旅游中心地的距离矩阵（千米）**

	乌鲁木齐市	伊宁市	喀什市	阿勒泰市	博乐市	哈密市	和田市	塔城市	库尔勒市	阿克苏市	克拉玛依市
乌鲁木齐市	0	697	1467	666	515	589	1427	545	473	1005	313
伊宁市		0	1286	987	252	1282	1245	831	629	825	599
喀什市			0	1782	1525	1796	501	1627	1008	463	1395
阿勒泰市				0	798	933	1742	527	1133	1665	402
博乐市					0	1094	1484	643	977	1064	411
哈密市						0	1758	1136	803	1336	903
和田市							0	1587	969	586	1355
塔城市								0	1006	1165	233
库尔勒市									0	546	789
阿克苏市										0	933
克拉玛依市											0

资料来源：《新疆维吾尔自治区 2013 年度旅游报告》。

选用新疆旅游局发布的较完整 2012 年各地州接待旅游总人次统计值作为分析数据，对 11 个旅游中心地旅游总人次规模从大到小排序，得到旅游中心地位序—规模表（见表 2）。

表 2 **新疆旅游中心地位序—规模表**

旅游中心地	位序	旅游接待人数（万人次）	旅游中心地	位序	旅游接待人数（万人次）
乌鲁木齐	1	2281.89	哈密	7	182.31
伊宁	2	452.00	克拉玛依	8	111.65
阿勒泰	3	441.14	塔城	9	103.27
库尔勒	4	432.46	和田	10	86.68
喀什	5	358.02	博乐	11	72.08
阿克苏	6	189.33			

资料来源：《新疆维吾尔自治区 2013 年度旅游报告》。

（1）中心地首位指数计算。根据马克·杰斐逊（M. Jeffersong）的首位律，由表 1 数据可以计算出旅游中心地首位指数，一般认为中心地首位指数应该包括 2 中心地指数、4 中心地指数和 11 中心地指数①（Pn 表示按旅游接待规模排在第 n 位的中心地旅游接待人次）。

$S_2 = P_1/P_2 = 5.058429$

$S_4 = P_1/(P_2+P_3+P_4) = 1.721402$

$S_{11} = 2P_1/(P_2+P_3+\cdots+P_{11}) = 0.939459$

按照 Zipf 位序—规模法则，首位度 2 中心地指数为 2，4 中心地指数和 11 中心地指数为 1，是中心地体系规模结构的理想状态。而从以上计算结果看，新疆旅游中心地体系规模的首位度指数严重偏离了理想数值，2 中心地指数远高于 2，4 中心地指数高于 1，11 中心地指数略低于 1。

（2）中心地空间规模分维值计算。依据空间规模分维模型，幂函数关系等价于对数线性关系，只要双对数坐标图上的位序—规模数据点呈直线关系或者部分呈直线关系，即可判定分形的存在。直线上点的范围即为无标度区，以 $\ln Pr$ 为纵坐标，$\ln r$ 为横坐标做出散点图，然后进行线性回归模拟（见图 1）。

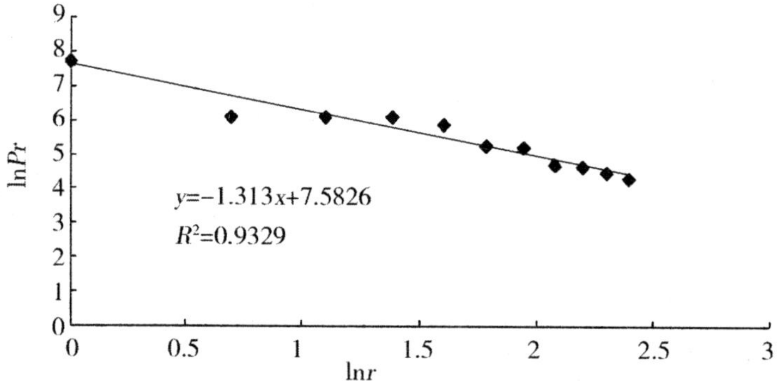

图 1　新疆旅游中心地规模分布双对数坐标图

由图 1 模拟得结果，$q = 1.313$，分维数 $D = 0.7616$，$R^2 =$

① 强海洋、张小雷、雷军：《基于分形理论的新疆干旱区绿洲城镇体系研究》，《干旱区地理》2010 年第 33 卷第 5 期，第 802—808 页。

0.9329，相关性较好。分维值 $D<1$，可推断该旅游中心地体系模型的位序—规模分布缺乏有序的梯度关系，各中心地旅游接待人次分布差异程度较大，首位中心地乌鲁木齐都市圈垄断性显著，二级中心不明显，故旅游中心地体系位序规模结构明显失衡。

2. 空间关联维数测度分析

从空间关联维数角度对 11 个旅游中心地较分散的空间分布状态做进一步解析。根据新疆旅游中心地的交通距离情况，测度时以步长 $\Delta r=50$km 取尺度 r 的值，那么各旅游中心地两两间距离在尺度 r 的每次取值范围内的点数 C_r 随 r 值变化而变化。由计算公式（5）与（6）得到一个点对（r，C_r）系列（见表 3）。

表 3　**标度 r 及其相对应的关联函数 C_r**

序数	1	2	3	4	5	6	7	8	9	10	11	12	13	14	15	16
r	1800	1750	1700	1650	1600	1550	1500	1450	1400	1350	1300	1250	1200	1150	1100	1050
C_r	110	104	102	100	98	96	94	90	88	84	82	78	76	74	70	66
序数	17	18	19	20	21	22	23	24	25	26	27	28	29	30	31	32
r	1000	950	900	850	800	750	700	650	600	550	500	450	400	350	300	250
C_r	60	54	48	48	42	38	38	34	30	24	14	10	6	6	4	2

以 $\ln r$ 为横坐标、$\ln C_r$ 为纵坐标做出散点图（见图 2）。

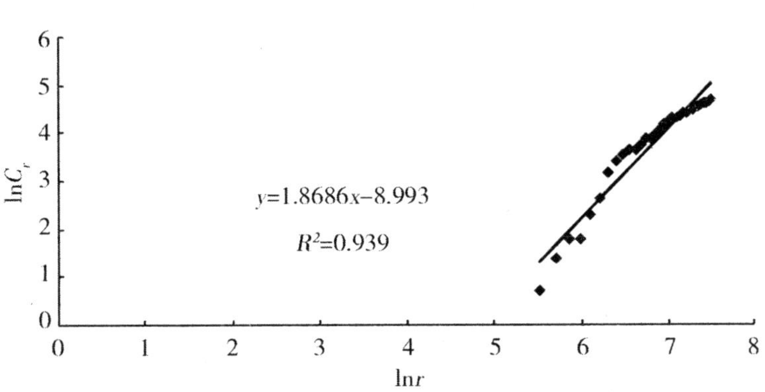

图 2　新疆旅游中心地空间分布双对数坐标图

由图 2 可知，空间关联维数 $D=1.8686$，测定系数 $R^2=0.939$，相关性良好。分维值 $D\to2$，由空间关联维数的含义便得如下判断：所界定的 11 个旅游中心地之间的空间作用力确实不强，旅游中心地体系的地理空间分布较均匀，即各旅游中心地之间处于弱相关的均衡态，说明区域旅游中心地体系的一体化水平总体上还较弱。该结果对空间规模分维数的测度结论相吻合，并给予了进一步解释。

3. 空间集聚维数测度分析

作为首位度极高的乌鲁木齐都市圈一级旅游中心地，其空间集聚的分形水平如何？本节以乌鲁木齐市为测量中心对集聚维数作测算，所得相关数据如表 4 所示，以（R_i，R_N）绘成双对数坐标图（见图 3），通过 OLS 求出 11 个旅游中心地以乌鲁木齐为中心的集聚维数值。

表 4　**新疆旅游中心地系统随机集聚特征**

以乌鲁木齐市为中心							
旅游中心地	N	R_i	R_N	旅游中心地	N	R_i	R_N
乌鲁木齐	1	0	0	伊宁	7	14.4	11.12
库尔勒	2	7.2	5.09	塔城	8	14.5	11.6
克拉玛依	3	8.5	6.43	阿克苏	9	19	12.63
阿勒泰	4	13	8.56	和田	10	28.2	14.94
博乐	5	13.1	9.64	喀什	11	30.8	17
哈密	6	13.9	10.47				

资料来源：《新疆维吾尔自治区旅游交通地图册（2012）；测算依据《新疆维吾尔自治区旅游交通地图册（2012）》，新疆维吾尔自治区对外文化交流协会出版；比例尺 1：3500000，R_i的单位是 cm。

由图 3 可知，空间集聚维数 $D=0.7737$，测定系数 $R^2=0.9318$，相关性良好。所测值 $D<2$，由空间集聚维数的含义得出如下判断：11 个旅游中心地形成的体系结构从一级中心地乌鲁木齐都市圈向全疆辐射的空间分布呈密度衰减态势，表明核极的中心性是较强的，

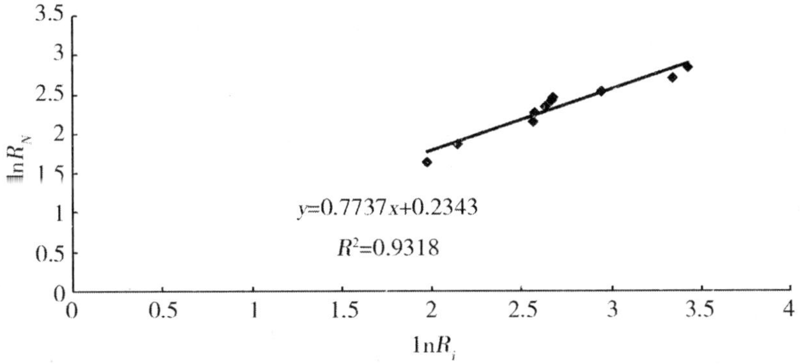

图 3　新疆旅游中心地系统集聚分形维数双对数图

使该体系的整体结构层次达到了一定的紧凑度。因此，旅游中心地体系以乌鲁木齐都市圈为中心的结构体总体是紧致的，可初步确定是良性的分形演化体。但是图 3 的回归线也显示了相应的缺陷。图中尽管存在有一定宽度的无标度区间，但是回归线却有较明显的突变点，表明该集聚结构体是不稳定的。不稳定性结构的存在显然与整个体系缺失理想的二级旅游中心地以及次级旅游中心地之间作用力不强均有密切关系。

4. 基本结论与评价

从上述三项分维数模型测评结果至少印证出以下重要认识。虽然新疆旅游中心地体系结构发育具有一定的分形特征，并且在某些方面达到了优良状态，但是总体上仍存在十分突出的结构失衡问题。

（1）位序规模分维测度基本结论是位序规模结构失衡显著。现实情况是二级中心地喀什市和伊宁市的游客接待人次规模水平远未达到“十二五”规划的定位要求，目前尚未有效担当起二级旅游中心地的角色，旅游集散辐射能力与其他八个三级中心地相比并未脱颖而出。因而，缓解“旅长游短”现象在位序规模结构方面的重点便是壮大二级中心地。

（2）关联分维测度结论是 11 个中心地呈均匀分布关系，空间利用水平相对较高，但公路交通联络呈弱相关，中心地体系缺乏层次梯度，中心梯度结构失衡。这表明 11 个中心地的空间分布将难以达到联通效率较优的点—轴式线性结构，其优化方向应是重点提升二级旅游中心地水平，完善中心梯度结构并大力增强交通能力构建网络式中心地体系结构。因此，缓解“旅长游短”关键在于提升二级旅游中心地的中心强度，重点是交通网络化发展。

（3）集聚分维测度结论是次级中心地以乌鲁木齐都市圈为核心形成了相对良好的凝聚态分形结构，总体为缓解“旅长游短”的有效结构形态，首位主导作用显著。现实情况是乌昌都市圈在新疆地理空间的优势地位突出，以乌鲁木齐市为中心的公路交通辐射网达到了优良水平，驾驭着全疆旅游中心地体系结构的空间伸展。

综合三个分维结构实证结果，可推断实证假设，即新疆“十二五”规划确立的旅游中心地体系结构布局的首位中心体系具有强中心性、强垄断性的凝聚结构形态；而作为优化重点的两个二级中心地效能尚未凸显；整个体系在全疆的空间分布上表现为首位度偏高、梯度断层和空间分散，中心地体系的交通网建设依然是结构优化最基础的问题，对新疆绿洲旅游中心地体系建设和“旅长游短”问题破解的作用尤为关键。

四　优化新疆旅游中心地体系结构的对策分析

构建新疆旅游中心地新体系战略一定要立足于丝绸之路经济带的发展要求，从联通国际国内两大市场的空间关系来勾画，所以就要清楚地看到传统的空间区位将发生的根本性转变，充分认识到沿边地州将扮演的关键性区位角色。进一步讲，就是要看清将会持续增长的国际国内资本在相关沿边地州开放区的集聚，从而成为区域交通资源、人力资源和产业资源的高集聚区，因此必将会形成相关地州旅游发展的绝对优势条件。伊犁州和阿勒泰地区明显是北疆旅游板块上最主要的两大旅游产品供给地，游客规模合计近千万人次，二者在北疆旅游板块上构成了乌鲁木齐都市圈一级中心地的南北两翼，形成北疆旅游板块的三角形结构体系。这样，伊犁州与阿勒泰地区担当起二级旅游中心地的角色。

同样地，在南疆板块上，巴音郭楞蒙古自治州旅游圈和喀什旅游圈便是相应的两个二级旅游中心地。如此确定的全疆 4 个二级旅游中心地相对于一级中心地却都明显分量不足，所以必须从中跃升出更强的旅游中心地才能有效提升新疆旅游中心地体系的整体水平。由此看来，北疆的伊犁和南疆的喀什两地区将更适合扮演新疆高水平二级旅游中心地的角色。

把伊犁和喀什打造成高水平的二级旅游中心地，应该发挥好以下几个关键作用：

（1）地方政府要充分有效地把两地区开发所带来的各类资源要素投入转化为旅游发展的基础条件，产生借势发展效应。

（2）在政策上应从旅游业发展的战略规划上给予伊犁和喀什两地区更多的 5A 级高水平景区为代表的产品开发优先条件，促进两地区形成更具世界影响力的旅游吸引物产品。

（3）通过旅游营销等多种手段积极开拓围绕伊犁与喀什两地州的国际国内旅游精品路线，打造具有国际影响力的高端品牌。

（4）各个旅游中心地之间要加强交流与合作。总之，通过对伊犁与喀什两大旅游中心地的高水平开发，创建两个水平更高的旅游产业集聚区，是优化改善新疆旅游中心地体系的关键，也是适应丝绸之路经济带战略的基本要求。

新疆承接产业转移的生态环境效应分析

——基于 EKC 模型

李　辉　张晋霞*

一　引言

在经济全球化和区域经济一体化快速发展的大背景下，处于工业化和现代化进程中的欠发达国家和地区，承接产业转移能够推进其产业结构优化升级和加快转变经济发展方式的进程。目前，关于产业转移方面的研究内容主要集中在产业转移的概念、动因、模式、效应和产业转移的战略与政策等方面①。对于产业转移的生态环境效应方面，学者们大多以西部地区为背景进行理论研究，张菊梅、史安娜通过分析江苏省产业转移状况，提出环境外部性内在化程度的差异和政府规制失灵是导致污染转移的主要原因；谢丽霜从产业转移与环境风险的关联机制出发分析西部地区承接东部产业转移面临的生态环境压力；何龙斌从客观和主观两个方面指出西部地区承接产业转移的生态困境；邓丽基于生态文明的视角，通过分析承接产

---

* 作者简介：李辉，兵团干部学院院长，教授；张晋霞，石河子大学经济与管理学院硕士研究生。

① 顾力刚、韩福荣、徐艳梅：《企业年龄研究》，《外国经济与管理》2000 年第 12 期，第 8—12 页；刁兆峰、黎志成：《企业商业年龄及其测定方法初探》，《科技进步与科技对策》2003 年第 9 期，第 137—138 页；徐艳梅、顾立刚：《对企业商业年龄模型的评析与修正》，《中国经济评论》2003 年第 9 卷第 22 期，第 13—17 页；孙践伟：《商业年龄模型及纺织企业生命力评价》，中科院研究生院管理学院，2010 年；徐艳梅、刘龙、姚翔：《企业商业年龄模型的改进研究》，《第十三届中国管理科学学术年会论文集》，2011 年，第 576—582 页。

业转移的一般模式和弊端，提出跨梯度、生态化链式和网络型产业配套的承接产业转移的创新模式[①]。还有学者通过定量分析来研究产业转移的生态环境效应，张燕通过建立多元线性回归模型定量分析污染产业转移对生态环境造成的影响；彭文斌、赵协奎等学者通过格兰杰因果关系检验和协整分析，验证产业转移与环境污染之间是否具有因果关系；黄丹采用灰色关联分析法研究产业转移与生态环境之间关联度的变化。可见，学者们已经开始重视对产业转移生态环境效应的研究，但目前这一方面的研究还相对较少。

受西部大开发和对口援疆政策的支持，以及作为国家战略资源的重要基地，新疆逐渐转变经济发展方式，扩大对外开放，以其明显的区位优势、资源优势和产业基础，积极承接国内外产业转移，且发展规模不断壮大。但是，新疆的生态环境十分脆弱，近年来环境污染问题越来越严重，因此研究承接国内外产业转移对生态环境的影响迫在眉睫。本文运用环境库兹涅茨曲线（简称 EKC）模型，通过经济增长与环境质量之间的关系来测评新疆承接产业转移的生态环境效应，提出相应对策建议，对新疆进一步承接产业转移和经济、社会、环境的可持续发展具有重要的现实意义。

二 新疆承接产业转移及生态环境状况

新疆位于我国西北边陲，地处亚欧大陆腹地，周边与 8 个国家接壤，战略地位显著。新疆属于典型的绿洲生态区域，具有得天独厚的水土光热资源，矿产资源也较为丰富，开发潜力巨大。

（一）新疆承接产业转移状况

1. 承接规模不断扩大

从新疆招商引资总体来看，2005 年区外到位资金为 414.40 亿

① 徐艳梅、顾立刚：《对企业商业年龄模型的评析与修正》，《中国经济评论》2003 年 9 月第 22 期，第 13—17 页。

元，2012 年增加至 2763.50 亿元，年均增长率为 31.14%，增长趋势明显。外省到位资金从 2005 年的 206.11 亿元增长到 2012 年的 2201.87 亿元，年均增长率为 38.89%。外商直接投资中，外商实际投资额由 2005 年的 3.89 亿元增加到 2012 年的 25.02 亿元，增长率达到 30.46%。从到位资金的比重来看，2012 年外省到位资金占区外到位资金的 79.68%，说明新疆承接产业转移以国内省外投资为主，但外商直接投资也表现出持续增长的趋势，对新疆经济发展的促进同样不容忽视。

2. 第二产业为承接重点

2012 年，新疆招商引资项目共 2618 个，第一产业项目中，农林牧渔项目 89 个，到位资金 31.62 亿元，增长 66.35%，占区外到位资金总额的 0.97%；第二产业项目 1735 个，到位资金 2619.77 亿元，增长 27.42%，占区外到位资金总额的 80.10%；第三产业项目 794 个，到位资金 619.20 亿元，增长 56.48%，占区外到位资金总额的 18.93%。可见，第二产业是目前新疆产业承接的重点，且到位资金增幅较大。

（二）新疆生态环境状况

新疆国土面积 16648.97 万公顷，占全国土地面积的 1/6，但土地利用率仅有 38.64%，年降水量小于 100 毫米，而蒸发极为强烈，属于典型的干旱戈壁沙漠地区。新疆的矿产及能源资源比较丰富，石油和天然气储量分别为 56299.1 万吨和 8809.93 亿立方米，居全国首位；煤炭储量为 148.36 亿吨，仅次于山西、内蒙古，居全国第三位。但是，由于多年的开发利用以及消费需求的不断增加，矿产资源的储量急剧减少，而且新疆产品附加值不高，导致资源枯竭的同时利用效率较低，不能产生相应的经济效益，对技术开发和环境保护缺乏资金支持，不利于资源的可持续利用。另外，工业“三废”的大量排放，使得生态环境污染治理面临很大的压力。

三 新疆承接产业转移生态环境效应的实证分析

（一）分析方法

环境库兹涅茨曲线（EKC）最早由美国经济学家库兹涅茨提出，该理论认为：在经济发展初期，环境外部性内在化程度较低，人们为了获得短期经济水平上的快速提升，以牺牲环境为代价，环境污染会随着经济的增长而加剧；当经济发展到达某一水平后，随着经济发展方式的转变，环境外部性内在化程度会逐渐提高，生态环境得到改善。但是随着经济全球化的深入发展，国内外投资的进入有可能会使得整个趋势向右移动或者同时向上发生移动，即经济发展水平要达到更高的层次才能降低环境污染。本文通过EKC模型来进行新疆承接产业转移的生态环境效应评价。

1. EKC模型建立

选取EKC经济增长—环境质量的简约式方程来进行分析，该方程为：

$$\ln Y = \alpha_0 + \alpha_1 \ln X + \alpha_2 (\ln X)^2 + \alpha_3 (\ln X)^3 + \varepsilon \qquad (1)$$

上式中，Y为污染物排放量，代表环境质量，X为人均GDP，代表经济增长，α_0，α_1，α_2，α_3是模型参数，ε是随机误差项。其中，α_1，α_2，α_3的取值用来说明生态环境污染状况与经济发展水平之间存在的具体数量关系：当$\alpha_1 \neq 0$，且$\alpha_2 = 0$，$\alpha_3 = 0$时，生态环境污染状况与经济发展水平之间表现为线性关系；当$\alpha_1 > 0$，$\alpha_2 < 0$且$\alpha_3 = 0$时，生态环境污染状况与经济发展水平之间表现为二次曲线关系，即倒“U”形，而当$\alpha_1 < 0$，$\alpha_2 > 0$且$\alpha_3 = 0$时，则生态环境污染状况与经济发展水平之间表现为“U”形曲线关系；当$\alpha_1 > 0$，$\alpha_2 < 0$且$\alpha_3 > 0$时，生态环境污染状况与经济发展水平之间表现为三次曲线关系，即“N”形曲线，而当$\alpha_1 < 0$，$\alpha_2 > 0$且$\alpha_3 < 0$时，则生态环境污染状况与经济发展水平之间表现为倒“N”形曲线关系。

2. 产业转移对经济增长的贡献率模型建立

借鉴学者们的研究成果，拟定产业转移对经济增长的贡献率函数为：

$$Z = e^{\beta_0} K^{\beta_1} \quad (2)$$

Z 为人均 GDP，代表经济增长；K 为外部投资，代表产业转移况；β_1 表示外部投资对人均 GDP 的报酬率，即外部投资每增长 1% 时，人均 GDP 的增长率；β_0 为其他因素对人均 GDP 的贡献率。

3. EKC 模型的修正

运用公式：新的人均 GDP = 原来的人均 GDP×（$1-\beta_1$），将外部投资对经济增长的影响剔除后，再代入方程（1）可得到新的 EKC 曲线，通过对比剔除外部投资前后的 EKC 曲线转折点的变化，来判断吸收外部投资是否会造成生态环境污染的加重，以此来评价承接产业转移的生态环境效应。

（二）指标选取和数据说明

以上建立的模型，主要涉及产业转移、经济增长和环境污染三方面的指标。以新疆招商引资区外到位资金作为衡量新疆吸引外部投资承接产业转移的主要指标；以人均 GDP 作为衡量新疆经济增长指标；以工业“三废”的排放量作为衡量环境污染的主要指标。选取新疆 2000—2012 年的数据进行分析，各项指标数据从《新疆维吾尔自治区招商引资工作报告》与《新疆统计年鉴》（2001—2013 年）中获得。

（三）EKC 模型分析结果

1. 包含外部投资的 EKC 曲线

将方程（1）通过 Eviews 软件运行可得到剔除外部投资前的 EKC 曲线，经过计量经济学检验发现存在异方差，运用加权最小二乘法修正后得到最终回归结果，如表 1 所示。

表 1　　**剔除外部投资前 EKC 模型回归结果**

环境指标	α_0	α_1	α_2	α_3	R^2	F	转折点 $\ln X_1$	转折点 $\ln X_2$	曲线类型
Y_1	315. 0324	-90. 6688	8. 9324	-0. 2915	1. 0000	18516. 78	9. 3672	10. 8633	倒"N"
t 值	10. 5347	-9. 9195	9. 5962	-9. 2303					
Y_2	393. 2347	-115. 9669	11. 5368	-0. 3783	1. 0000	394638. 4	8. 9887	10. 1249	倒"N"
t 值	3. 5609	-3. 4280	3. 3418	-3. 2234					
Y_3	551. 4025	-163. 1783	16. 0049	-0. 5282	1. 0000	17267. 71	8. 0120	10. 8796	倒"N"
t 值	5. 2861	-5. 2514	5. 2114	-5. 1843					

从表 1 中可以看到，消除异方差后的回归结果均通过计量经济学检验。实证分析表明：工业废水排放量（Y_1）、工业废气排放量（Y_2）、工业固体废弃物产生量（Y_3）与人均 GDP 之间为三次曲线关系，呈现为倒"N"形曲线。根据方程（1）可计算出每个 EKC 曲线的转折点，工业废水排放量与人均 GDP 曲线的转折点为 $e^{9.3672}$ 和 $e^{10.8633}$。当人均 GDP 在 $e^{9.3672}$ 元/人与 $e^{10.8633}$ 元/人之间时，工业废水排放量将随着人均 GDP 的增加而增加，并且人均 GDP 突破 $e^{10.8633}$ 元/人这个转折点或者临界点时，人均 GDP 的增加将有助于工业废水排放量的下降；工业废气排放量与人均 GDP 曲线的转折点为 $e^{8.9887}$ 和 $e^{10.1249}$，当人均 GDP 在 $e^{8.9887}$ 元/人和 $e^{10.1249}$ 元/人之间时，工业废气排放量将随着人均 GDP 的增加而增加，当人均 GDP 突破 $e^{10.1249}$ 元/人这个转折点时，人均 GDP 的增加将有助于降低工业废气的排放量；工业固体废弃物产生量与人均 GDP 曲线的转折点为 $e^{8.0120}$ 元/人和 $e^{10.8796}$ 元/人，当人均 GDP 在 $e^{8.0120}$ 元/人和 $e^{10.8796}$ 元/人之间时，工业固体废弃物的产生量随着人均 GDP 的增加而增加，当人均 GDP 突破 $e^{10.8796}$ 元/人这个转折点时，人均 GDP 的增加将有助于减少工业固体废弃物的产生。

2. 剔除外部投资后的 EKC 曲线

剔除外部投资对经济增长的贡献后，再次将方程（1）通过 Eviews 软件运行后可得到新的 EKC 曲线，消除异方差后，可得到新的回归结果，如表 2 所示。

表 2　　**剔除外部投资后 EKC 模型回归结果**

环境指标	α_0	α_1	α_2	α_3	R^2	F	转折点 $\ln X_1$	转折点 $\ln X_2$	曲线类型
Y_1	313.8007	-90.3445	8.9044	-0.2907	1.0000	18519.95	9.3618	10.8580	倒 "N"
t 值	10.5253	-9.9085	9.5847	-9.2180					
Y_2	392.7995	-115.8997	11.5364	-0.3785	1.0000	394635.1	8.9834	10.1198	倒 "N"
t 值	3.5619	-3.4289	3.3427	-3.2242					
Y_3	550.5272	-163.0056	15.9962	-0.5282	1.0000	17267.56	8.0068	10.8742	倒 "N"
t 值	5.2861	-5.2514	5.2114	-5.1843					

剔除外部投资对经济增长的影响后，发现工业废水排放量（Y_1）、工业废气排放量（Y_2）、工业固体废弃物产生量（Y_3）与人均 GDP 之间的关系仍然为三次曲线关系，呈现出倒"N"形曲线，但各个曲线污染物排放量随人均 GDP 增加而减少的转折点发生了变化：工业废水排放量 Y_1 的转折点由原来的人均 GDP 为 $e^{10.8633}$元/人变为 $e^{10.8580}$元/人；工业废气排放量 Y_2 的转折点由原来的人均 GDP 为 $e^{10.1249}$元/人变为 $e^{10.1198}$元/人；工业固体废弃物产生量 Y_3 的转折点由原来的人均 GDP 为 $e^{10.8796}$元/人变为 $e^{10.8742}$元/人。由此可以得出：剔除外部投资的影响后，EKC 曲线的转折点均向左发生了偏移，也就是说，这些外部投资的进入导致了 EKC 曲线转折点的右移。

（四）实证分析结论

新疆在承接产业转移之前，经济发展已经对生态环境造成了一定程度的污染，从 EKC 曲线的转折点来看，新疆还没有达到能够改善生态环境所需的经济水平，其环境外部性内在化程度较低；新疆承接产业转移之后，煤炭、石油化工、纺织等污染密集型产业的不断承接导致了生态环境污染的加重，使得 EKC 曲线发生了右移，即新疆的经济发展需要提升到比之前更高的水平才有利于生态环境的改善，也就是说推迟了环境外部性内在化的进程。这不仅是对新疆经济发展水平提升的一个时间考验，更是对新疆生态环境承载力的一个严峻考验。

四 新疆承接产业转移造成生态环境污染的原因分析

（一）产业转移的梯度性、选择性和趋利性造成了生态环境压力

产业转移的梯度性、选择性和趋利性，是指大多数的产业转移都是按照“发达国家或地区、次发达国家或地区、欠发达国家或地区”的区域顺序和“劳动密集型、资本密集型、技术密集型”的产业顺序梯度进行，根据承接地的生产要素禀赋条件进行区位选择，并追求企业利润最大化。目前，新疆主要通过吸收外部投资的方式来承接中东部地区的产业转移，如山东、浙江、江苏、河南、福建、上海、北京、广东等省市，承接的产业主要有煤炭、钢铁、石油、有色金属、化工、机械和纺织等，并且这些产业都是新疆关联度高、辐射面广、带动力强的龙头型、基地型产业，对新疆的经济发展和产业升级起到关键性的作用。在新疆2011年产业转移系列对接活动开幕式上，新疆吸收中东部地区有色金属、煤电煤化工、化工、纺织等16个行业的投资，总投资额达到5812亿元，而煤化工产业投资额为2451.4亿元，位居榜首，其次是纺织业。由此可见，作为拥有全国煤炭资源储量40%的能源战略重地和国家优质棉纺织品生产基地的新疆，资源要素禀赋是其承接产业转移的绝对优势，而煤炭、化工、纺织等资源依赖型产业均属于污染密集型产业，加上新疆工业化程度不高，工业生产的技术和工艺还达不到清洁生产的标准，对这些污染密集型产业的大力承接，无疑会造成资源的低效率利用和环境的严重污染，加大新疆生态环境的压力。

（二）落后的经济发展水平制约了环境外部性内在化进程

企业选择投资区位时，主要考虑的是成本因素，而这种成本不仅包括生产产生的直接费用，还包括防治环境污染的那部分费用，即环境外部性内在化的开支。也就是说，环境外部性内在化的进程决定了环境污染控制的进程。2011年新疆GDP为6610.05亿元，在

全国31个省（市、区）中排名第25位。第一产业增加值为1139.0亿元，占GDP比重全国排名第3位，第二产业增加值为3225.9亿元，占GDP比重全国排名第24位，第三产业增加值为2245.1亿元，占GDP比重全国排名第23位。可见，新疆的经济发展水平比较落后，产业结构不尽合理，工业化程度不高，与东部地区差距较大。目前，新疆人均可支配年收入为15514元，较全国水平还有30%的差距，收入水平低导致了人们对绿色产品的消费需求较低，对企业污染环境的生产行为关注度不高，较低的环境保护标准，导致环境外部性内在化的程度也较低，而且充裕的生产要素禀赋使得人们忽视了资源的稀缺性，也就更加缺少了保护生态环境的动力。根据环境库兹涅茨（EKC）曲线，目前新疆的经济发展水平还没有达到改善生态环境的阶段，而承接产业转移使得新疆需要达到更高的经济发展水平才能够改善生态环境，延缓了环境外部性内在化的进程。

（三）环境保护意识薄弱是造成承接产业转移生态环境污染问题的根本原因

承接国内外产业转移是新疆加快经济发展、缩小与发达地区经济差距的快捷途径，而在追赶的过程中，人们容易忽视经济发展对生态环境造成的影响。2005—2011年，新疆工业“三废”的排放一直处于不断上升的趋势，工业废水排放的增长速度达到6.18%，工业废气排放增速为17.61%，而固体废弃物产生的速度达到了26.15%，可见工业“三废”的排放对新疆生态环境的影响十分严重。在环境污染治理方面，2011年新疆环境污染治理投资总额为194.04亿元，占新疆GDP的2.95%，污染治理力度明显不足。可见，环境保护意识薄弱是新疆承接产业转移造成生态环境污染加重的根本原因。这会导致新疆在承接产业的过程中出现以下问题：一是市场准入门槛较低，超国民待遇的投资政策频频出台，吸引更多的企业到新疆投资生产，这其中必然会混入污染密集型甚至严重污染密集型企业的进入；二是“来者不拒”式的盲目承接，使得新疆区域内的重复建设严重，产业结构出现同构化，导致过度竞争。

五 提升新疆承接产业转移生态环境效应的对策建议

通过以上分析，为促进新疆经济、社会与生态环境的全面协调发展，特提出以下对策建议。

（一）确立生态文明理念，强化环境保护意识

环保意识薄弱是新疆生态环境污染问题的根源，要解决这一问题，政府起着最关键的导向作用。因此，新疆须确立生态文明理念，强化经济发展各部门以及人民群众的环境保护意识。政府部门可以从道德、行为上进行人为约束，利用现代网络信息技术，通过一些特定的节日，如“世界环境日”、“全国绿化日”、“中国水周”等来举办大型的宣传活动，使得环境保护意识深入人心。而企业作为产业转移的主体，对生态环境的责任比政府、人民群众更大。因此，政府要加大对污染转移企业的检查和惩罚力度，使得企业不得不改进生产工艺和设备，通过清洁生产来减少污染物的排放，从而减小产业转移的污染效应。

（二）严格市场准入制度，提高生态环境保护标准

当生态环境成为一种要素禀赋时，环境资源稀缺的地区就会向环境资源充裕的地区进行产业转移，以减少其环境成本，于是新疆就成为东部发达地区以及国外污染产业转移的目的地。因此，新疆要根据资源、环境的承载能力，提高生态环境保护标准，严格把握市场准入制度，对高能耗、高污染以及技术落后将被淘汰甚至已经被淘汰的产业要坚决拒之门外。政府部门要完善环境相关法律法规，加大执法力度，重视建设前的环境审批，适度运用“超国民待遇”的引资政策；对于已经承接的产业，要严格按照“三同时”制度的规定，环境保护安全措施要与项目主体工程同时设计、同时施工、同时投入使用，将环境保护工作落到实处，防止项目建设及以后的生产对生态环境造成损害；政府还需要建立绿色 GDP 政绩考核制

度，控制地方政府为了提高政绩，有意降低市场准入门槛，导致承接污染严重、技术落后企业的现象。

（三）科学制定产业转移的承接规划，促进产业结构的优化升级

承接产业转移要注重合理确定承接产业发展的重点，防止低水平的重复建设，科学制定产业转移的承接规划，因地制宜、有针对性地承接产业转移，促进承接产业集中布局，从而发挥规模效应，提高辐射带动能力，以促进产业结构的优化升级。对新疆来说，资源优势、区位优势以及政策、机遇优势是其承接产业转移的重要基础，目前适合承接的主导产业有煤电煤化工、石油化工、机电装备制造、金属矿采选等重工业和食品制造、烟草加工、农副食品加工和纺织等特色轻工业，新疆应根据各产业的生产需求，并结合新疆各地州的要素禀赋和实际发展情况，确立承接产业转移的区域规划，如新疆乌昌地区、天山北坡经济带和巴州地区应大力发展机电装备制造业，石河子—奎屯、阿克苏—阿拉尔等五大产业集聚区域应重点承接纺织产业等。

（四）发展循环经济，走可持续发展道路

在经济快速发展的大环境下，西部地区传统产业生产效率低、科技含量和附加值也较低，受高新技术产业的冲击，其市场竞争力日益下降，加上粗放型的生产模式，对生态环境的污染比较严重。就新疆而言，工业化水平较低，产业链不完善，要想在承接产业转移与生态环境之间找到一个平衡点，就必须摒弃过去通过消耗物质资源来发展经济的做法，避免发达地区落后的生产工艺在新疆的简单复制，通过引进和研发清洁生产工艺和设备，加强传统产业的改造与升级，增加节能环保型高新技术产业的承接，形成技术密集、深度加工、高附加值的产业集群，推进新型工业化进程，发展循环经济，才能达到经济、社会与生态环境的和谐发展，走可持续发展道路。

新疆绿洲城镇化面临的生态瓶颈及其环境法对策

吴玉萍*

新型城镇化是包括新疆在内的中西部地区跨越式发展的重要驱动力。特殊的地理位置、气候条件、历史原因等多方面因素决定了新疆的政治、经济、文化建设必须以绿洲为依托，新疆的城镇化也必须以绿洲为基础。2011 年底新疆城镇化率达 42.5%①。目前，新疆城镇化水平已经远远落后于中东部以及全国平均水平，而且差距还呈现出进一步扩大的趋势。要实现《新疆维吾尔自治区国民经济和社会发展第十二个五年规划纲要》《新疆城镇体系规划（2012—2030 年）》等提出的城镇化目标、保证新疆城镇化的水平和质量，必须正确、科学应对绿洲区域面临的生态瓶颈。

一　新疆绿洲城镇化面临的生态瓶颈

新疆广袤的土地面积、丰富的自然资源为城镇化提供了良好的发展空间。但是，新疆生态环境十分脆弱，不具备内地经济、社会发展之初所拥有的良好的生态环境条件，城镇化进程遭遇的生态瓶颈非常严峻。

---

* 作者简介：吴玉萍，石河子大学政法学院讲师。

① 李建新：《深入开展城市建设“天山杯”竞赛活动　努力推动住房城乡建设事业跨越式发展》（http：//www. xjjs. gov. cn/main/NewsDetail. aspx? id=41445）。

（一）新疆城镇化格局受制于绿洲布局

新疆准噶尔盆地和塔里木盆地地势较平、距山区水源较近的盆地边缘和河流流域是新疆绿洲主要分布区。占全疆面积5%的绿洲呈环形点状分布，被戈壁、荒漠分割为大小不等的500多块。目前，这些绿洲是新疆人口和城镇的主要分布所在。而新疆绿洲作为山地、平原和盆地交接地带和农牧业交错带，是生态环境敏感带，新疆的城镇建设必须考虑山地、绿洲、荒漠三大生态系统的承载能力。今后新疆的城镇不可能脱离绿洲在绿洲之外的区域获得可持续的发展，新疆的城镇化格局仍将受到绿洲布局的制约。

（二）新疆城镇化受制于土地资源相对短缺

尽管新疆占我国陆地面积的1/6，但是戈壁、沙漠、荒漠等不可利用和难以利用的土地占全区总面积的一半以上。在仅占全疆面积的5%绿洲上加快新疆的城镇化进程，土地资源相对短缺是又一制约因素。随着城镇化水平的不断提高、城镇规模的不断发展壮大，新疆土地资源给予城镇发展的空间越来越小。同时，城镇规模的不断壮大，势必挤占维系绿洲生态系统的森林、草原、湿地、湖泊以及农用地，土地资源的供需矛盾将更加突出。

（三）新疆城镇化受水资源短缺的制约

新疆三大山脉的积雪、冰川孕育汇集了500多条河流，蕴藏着极为丰富的水资源。但是新疆地处亚欧大陆腹地干旱、半干旱区，降水稀少而蒸发强烈，水资源受季节因素影响显著，时空分布极不均衡，一些地方水资源严重不足。新疆的绿洲主要分布在河流两岸，水资源成为维持绿洲生态系统最为重要的制约因素。城镇化带来的人口增加、工农业发展，势必带来绿洲区域生活用水、农业用水、工业用水的大量增加，绿洲生态用水需求受到严重威胁。水资源将直接影响到绿洲的存续，也是限制新疆绿洲城镇规模和发展水平的最大瓶颈。

（四）新疆城镇化水平最终受环境承载能力的制约

新疆戈壁、沙漠、荒漠分布广泛，植被稀少，生态系统脆弱，生态环境一旦受到破坏，恢复难度大。绿洲城镇化的发展，必然出现人口和农业、工业集中的趋势，随之而来的是城市生活、工业、交通、运输以及其他服务业污染物排放量的增加和排放的相对集中。尽管与2008年相比，新疆城市基础设施建设步伐加快，建设领域节能减排力度加大，但是2011年底城市污水处理率为74%、生活垃圾无害化处理率为41%。[①] 在污染物处理率和处理达标率都处在较低水平的情况下，随着城镇化进程的加快，绿洲水污染、大气污染等将进一步加剧。2013年5月新疆维吾尔自治区环保厅发布的2012年新疆环境状况公报显示，绿洲生态环境质量有所改善，但绿洲—荒漠过渡带以及农—牧交错带的部分区域生态环境质量仍呈恶化趋势。绿洲的外部生态屏障状况堪忧，新疆城镇化将面临沙漠化、荒漠化的威胁。

二　新疆绿洲城镇化进程中应当采取的环保措施

对于新疆城镇化的道路选择，正如国家发改委城市和小城镇改革发展中心副主任乔润令指出的，应转变城市发展方式，从资源配置往大城市集中向重点发展中小城市和小城镇转变。[②] 但是，如果不顾绿洲生态瓶颈，盲目推动城镇化进程，势必适得其反。只有采取科学合理的环境保护措施，同步进行环境资源建设，才能确保新疆绿洲城镇化的水平和质量，实现新型城镇化的建设目标。

（一）合理规划绿洲城镇与布局

新疆城镇的发展必须以绿洲为依托，绿洲的分布格局在相当程

① 李建新：《深入开展城市建设“天山杯”竞赛活动　努力推动住房城乡建设事业跨越式发展》（http：//www. xjjs. gov. cn/main/NewsDetail. aspx? id=41445）。

② 毛万熙：《发改委官员力挺新疆中小城市城镇化》，《中国证券报》2013年9月16日。

度上也就决定了城镇的分布格局。因此，必须在充分认识绿洲环境容量、自然资源承载力、技术承载力的前提下，制定科学、合理的城镇发展规划。一是要做到城镇选址、布局及其发展趋向合理。重要生态功能区、生态脆弱区以及生态退化区不能成为新建城市以及已有城市扩建区域的选址区。通过合理选址，一方面预防城镇选址本身不合理面临的生态环境问题，另一方面也要预防城镇选址本身不合理而造成新的生态环境问题。二是要科学定位城镇发展类型。新疆应当充分利用其优美的自然风光、独特的民族风情、独特的绿洲农业以及丰富的太阳能、风能等清洁能源，发展旅游城市、轻工业城市、新型能源城市，避免以采矿、冶炼等为基础建设重工业城市。三要适度控制城镇规模。尽管大城市在发展规模经济方面具有无可比拟的优势，但是受自然生态承载力的制约，新疆并不适合发展大城市、特大城市，而应当着力发展中小城市和小城镇。四是合理进行城镇功能分区、产业结构和生产力布局，控制高耗水、高污染行业的发展和高污染企业的集中，预防和控制结构性污染、区域性污染。

（二）严格控制绿洲污染

随着人口的增长和城市化进程的加快，新疆城市仍旧面临着严峻的污染问题。2012 年新疆环境状况公报显示，水磨河、克孜河、吐曼河、喀什噶尔河、博尔塔拉河等 5 条河流 9 个断面受到不同程度的污染，全区湖库下游或尾闾湖库水质较差；Ⅲ级轻微度污染日数占 15.4%，Ⅳ、Ⅴ级中重度污染日数占 4.0%；主要污染物排放总量均控制在年度总量指标之内，但是排放量仍然比较大。新疆地处干旱地区，生态环境脆弱，环境容量较为有限，对“三废”及有机污染物的降解、稀释、扩散能力很差，累积效应大，一旦污染，治理非常困难。在城市化进程中，人口的集中、工业规模的扩大，势必加大绿洲的环境压力。因此，新疆经济要发展，城镇化水平要提高，就必须采取严格的环保措施，推行清洁生产和循环经济，通过生产工艺、技术改进和环境管理的进一步加强，严格控制绿洲大气污染、水污染、固体废弃物污染、环境噪声污染等。

（三）积极进行绿洲生态保护与建设

全疆现有的248个城镇和172个生产建设兵团的师团绝大部分分布在新疆50多个较大的绿洲上。① 近年来，由于大规模开荒造田，新疆湿地面积大幅度下降，许多原有的自然湿地演变为人工湿地或消失或萎缩退化，环境功能与生物多样性逐渐衰减。据统计，新疆湿地面积已由新中国成立初期的280万公顷降至目前的148万公顷，50多年间减少近一半。绿洲外生态环境的恶化将直接威胁着绿洲，威胁新疆城镇生存发展的生态基础，最直接的后果便是荒漠化加剧、生态环境恶化。因此，新疆城镇化进程中，必须立足山地、绿洲、荒漠三大生态系统基础进行治理，构筑新疆城镇的外部生态屏障，巩固和优化城镇生态环境基础。

三　新疆绿洲城镇化进程中的环境法律对策

《新疆维吾尔自治区国民经济和社会发展第十二个五年规划纲要》明确了新疆新型城镇化的目标，提出要以乌昌为核心，以南北疆铁路及其邻近主要公路干线为发展轴，构建“一核两轴多组群”的城镇化战略新格局，突出发展区域中心城市和小城镇，努力把伊宁、石河子、库尔勒、喀什、阿克苏、哈密建成50万人口以上的区域中心城市，2015年城镇化水平达到48%。《新疆城镇体系规划（2012—2030年）》则提出了到2020年新疆城镇人口比重达到58%，到2030年达到66%—68%的新疆城镇化发展目标。新疆应当充分运用包括环境资源法在内的法律武器，确保新疆的城镇化走可持续发展之路。

（一）全面确立生态优先原则

经济发展与环境保护的矛盾问题是人们进行经济活动不能回避

① 李广舜：《对新疆城镇化发展问题的思考》，《新疆大学学报》（哲学·人文社会科学版）2008年第3期，第18—22页。

的问题。我国《环境保护法》规定了环境保护与经济、社会协调发展的原则。在可持续发展的理念被引入环境立法后，新颁布和修订的环境保护法律、法规中又规定了可持续发展原则。但是，无论是协调发展原则还是可持续发展原则，在实践中往往都成了抵制环境保护的借口，实际上变成了经济发展优先的代名词，甚至在经济发展与保护环境相冲突时以牺牲环境为代价来换取经济发展。新疆地理位置特殊，战略地位重要，生态环境状况不容乐观，城镇化进程遭遇生态瓶颈。多年的经济持续增长虽然提高了当地居民的生活水平，但也给当地的生态环境造成巨大的压力，生态破坏和环境污染的严峻形势尚未得到有效遏制。考虑到将来污染治理和生态恢复的成本，一方面很多情况下是无法恢复的，另一方面即使能恢复也要为此付出沉重的经济代价，从经济效益的角度也是得不偿失的。生态优先原则成为当今世界生态法的发展趋势。[①] 新疆城镇化进程也应当确立生态环境优先的指导思想，并以此作为经济、社会发展和环境建设的依据。可喜的是 2011 年 12 月 1 日修订通过的《新疆维吾尔自治区环境保护条例》把环境保护提到了前所未有的高度，确定了“资源开发可持续、生态环境可持续”的发展方针和“环保优先、生态立区”的原则。为了确保新疆绿洲城镇化拥有良好的生态环境，在新疆经济建设、城乡建设等其他相关地方立法中也应当明确生态保护的优先地位，一切对生态环境可能产生不利影响的经济活动、资源开发、城乡建设、工程施工等开发建设活动都必须在生态承载力的范围内进行，将污染治理和生态建设摆在更加突出的地位；对于城镇化进程中出现的环境污染和生态破坏问题，地方立法应当贯彻“生态优先”原则，强化环境污染和生态破坏的法律责任，对于片面追求经济效益而污染环境、破坏生态的要规定更加严格的法律责任；政府决策必须严格贯彻落实生态保护优先的原则，在政策、措施中体现生态保护优先；各级政府领导干部以及企业负责人要加强学习，充分认识新疆当前的生态环境状况，提高生态危机意识，自觉按照生态保护优先的原则进行各项业务活动。

① 曹明德：《论生态法的基本原则》，《法学评论》2002 年第 6 期，第 60—68 页。

（二）坚持贯彻预防为主原则

新疆生态环境基础脆弱，经济、技术水平相对落后，环保投资十分有限，坚持贯彻预防为主原则对环境问题的治理能起到投资少、见效好的效果。就新疆城镇的外部生态条件而言，如果不重视生态保护，绿洲周围的沙漠、沙化面积将进一步扩大，沙漠的连贯将使绿洲面临面积缩小甚至消失的危险，绿洲内部的环境质量也会大受影响；在绿洲内部，如果不重视生态保护，绿洲退化也将影响新疆城镇化的质量。就新疆目前的经济发展水平而言，新疆城镇化也不能走先污染破坏后恢复建设的道路，而是要从城镇化之初就开始预防生态环境问题的产生。

新疆地方环境立法以及经济建设、城乡建设等其他相关地方立法中都应当进一步重申预防为主原则，并结合新疆生态环境状况和环境保护的实际，建立健全相应的环境保护法律制度并规定有效的预防措施，使城镇化进程中预防生态环境问题有法可依；环境保护行政主管部门以及政府相关主管部门要严格贯彻预防为主原则，在政府决策、行政审批、行政许可等行政行为中把好环保关；领导干部和政府工作人员、企业负责人要充分认识城镇化进程中预防生态环境问题的重要性，自觉按照预防为主原则采取措施预防生态环境问题的产生。

（三）严格落实环境法的基本制度

环境影响评价制度、“三同时”制度、排污许可证制度、控制污染转嫁制度、落后工艺设备淘汰制度等环境法的基本制度，在我国环境保护和环境管理中发挥着重要作用。应对新疆城镇化进程中面临的生态环境问题，尤其需要严格贯彻落实环境影响评价制度、控制污染转嫁制度、落后工艺设备淘汰制度。

2002 年国家颁布实施的《环境影响评价法》，以单行法的形式系统规定了规划和建设项目的环境影响评价制度。新疆城镇化进程中，必须按照《环境影响评价法》的规定进行规划和建设项目的环境影响评价，从源头上预防环境污染和生态破坏的产生。新疆编制的土地利用的有关规划，区域、流域建设、开发利用规划以及工业、农业、畜牧业、林业、能源、水利、交通、城市建设、旅游、自然资源开发的有关专项规划，特别是涉及城镇布局、产业结构、行业结构的规划，必须进行环境影响评价，科学决策，贯彻生态保护优先和预防为主原则，从源头防止环境问题的产生。在建设项目的环境影响评价审批中，项目主管部门以及环境保护行政主管部门必须严把环评关，不得降低环境保护审批门槛，对于选址不合理、高耗能、高耗水、高污染或严重破坏生态环境的建设项目坚决不允许在新疆安家落户。

地区经济发展的不平衡造成发达国家或地区与欠发达国家或地区环境标准的落差，环境污染伴随设备、技术转让和资本投入转向经济欠发达的国家和地区。新疆要实现跨越式发展，必然打开招商引资的大门，加大新疆资源的开发利用和吸引疆外的投资建设。新疆城镇化建设以及工业、农业、畜牧业的快速发展，必须预防和控制随之而来的污染转嫁。落实控制环境污染转嫁制度，应当从以下方面着手：牢固树立“生态优先”的指导思想，严把建设项目和区域开发的环境影响评价关，环保部门、经济主管部门等对于疆内外不符合环境保护要求的投资开发行为一律不得批准；制定符合本地区生态环境状况的环境标准，特别是要制定严格的污染物排放标准、产生环境污染和生态破坏的设备环境保护标准并且严格贯彻落实，确保本地区环境质量不下降；加强控制污染转嫁的执法力度，及时查处污染转嫁行为，严厉处罚对污染转嫁行为；正确区分污染转嫁和正常、有利的投资行为和开发行为，通过制定相配套的财税、经济优惠政策引导区内企业和区外投资者通过发展绿色产业、循环经济来保护和改善新疆环境资源状况。

可持续发展战略的提出和在我国的推行，使得我国对待环境问题的治理理念发生了根本性的转变，即由单纯的末端治理逐步转变为工业生产的全过程控制，并推行清洁生产和循环经济。我国环境立法中已经规定了落后工艺、设备淘汰制度，对严重污染环境的落后生产工艺、生产设备，限期禁止生产、销售和使用，也不得转让给他人使用。新疆相当数量的环境问题是由于工艺、设备落后造成的，因此贯彻落实落后工艺、设备淘汰制度意义更加重大。新疆结合当地经济条件和国内外技术发展水平，及时整理出台适合新疆环境保护需求的落后工艺、设备名录并适时调整；城镇化进程应当和现代化进程同步实施，对原有的企业结合结构调整、技术改造，淘汰落后的工艺设备；通过相配套的财税、经济优惠政策引导其购买使用环保技术和工艺设备，政府可以在技术引进、财税经济政策方面给予优先安排或优惠；对于接受疆内外他人淘汰的落后生产工艺、设备进行生产，造成环境污染和生态破坏的要加大查处力度，严格追究法律责任。

（四）积极推进绿洲生态屏障的法治建设

新疆绿洲城镇化必须以绿洲的生态安全为基础和前提，积极推进保护绿洲生态屏障的法治建设意义重大。

首先，必须完善水资源保护立法，合理开发利用水资源，控制水污染，改善水质。一是规范绿洲城镇规模种植、养殖污水、城镇生活污水、工业污水的无害化处理和回收利用，提高污水处理率、回收循环利用率；二是规定工业、农业、生活用水中的用水标准和节水措施，降低生产生活用水需求；三是规范地下水资源的合理开采，控制抽采规模，防止地下水超采带来的生态问题；四是着力解决工业、农业和生态用水的合理分配，确保生态用水，防治绿洲内部及周边河流断流、湖泊萎缩现象。

其次，加强特殊领域立法，保障绿洲生态环境安全。一是加强城镇周边、城乡接合部、绿洲边缘等边缘地带的环境保护立法，规范在这些地带进行的开发行为、污染物的收集处置行为，防治这些地带的环境污染和植被破坏、土地沙化退化；二是通过立法加快推进绿洲边缘的生态建设，推动森林、草原等植被的恢复，防治绿洲边缘地带的沙漠化、荒漠化问题，构筑绿洲的外部生态屏障；三是加强湿地保护立法，一方面禁止湿地开垦以及资源开发、建设占用湿地，确保湿地数量，另一方面积极推动湿地生态系统的恢复重建，确保其生态功能，特别是艾比湖、博斯腾湖等的生态恢复和重建，使这些区域成为沙漠化、荒漠化治理的基地。

最后，建立生态补偿制度，合理平衡生态保护的负担。新疆城镇化进程中，建立生态补偿制度，合理负担生态成本，对于防治城镇环境污染和绿洲生态破坏，推动绿洲生态环境建设具有重要意义，特别是在环境污染防治、资源开发利用以及沙漠化防治、生态恢复重建等生态建设领域应当建立生态补偿制度。一是严格落实环境责任原则，造成环境污染和生态破坏的单位和个人要进行补偿，以对造成的污染进行治理，对破坏的生态环境进行恢复重建，对受到污染破坏影响的单位和个人进行赔偿；二是根据利用者补偿原则，环境资源的开发者、资源产品的利用者应当对因开发利用行为造成的自然资源和生态环境的价值减损进行补偿；三是根据受益者补偿原则，因他人进行污染治理和生态恢复重建而受益的单位和个人（特别是内地的受益地区），应当对进行污染治理和生态恢复重建的单位和个人进行补偿，以均衡环境治理和生态建设中的负担。

新疆地处我国西北边陲，资源丰富，文化多元，但经济较落后，生态环境脆弱，较低的城市化水平越来越成为制约新疆经济和社会可持续发展的主要因素。抓住西部大开发和对口支援新疆的历史机遇推动新疆城镇化进程，对于实现新疆社会稳定和长治久安具有重要的战略意义。但是，新疆绿洲城镇化是在脆弱的绿洲生态环境基础上进行的，必须遵循自然生态规律，以绿洲生态承载力为依据。只有正确认识新疆城镇化面临的生态瓶颈，在城镇化进程中采取科学、合理的环保措施，完善生态环境保护的相关立法，严格执行防治绿洲环境污染和生态破坏的制度，才能保障新疆绿洲城镇化走可持续发展的道路，顺利实现建设目标。

建立新疆南疆战略稳定支点城市刍议

廖肇羽*

一　重大现实需求

（一）新疆南疆社会稳定与长治久安的需要

新疆古称“西域”，位于古今丝绸之路的咽喉区域，文化背景、族群构成、宗教信仰纷繁复杂。“七五”暴力恐怖事件以来，新疆不断面临着暴力恐怖主义的威胁。当前，新疆尤其是南疆，社会稳定和长治久安事关全国大局，能否建设好和谐发展的社会，成了亟待解决的问题。

治疆是一项宏大复杂而艰难的综合系统工程，政治、经济、文化互为因果，彼此推动，如同三驾马车需要并辔齐驱，因此要按照中央第二次新疆工作座谈会精神，对新疆，尤其是南疆，实行政治援疆、经济援疆与文化援疆并重策略。目前阶段，需要在南疆构建“应急处突”战略支点，以严厉打击暴力恐怖活动，营造文明融合发展平台，使战略稳定中枢、经济发展引擎和文化传播高地在新疆南疆战略支点城市中有机融合，从而真正求得新疆南疆的长治久安。

（二）丝绸之路文明传播与战略保障的需要

新疆与蒙古、俄罗斯、哈萨克斯坦、吉尔吉斯斯坦、塔吉克斯

* 作者简介：廖肇羽，塔里木大学教授、西域文化研究院院长。

坦、阿富汗、巴基斯坦、印度8个国家接壤，其中在南疆接壤的有哈、吉、塔、阿、巴、印6个国家。与此同时，新疆有哈萨克、柯尔克孜、塔吉克、塔塔尔、乌孜别克、俄罗斯、蒙古7个跨界民族①，它们有同样的民族构成、同样的风俗习惯、同样的宗教信仰、同样的语言文字。因此，新疆民族分裂势力与宗教极端势力引发的日益严峻的暴力恐怖问题不仅仅缘于南北疆的区域发展，也缘于诸多国际性因素。为此，依托上海合作组织、中巴经济走廊等区域性多边机制，达到互利互惠、睦邻稳定之外，还应该有一些战略支点，达到御敌于国门之外。

陆上丝绸之路途经中西南亚，联结欧洲与非洲，丝绸之路经济带覆盖区域中，绝大多数国家深受伊斯兰教影响。数据分析显示，近年来全球发生的暴力恐怖事件多数在这一区域，且与这一区域的民族分裂势力和极端宗教势力密切相关。实施丝绸之路经济带战略，需要做好丝路沿线诸国政府和民众的文化兼容对话及战略保障的系列支点，实现丝绸之路经济带的战略安全再保障。

二　战略支点选址

毋庸置疑，基于新疆南疆社会稳定与长治久安、丝绸之路文明传播与战略保障的两大现实需求，在南疆和田、喀什、克孜勒苏柯尔克孜自治州（以下简称“克州”）、阿克苏、巴音郭楞蒙古自治州（以下简称“巴州”）五地，与新疆生产建设兵团（以下简称“兵团”）第一师、第二师、第三师、第十四师，需要建立兵地民族融合发展示范区。笔者认为，“战略棋眼”选址应在南疆地理中心即兵团第一师垦区范围内，建设南疆战略支点城市——地级阿拉尔市，并建议将兵团司令部迁入该市，选址优势如下：

① 艾莱提·托洪巴依：《新疆跨界民族问题研究》，2014年12月8日，中国民族宗教网（http://www.mzb.com.cn/html/report/141024780-1.htm）。

（一）南疆五地州的地理交通中心

阿拉尔作为塔里木盆地的地理中心，具有重大的战略价值，其优势以3个同心圆逐层拓展。它距图木舒克（以下简称“图市”）、阿克苏、库车、塔中均在200公里以内，“五城共治”联防，可打造成威慑南疆的“稳定器”。它距和田、莎车、喀什、伊宁、库尔勒、若羌、且末都在500公里以内，精锐武装3小时可抵达南疆任何一个角落；以环塔里木战略圈统筹阿拉尔、巴州、图木舒克等地的汉族群众，能建立与阿克苏、和田、喀什、克州等地各民族交融的“大熔炉”；它与南疆周边接壤国家仅几百公里距离，丝绸之路经济带的战略安全保障有现实可靠性。

阿拉尔地处南疆地理交通中心，尤其是公路四通八达，有阿（阿克苏）塔（塔里木）、阿图（图木舒克）、阿和（和田）、阿沙（沙雅）、阿玉（玉尔滚）等5条外出通道，另有阿塔（塔中）、阿莎（莎车）、阿尉（尉犁）3条外出通道正在规划，目前是南疆公路交通最为发达的城市。

（二）南疆水资源最富集的区域

在南疆，和田依赖和田河，莎车依赖叶尔羌河，喀什依赖喀什噶尔河，阿克苏依赖阿克苏河，库车依赖渭干河，库尔勒依赖孔雀河，若羌依赖车尔臣河，仅有阿拉尔处于和田河、叶尔羌河、喀什噶尔河、阿克苏河四大支流汇聚成塔里木河干流的源头上，水力资源得天独厚。兵团第一师阿拉尔市水资源除了有阿克苏河、喀什噶尔河、叶尔羌河、和田河汇聚为塔里木河“四源一干”河流体系外，还有托什干河、昆马力克河、玉尔滚河、多浪河等河流，以及沙井子、多浪、胜利、上游四大平原水库，水库总水面254.8平方千米、库容5.18亿立方米。

塔里木河流域管理局每年分配给阿拉尔市21.05亿立方米水量定额，该配水定额略高于以色列每年用水总量。事实上，2013年，以色列的实际水需求量是17.65亿立方米，实际供水量达到18.05亿立方米，其中自然水资源、苦咸水淡化与海水淡化分别贡献11.7

亿立方米、0.5 亿立方米和 5.85 亿立方米。据测算，阿拉尔现有水土资源（按以色列模式发展），未来能承载 600 万—800 万人口生存发展，这就表明该区域还有很大的拓展空间。

缘于丰沛的水资源，阿拉尔市拥有南疆最多的绿洲与湿地面积，有南疆最大的有机农副产品生产基地；辖区属塔里木河流域冲积细土平原，大部分土地属国营农场，便于规划利用；取消棉花补贴政策，进一步引导经济转型，还能进一步释放土地和水资源；生态环境承受能力较强，适宜集聚庞大人口。城市建设应以穿境而过的塔里木河为中轴线，南北全面展开，呈椭圆形的环状铺设，以改善南疆严重失衡的人口结构布局。

（三）“环塔里木战略圈”的轴心地带

“环塔里木战略圈”，即“一圈三带中崛起”，具体指囊括和田、喀什、克州、阿克苏、巴州南疆五地州的“一圈”，阿拉尔至塔中、库车至和田、轮台至民丰的一横两纵沙漠公路的“三带”，阿拉尔与塔中联袂起舞贯穿塔里木的“中崛起”，它衍生出环塔里木政治圈、经济圈、文化圈和旅游圈。阿拉尔是环塔里木战略圈的棋眼，联通塔中则成为轴心地带。着眼长远，构建环塔里木立体网络发展框架，对于未来开发塔里木盆地与塔克拉玛干沙漠都具有重大意义。

（四）南疆民汉交融与兵地融合的平台

兵团第一师阿拉尔市、第三师图木舒克市、巴州地区及第二师铁门关市，民汉人口结构布局比较合理。第一师阿拉尔市常住 10702 户（塔里木大学的学生集体户除外），常住总人口 33.8682 万人，汉族 31.1588 万人，占总数的 92%；少数民族 2.7094 万人，占总数的 8%。其中，阿拉尔市城市常住人口 12.6424 万人（中心市区 7.8787 万人，九团、十团、十二团 4.7637 万人）。阿拉尔市辖区内人口素质也比较高，它拥有一所综合性大学，基础教育位居南疆前列。全市拥有各类学校 33 所，教职工 4437 人，在校学生 6.918 万人，小学学龄儿童入学率与初中阶段适龄少年入学率达到 100%，有科学研究与技术开发机构 8 个，全年实施科技项目 167 项。2013

年，巴州地区（含铁门关市）总人口1374726人，汉族人口779310人，占总数的56.69%；图木舒克市总人口159563人，汉族人口55791人，占总数的34.96%。在优化民汉人口结构布局中，可以城镇化为载体，将巴州（含铁门关市）作为后台，图市作为前沿。

2013年，阿克苏地区总人口2396877人，汉族人口473646人，占总数的19.76%；克州总人口560627人，汉族人口41764人，占总数的7.45%；喀什地区总人口4151345人，汉族人口284958人，占总数的6.86%；和田地区总人口2123377人，汉族人口74640人，占总数的3.52%。在南疆，兵团四个师50个团场，汉族人口仅占6.8%，经济总量也只占到13.7%。整体来说，南疆四地州民汉人口结构严重失衡。

从以上对比数据可以看出，阿拉尔结合背靠的巴州、前倚的图市，作为不断优化南疆人口资源的大平台，面向阿克苏、克州、喀什、和田整个大区域，才有望成为推促民汉交融、兵地融合的大熔炉，先进生产力与先进文化的示范区。

三　应对策略举隅

（一）确立新疆南疆的战略稳定中心

南疆地域广袤无垠，就狭长的塔里木盆地而言，地处东端的库尔勒与西端的喀什相距遥远，只能囿于局部，偏安一隅。击其首则尾不应，击其尾则首难回，首尾难以兼顾，自然无法覆盖南疆全境。地理中心阿拉尔连接东西（库尔勒与喀什）、贯通南北（和田与库车），此处构建军事重镇，四散出击，能整体推进和重点突破相协调，可以钳制住疆内外的民族分裂势力与宗教极端势力，压制住暴力恐怖主义的嚣张气焰。古人谓“用兵如常山之蛇，击其身则首尾俱应”，指的就是腹心地带阿拉尔所应发挥的军事效应，在环塔里木有居中调度而逐鹿西北大漠的宏阔格局。

从丝绸之路经济带视野看，由于地理位置特殊，在阿拉尔构建一体化的陆空侦察、威慑与打击体系，可有效实现丝绸之路经济带的战略安全保障，达到中国和丝路沿线国家发展的共赢。

（二）建设新疆南疆的副中心城市

新疆维稳方面面临着这样的问题，一是自治区人民政府与兵团司令部两个省级行政中心都远离维稳反恐的重点地区，二是南疆现有城市承担国家安全保障基地与丝路战略支点任务能力不足。就行政中心远离维稳反恐工作的重点地区而言，南疆的和田、喀什、克州地区与自治区首府、兵团司令部之间直线距离都在 1000 公里以上。与此同时，整个天山南路占新疆面积 73%强，面对地域辽阔的少数民族地区——南疆，竟然没有一个覆盖南疆战略稳定的“反恐前沿威慑”阵地，行政监管乏力自在情理之中。

现代化城镇就是现代文明聚集地、维稳戍边的堡垒。笔者认为，从历史与现实来看，建立南疆第一个地级的阿拉尔市，作为维稳保障中心，以辅助监管基层政权；并将兵团司令部迁往阿拉尔，建成新疆的副中心城市，打造现代版的西域都护府，完善南疆社会治理体系，是当前值得深思的重大问题。

（三）建设国家部委直属的研究机构、基层监测机构

如前所述，新疆与中西南亚毗邻区及亚欧国际局势的发展密切相关，问题的多样性、复杂性、长期性以及任务的艰巨性远远超出任何一个普通省区。新疆资讯涉及政治、经济、文化、自然资源、生态环境、国家安全、国际关系等元素，以往单一学科各自为政的调查研究不仅无助于增强区域创新能力，也不适应国家治理南疆的需求，反而加重了国家决策层面的认知负担，延缓了处理危机和冲突的时间。

建设综合性强、覆盖面广、功能强大的现代高水平智库，必须培养一大批合格的、研究解决西域（新疆及中西南亚毗邻区）暨丝路（串联亚欧非大陆）文明问题的专门人才。新型智库运用现代先进科学手段，承接国家和新疆地区重大委托课题，服务国家和地方政府决策，为国家、自治区、兵团在政治、经济和文化领域提供长期的战略性决策咨询，及时把脉新疆南疆社会的政治、经济、文化、

外交各方面症结。凭借多学科协同的大智慧来破解新疆难题，需要建立中国西域研究院、丝绸之路文明共享协同创新中心等智库机构，直接为国家发改委、国家民委、教育部、财政部等中央部委，提供基层监测数据和政策咨询报告。

（四）建设国家部委直属高校、行政学院

新疆诸多问题不能简单归结为单纯的政治问题、经济问题、民族问题或宗教问题，从根本上来说是文化问题，抑或文明问题。针对新疆南疆的文化文明发展，政治是前提，经济是基础，文化是核心，需要政治、经济、文化并行。笔者认为，要想根除顽疾，需通过丝路西域普及读物，改变普通大众狭隘的西域新疆历史观，重新认识西域新疆文化脉络，以丝路文明共生共享来建设共同的精神家园，增强文化融通功效，达到润物细无声的境界。文化教育与边疆秩序有内在的逻辑关系，南疆距离内地遥远，学生赴内地不便，选择南疆的教育部直属高校，更容易融入现代理性社会。

教育是磨砺边疆各族青年的利器，在阿拉尔现有塔里木大学基础上，再建教育部直属高校“华西大学”（国家已有以华中、华东、华南、华北命名的系列高校，唯缺华西），设行政学院、历史学院、教育学院、传播学院、化工学院、医学院等，培养服务南疆建设的高层次人才，培养南疆各族干部，巩固南疆基层政权。建设采取一校建一院方式，选择10所左右985高校，建设10所高水平学院。

拿破仑曾经说过：“世界上只有两种强大的力量，即刀枪和思想。从长远看，刀枪总是被思想战胜的。”这很大程度上道出一个事实，短时间内的武力治暴，最终仍有赖于文化思想浸润。

（五）建设阿拉尔铁路、机场的交通网络

环塔里木处于丝绸之路枢纽中心，可以西连中巴经济走廊、中吉乌铁路，东接华北经济区、长江经济带、珠三角经济圈。向西联通中西南亚，构建能源输入与商品输出的立体网络，即修建若羌—塔中—阿拉尔—图木舒克—莎车的南疆复线铁路，衔接中巴铁路；或由阿拉尔—阿克苏—别迭里口岸，衔接中吉乌铁路。向东承接中

国的经济发达地区，直通华北经济区、长江经济带、珠三角经济圈，即以阿拉尔为汇合点，形成三条出疆路线：阿拉尔—库尔勒—兰州—西安—北京；阿拉尔—若羌—格尔木—成都—长沙—南昌—杭州—上海；阿拉尔—和田—拉萨—林芝—昆明—南宁—广州—深圳。

就南疆铁路网而言，因为距离遥远，可以有以下方案：一是城际路线：阿拉尔—阿克苏—库车—沙雅—塔中，阿拉尔—塔中—且末—民丰—于田—策勒—和田—墨玉，皮山—叶城—泽普—莎车—英吉沙—阿克陶—喀什—阿图什，库尔勒—焉耆—和硕—托克逊—吐鲁番—乌鲁木齐，共 4 条；二是跨区路线：阿克苏—阿拉尔—库尔勒—乌鲁木齐，喀什—图木舒克—阿拉尔—库尔勒—乌鲁木齐，和田—阿拉尔—库尔勒—乌鲁木齐，民丰—和田—喀什，共 4 条。

阿拉尔机场航站楼与火车站毗邻建设，将阿拉尔机场建设为南疆五地州中转机场，开通喀什、莎车、和田，经阿拉尔至北京、上海、成都、长沙、广州等地的直达航班；巴楚、阿克苏、库车、塔中等地则通过城际列车在此转机。阿拉尔与南亚、西亚、中亚、中东、欧洲空中距离较近，在中国西部和周边区域中具有明显的比较优势，因此可以提高阿拉尔机场服务保障能力，建设为面向南亚、西亚、中亚、中东，连接亚欧的国家门户枢纽机场，在国家航空网络中成为联结亚欧的重要国际航空通道。

公路六大出口，铁路四条城际、四条跨区、三条出疆，机场国内与国际并行，并与兵团通用航空公司整合，成为“内联、东进、西出”的立体交通网络。在此基础上，既能内联到南疆各绿洲城市的交通物流网络，又能建立辐射疆外的现代物流体系，建立直达国内国际市场的销售渠道，畅销南疆生态有机农副产品。

（六）建设南疆发展的企业总部基地、物流集散中心

从维稳反恐的政治基础与物质基础着手，围绕中央 11 部委《关于国家新型城镇化综合试点方案》，将已有的中石油塔里木石油指挥部迁至阿拉尔，并在阿拉尔积极建设南疆金融中心、南疆援疆指挥总部与南疆企业总部基地，不断承接东部发达地区产业转移。这里强调的南疆企业总部基地，需要丰富完善软硬件配套，它是一个维

稳反恐与长治久安的时代性产物，也是建设丝绸之路经济带节点城市的必然产物。因为它的服务对象首先是政府、企业、民生工程和国家战略，所以推进南疆总部经济基地发展，能带动和促进城市经济的发展繁荣、民众生活的改善提升，以及丝路文明共享与普世价值传播。

南疆边境城市喀什孤悬西陲，还是暴力恐怖主义重灾区，不利于组建大型战略物资储备、加工、配置、分流和中转基地，而青海的军城格尔木又过于遥远，资源配套运输困难。基于兵团人口结构、人文氛围，兵团城市安全系数大，社会稳定性高的特点，可以将中亚、西亚、南亚，及波斯湾获得的石油、天然气等能源矿产，运输到兵团某些城市加工提炼，然后将成品油气输往内地。换句话说，沿着新丝绸之路，依托喀什—图木舒克、别迭里—阿克苏两个端口，以阿拉尔为国际仓储中转站，构建亚欧大陆桥国际复线客货联运开放体系，建成南疆石油天然气化工产业中心，既有社会安全稳定优势，也能够节约更多的运输成本，从而全面激活丝路新干线，只是保障新丝绸之路的安全畅通仍然需要与国防战略支点完美契合。

兵团农业产业化龙头企业国际市场开拓问题研究

薄彩香*

农业产业化龙头企业是推进农业产业化进程的关键。农业产业化龙头企业作为组织农民进入国际市场的中介性经营主体单元，或者农业产业化链条的延伸者，由于其组织形式和管理模式的独特，较容易得到外商的认可。[①]《国务院关于支持农业产业化龙头企业发展的意见》（国发〔2012〕10号）和《国务院办公厅关于支持农业产业化龙头企业发展重点工作部门分工的通知》均明确指出，农业产业化龙头企业要继续深入开拓国际市场，以提高农业对外开放水平。

兵团拥有得天独厚的农产品资源优势和向西开放的区位优势，推动和发展开放度广、产业集中度高的外向型农业产业是其必然选择，龙头企业则是推动兵团农业对外开放的主要力量。自2008年世界金融危机爆发以后，国际市场环境风云变幻，加之2011年欧债危机的影响，欧洲各国的市场需求出现严重下滑，兵团龙头企业的国际市场开拓遭遇了前所未有的冲击和挑战。如何更好地利用农产品资源优势和现有的国际市场开拓成果，同时有效地规避市场风险，并以此为契机推进和加快龙头企业的技术升级成为各部门共同关心的重要课题。

---

* 作者简介：薄彩香，石河子大学经管学院讲师。

① 朱海霞：《论重点农业产业化龙头企业对陕西县域经济发展的促进》，《经济地理》2004年第24卷第4期，第505—509页。

一　兵团农业产业化龙头企业国际市场开拓状况

兵团于2006年开始实施“6221”工程，提出要集中发展六个主导产业，培育20家大型龙头企业。截至2011年底，兵团拥有各类农业产业化龙头企业（以下简称“龙头企业”）393家，实现销售收入597亿元。其中，国家级重点龙头企业15家，兵团级重点龙头企业54家，师级62家，团级12家，带动农户105万户（含地方、疆外农户），带动基地农户增收总额达39.5亿元。重点龙头企业产值占全兵团农产品加工业总产值的68%左右，销售收入占加工贸易的65%。重点龙头企业可以在农产品出口的报通关、农产品基地建设、出口产品基地建设和农副产品收购资金贷款等方面享受国家优先扶持的政策。

（一）主要出口产品

兵团独特的地理位置和气候资源条件，成就了农产品具有无可比拟的原料品质优势。目前，兵团龙头企业出口的主要农产品有番茄酱，棉花（原棉），鲜、干水果，蔬菜，果蔬汁和啤酒花等。其中，番茄制品是龙头企业出口的核心产品，番茄原料具有质量好、病虫害少，固形物和红色素含量高等特点。从事番茄酱出口加工的龙头企业主要有新中基、新疆天业、冠农果茸和新建番茄等，这四大龙头企业在国内甚至全球番茄制品行业都具有较大的市场影响力，出口产品多为大桶装原料番茄酱，辅之以少量的番茄丁和小包装番茄酱。兵团棉花产量约占新疆棉花总产量的50%，商品棉出口量占新疆的60%、全国的54%，在新疆乃至全国的商品棉出口中占有举足轻重的地位。兵团级重点龙头企业——新疆银隆农业国际合作股份有限公司已经跃居国内棉花行业第三名的位置，出口原棉主要销往中东、东南亚地区。受国际棉花市场行情和国家棉花收储政策的影响，兵团棉花出口已经基本停滞，棉花销售渠道基本用于交储和少量的国内市场供应。其他外向型龙头企业的出口产品还有新鲜果蔬、干果等。这些产品的国际市场开拓起步较晚，出口规模相对较小，外商客源市场尚不稳定。

（二）主要出口市场

为了降低不确定性和风险，企业在其国际化初期会选择先进入文化和地理位置相似的市场，即心理距离较近的市场。然后，随着企业对当地市场逐渐了解和控制不确定性风险及经营风险能力逐步提高，企业会渐渐进入到心理距离较远的市场。① 兵团龙头企业的国际市场进入历程正是从日本、东南亚、中亚等邻近国家市场开始，逐渐辐射至基本涵盖五大洲的全球市场。具体来看，不同农产品的出口市场选择又呈现出各自的特点。

受饮食习惯的影响，番茄酱的市场需求主要来自于海外，产品销往欧洲、美洲、亚洲和非洲等地的70多个国家和地区，特别是以日本、俄罗斯、加纳、意大利和中东各国等作为主要目标市场；与番茄酱出口不同，新鲜果蔬对保鲜技术和运输要求相对较高，适合出口到地理距离较近的市场。中亚地区毗邻新疆边境的一些城市，工业经济发展水平较高，城市居民购买力充足，购买欲望强烈，对新鲜果蔬需求量大。塔城永利商贸、北疆果蔬等果蔬产业龙头企业紧紧抓住这一市场机会，有针对性地开拓中亚市场，自2009年起，大量的新鲜西红柿、苹果、葡萄等通过边境口岸走出国门，输送至哈萨克斯坦、俄罗斯、阿富汗、阿塞拜疆、波兰等国。

（三）出口贸易规模和趋势

从图1可以看出，2001—2011年间，兵团各类农产品的出口产值差距较大。番茄酱是兵团农产品出口的核心产品，出口产值贡献最大、随时间变化的波动性也较大。2003年至2006年、2009年，番茄酱出口均出现了较为明显的下滑，但是整体上呈现出阶段性上升趋势；兵团棉花出口产值连年缩减，在农产品出口中所占比重也

① 谢军：《基于企业国际经验的国外市场选择和进入模式研究》，《国际贸易问题》2007年第1期，第91—94页。

持续降低。“十一五”期间，全兵团累计出口棉花0.86万吨、番茄酱93.96万吨，两种农产品的出口规模差距略见一斑。受国际市场行情和本地棉花种植面积变化影响，棉花（原棉）的出口波动特征更为明显。自2004年开始持续平稳走低，直至2009年出口总量降低为零，虽然近两年内棉花出口有所恢复，但是综合考虑国家的棉花收储政策等因素的影响，未来的棉花出口依然会保持在较低水平。在塔城永利商贸、北疆果蔬等龙头企业的推动下，自2009年起，鲜、干水果及坚果、蔬菜出口开始兴起。2010年，塔城永利商贸出口果蔬10万吨，出口量高达巴克图口岸果蔬出口总量的80.2%，实现贸易额4500万美元。但是无论是在出口规模还是增长速度上比较，这些新型农产品出口产值与番茄出口比相去甚远，从发展趋势来看，这种规模差距在短时期内缩小的可能性较小。

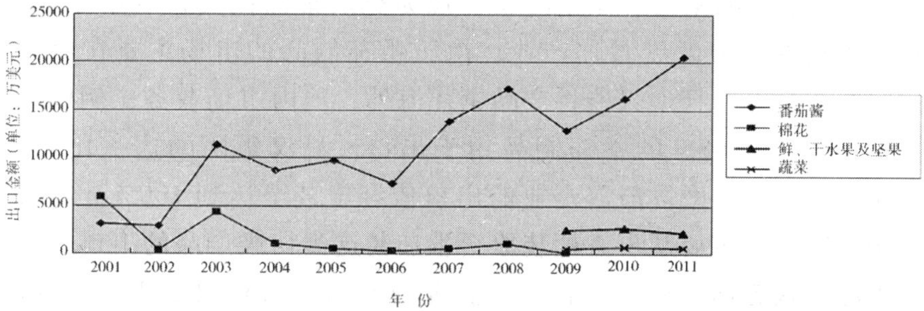

图1　2001—2011年兵团主要农产品出口变化趋势图

资料来源：《新疆生产建设兵团年鉴》（2001—2012年）。

二　兵团农业产业化龙头企业国际市场开拓存在的问题

经过20多年的探索和尝试，兵团龙头企业充分利用当地的农产品资源优势和兵团的组织优势，国际市场开拓成果初现，但是也存在一些突出问题。

（一）番茄酱出口比重过高，其余产业龙头企业出口产品相对薄弱

番茄制品占兵团外销产品的60%以上，既是占兵团外贸份额最大的创汇产品，也是兵团在国际上最具影响力的产品。新中基、昊汉集团、天业股份和冠农股份四家兵团龙头企业的番茄酱出口总量，超过兵团农产品出口总量的一半。番茄行业龙头的产业化发展和国际市场开拓独领风骚，棉花、果蔬等其他农产品出口所占比例则很小，在出口农产品结构中只起到补充作用。非番茄行业龙头企业亟须政府扶持和自我壮大，以进一步丰富兵团龙头企业的出口农产品种类，优化出口产品结构，从而降低兵团外贸对番茄出口贸易的绝对性依赖，让更多的优质、特色农产品走出国门。

（二）海外市场依存度过高，抵御市场风险能力弱

新中基、胡杨河、绿原酱业（现为昊汉集团控股）等产业龙头企业均集中精力发展番茄产业。由于番茄制品的市场主要在海外，这些企业毫无选择地只能将产品销往海外，国内市场业务比例极小。其中，新中基98%的番茄制品用于出口，昊汉集团的这一比例为68%，其他中小型番茄酱企业的出口依存度甚至达到100%。同时，由于多数企业主要从事大桶装原料番茄酱这类初级产品的出口加工，在国际上缺乏话语权和定价权，企业盈亏与否直接决定于当年的国际市场收购价格，抵御国际市场风险的能力非常低。2010年以来，受国际金融危机余波和欧债危机影响，国际番茄酱市场需求疲软，番茄酱收购价格跌至历史谷底，各大企业被迫采取“限产保价”的策略应对，有些中小番茄酱厂甚至停产以减少亏损。

（三）国际市场进入模式单一，国外终端市场开拓乏力

农产品生产依赖于特定的气候和资源条件，否则将会很容易丧失原料品质优势。因而农产品企业更倾向于采取直接出口模式进入海外市场。目前，兵团正处于农业产业化进程初期，尚未建立起真正意义上的大型农业产业化集团，多数龙头企业规模偏小，只能借助直接出口模式将农产品销往海外。在进入国外终端市场时，由于

遭遇技术性贸易壁垒和实际的市场抵制行为，进口农产品更是难以被当地市场所接受。企业基本上是依托本国的生产或加工基地，要么直接出口原料型农产品，再通过海外中间商进入当地市场；要么从事贴牌生产，将产成品直接销售给海外零售商赚取加工费用。

（四）出口产品技术含量低，缺乏国际知名品牌

兵团农副产品资源优势显著，但是农产品深加工率仅为15%，远远低于全国平均水平（40%）。农产品龙头企业出口的番茄酱、原棉、果蔬汁、啤酒花等几乎都是“原”字号产品，产品附加值低，原料品质优势尚未得到有效转化。[①] 与此同时，部分深度加工农产品又很难突破海外的技术性贸易壁垒和绿色壁垒。以兵团生产的番茄制品为例，大桶装原料番茄酱占据番茄出口总量的70%以上，[②] 具有小包装番茄酱和番茄沙司生产能力的龙头企业只有新中基和宝路食品。即使是在新中基，处于深加工层次的番茄沙司、番茄红素、番茄纤维等也只占到10%的比例，且多为贴牌生产，企业只能赚取微薄的加工费。这些初级农产品技术含量低、附加值低，品牌难以进入终端消费，直接导致兵团国际知名农产品品牌的缺乏。经过长达20年的国际市场探索和实践，兵团龙头企业已经建立了“ChalkiS”、“HONDI”、“北疆红提葡萄”、“博斯腾”等品牌，但是这些品牌在国际市场的知名度仍然较低，缺乏市场影响力。

（五）出口农产品质量较低，国际市场形象不佳

出口农产品作为重要的食品或食品原料，其质量安全问题广受关注。国家农业部农产品质检中心对新疆出口的蔬菜进行抽样检测的结果显示，新疆蔬菜质量安全处于全国中下水平。在原料收购环节，企业与农户签订农产品收购合同时明确规定，如果农药残留物超标或使用违禁农药，企业有权拒绝收购，但这往往造成农户在遭

① 兵团农业产业化办公室：《关于贯彻落实〈国务院关于支持农业产业化龙头企业发展的意见〉的情况汇报》，新疆生产建设兵团，2012年。

② 兵团农业产业化办公室：《兵团关于推进番茄产业健康可持续发展的意见》，新疆生产建设兵团，2012年。

遇龙头企业拒收后转而交售给其他中小加工厂。在每年的原料收购大战中，难免有部分企业降低标准收购原料，导致农产品质量极不稳定。农药残留物超标问题在极大程度上削弱了原料品质优势，危害了产品质量，成为农产品进入国际市场的主要障碍。更为严重的是，农产品质量水平整体低下的印象日积月累，最终损害的是兵团（新疆）农产品在国际市场上的整体形象。

三　兵团农业产业化龙头企业国际市场开拓的营销对策及保障

针对上述问题，龙头企业需要在国际市场开拓方面开展战略性调整，政府相关部门则应重点加强政策支持，为企业进入海外市场提供战略保障，具体内容如下。

（一）实施差异化营销战略，分散国际市场开拓风险

番茄行业龙头企业（特别是新中基）长期受制于国际市场的惨痛教训证明，过分集中于低端农产品加工的市场营销战略已经不能适应当前市场的发展变化。近年来，国内外消费者的饮食结构逐步改变，消费者越来越多地关注农产品质量安全，城镇化人口对于高端农产品的需求也与日俱增。龙头企业可以此为契机开展差异化营销，针对国内外市场开发和投放不同产品以满足其需求：一方面保留关键外商资源，继续向海外市场投放低端原料型产品，辅之以高端产品的海外终端市场开拓；另一方面以高端产品为主开拓国内市场，辅之以中低端产品的国内市场培育。这种差异化营销战略在短期内固然会加大企业的技术投入和国内市场开拓费用，但是从长期来看，这不仅有效分散企业的国际市场开拓风险，还将有助于推进企业甚至整个行业的升级。

（二）加大产品研发投入和技术创新，提高农产品质量

产品研发是兵团农产品优势资源转化战略的重要内容之一。针对高端产品的市场需求，龙头企业应在产品研发方面发挥行业引领

作用，下大力气引进技术人才，积极引进国外先进的生产线和生产技术，按照国外客商要求加强良种培育，在兵团“五统一”基础之上进一步推进农产品基地建设与管理，严格执行标准化种植，降低农药残留量，保证农产品质量安全。政府则应注意发挥产业协会作用，尽快出台符合甚至高于主要海外市场要求的行业标准，在主要边境口岸创建出口农产品质量安全示范区，降低区域性、系统性和行业性农产品质量安全风险；引导龙头企业建立产品质量安全检测体系，继续加大农产品（出口）基地建设资金投入，以标准化示范区或标准化示范农场推动整个兵团的农业标准化生产与管理。

（三）积极开展境外投资合作，以多种方式进入海外市场

企业的国际市场进入模式可分为出口、对外直接投资、国际合作和国际战略联盟等。随着兵团农业产业化进程的推进，龙头企业必须要从根本上提高自身的国际市场开拓能力，除了依靠加大研发投入和技术创新，突破绿色技术贸易壁垒和绿色包装壁垒之外，还必须想方设法突破来自海外市场的隐性贸易壁垒——文化壁垒。跨语言、跨文化的国际营销活动本身就要求企业的产品、品牌和文化必须能够适应当地文化，融入当地市场，为当地企业和消费者所接受。兵团龙头企业可以在继续保留出口贸易方式的同时，积极开展境外投资合作，例如利用对外直接投资在海外建厂、直接在海外铺设零售店面、与海外终端的零售商建立战略联盟等，以适合当地市场的行为特点和思维方式开展国际合作，从而为兵团的特色、优质农产品进入海外终端市场扫清障碍。

（四）加强同行业合作，提高国际市场话语权

龙头企业应主动加强与行业内中小企业的沟通联络，以“合作共赢”思想为指导，打破不同师市、不同团场间的利益堡垒，开展行业内全方位合作，降低由于原料争夺战、价格战等恶性竞争导致的内耗，提高与海外客商的谈判能力，提高兵团农产品在国际市场上的话语权和定价权，提升兵团农产品整体形象。

政府应围绕重点产业，加强指导，积极培育和扶持有发展潜力

和市场前景的各类农产品加工、经营和销售企业，发挥龙头企业集群作用，争创国家农业产业化示范基地。鼓励龙头企业以产权、品牌为纽带，整合资源，组建企业集团，做大优势产业规模，增强市场竞争力。以重点龙头企业为依托，构建以番茄和蔬菜等为核心的产业集群和产业集团，并以此延长产业链，提高农产品加工转化增值。

（五）强化番茄产业化成果，打造国际知名品牌

兵团的番茄产业经过20多年的发展，具备了规模优势、技术优势、品质优势和价格优势，产业化成果来之不易，政府相关部门应继续支持做大做强番茄产业龙头企业，依托并强化已有的番茄产业化和国际化成果，实施大企业集团化战略，依托产业带动力大、关联度高、精深加工和市场开拓能力强的国家级重点龙头企业（如新中基、冠农果茸等），整合中小型番茄加工企业，打造世界知名品牌，加快提升兵团番茄产业的集团化发展水平和国际市场竞争能力。各大龙头企业还可以通过引进有技术、有资金、有市场、有品牌优势的知名企业落户，加大自有品牌建设和渠道建设，构建以主导产业为核心的产业集群和产业集团，支持以番茄制品业为代表的外向型产业的技术改造和境外销售。

对口支援政策下的产业援疆模式选择与实现路径

张　鑫*

开展新一轮对口支援新疆工作，是党中央、国务院深入贯彻"两个大局"思想，加快推进西部大开发进程，不断促进区域协调发展的重大战略部署。产业援疆是对口援疆任务的重要内容，是实现东西部经济合作、促进产业结构调整的客观需要，是提高新疆自我发展能力的有效途径。目前，新一轮对口援疆工作确定的五年援疆任务已完成过半，如何在新形势下，利用高效的产业援疆模式，更好地抓住产业援疆的历史机遇，实现东中西部经济协调互动发展，是一个需要不断思考的重要课题。

一　政策背景

2010 年 3 月 29 日，全国对口支援新疆工作会议在北京召开，会议确定北京、天津、上海、广东、辽宁、深圳等 19 个省市承担对口支援新疆的任务。会议要求 19 个援疆省区市建立起人才、技术、管理、资金等全方位援疆的有效机制，把保障和改善民生置于优先位置，着力帮助各族群众解决就业、教育、住房等基本民生问题，支持新疆特色优势产业发展。会议提出力争经过 5 年努力，在重点任务上取得明显成效，经过 10 年努力，确保新疆实现全面建设小康社会目标。2011 年 5 月、2012 年 5 月和 2013 年 9 月，中央先后召开

* 作者简介：张鑫，中国科学院大学管理学院博士。

第二次、第三次和第四次全国对口支援新疆工作会议，会议明确提出要加快产业援疆步伐，深入开展产业援疆，壮大新疆特色经济，构建具有新疆特色的现代产业体系，在更深层次和更广领域上加快新疆跨越式发展。

2012年2月，新疆维吾尔自治区专门召开援疆工作会议暨产业援疆工作会议，会议强调要以增强自我发展能力为立足点，高起点、高水平、高效益推进产业援疆。2012年5月，自治区党委办公厅、自治区人民政府办公厅印发了《新疆维吾尔自治区关于推进产业援疆工作的指导意见》（新党办发〔2012〕23号），明确了产业援疆的总体要求和基本原则，确定了产业援疆的重点领域，提出要强化产业援疆的保障措施。对口援疆3年来，各援疆省市陆续组织了多次产业援疆对接活动，集中签约项目千余个，协议投资额千亿元，是新一轮援疆财政性援助资金的数十倍。[①] 但目前产业援疆的层次、项目履约率、项目推进等方面有待进一步提高。如何依托有效的产业援疆模式，充分调动各方面的积极性，找准产业援疆的切入点，带动实施资源转化战略，将做强做大新疆特色优势产业和进一步做好对口援疆工作有机结合，进而推动新疆跨越式发展和长治久安，是组织开展产业援疆工作的重点问题。

二　飞地经济理论与实践对产业援疆及其模式的启发

对口援疆是国家以灾区重建的模式来扶持新疆，即借鉴18个省市以“一省市帮一重灾市县”的制度分别对口支援四川、甘肃、陕西严重受灾的县市模式，安排部署全国19个省区市对口支援新疆80余个县，但这只是个一对一的帮扶框架。在这种框架下，如何落实产业援疆，发展新疆特色经济，却是一个新的问题。其实，通过这种帮扶框架，两个互相独立、经济发展存在落差的行政地区打破原

① 曹阳、李宏琪：《关于进一步做好产业援疆的思考》，《中国经贸导刊》2012年第21期。

有行政区划限制，通过跨空间的行政管理和经济开发，实现两地资源互补、经济协调发展的一种区域经济合作模式，却恰恰是飞地经济理论的研究范畴。

（一）飞地经济理论与实践

1. 飞地经济的内涵

“飞地”是很早就出现的一个概念，但飞地经济理论是近年来才受到人们关注的课题。我国的飞地经济是在借用“飞地”概念的基础上，结合增长极理论、非均衡发展理论、产业转移理论、区域比较优势理论和共生理论发展起来的。飞地经济是指两个互相独立、经济发展存在落差的行政地区打破原有行政区划限制，通过跨空间的行政管理和经济开发，实现两地资源互补、经济协调发展的一种区域经济合作模式。即在推进工业化和招商引资过程中，甲乙双方打破行政管辖关系，甲地把引入的资金和项目放到行政上隶属乙地的工业园，通过税收分成、政绩考核等利益分配机制实现互利共赢。[①] 该定义涵盖了飞地经济的关键因素，与传统招商引资或经济园区建设相比，飞地经济由单个企业点对点转移变为区对区转移，由单纯的资金承接变为管理与项目的复合承接，是发达部分镶嵌在不发达部分的“嵌入式”经济；对于飞出地而言是产业转移模式，对飞入地而言是承接产业的招商引资模式。

2. 飞地经济的实践与类型

我国率先提出飞地经济战略思想的是福建福州市，随后飞地经济模式逐步推向其他地区。一些地区把飞地经济作为新一轮经济发展的突破口和助推器加以大力发展，并取得了一定的成果。飞地经济发展较好的是福建、广东、辽宁、江苏和浙江等东部沿海地区，各地也相应出台了引导和规范飞地经济发展的政策。需要特别介绍的是广东省的飞地经济模式。广东省在东西两翼和粤北山区建设了众多产业和劳动力双转移产业园，把民间自发的产业转移提升为由

① 张冉、郝斌等：《飞地经济模式与东中合作的路径选择》，《甘肃社会科学》2011 年第 2 期。

政府引导、适应市场规律的产业有序转移，这些政府主导的“飞地”，基本分布在距珠三角腹地100—300公里的环形带上，形成特色的产业转移带，造就了珠三角产业辐射波。

（二）飞地经济的发展对产业援疆模式的启发

飞地经济理论的发展和在各地的成功实践，为我们产业援疆及其模式带来以下几点启示。

1. 对口援疆政策下的产业援疆与飞地经济存在着相同的特征

（1）空间上的分离性。飞入地（受援县市）和飞出地（支援省市）在行政上隶属于不同的地区。（2）环境差异性。处于不同的行政区，经济发展的不平衡和历史文化的不同可能造成受援县市和飞出地（支援省市）经济环境与人文环境的差异。（3）优势互补性。优势互补是发展飞地经济的最大动力和最重要的条件，也是对口援疆双方实现共赢的利益结合点。（4）产业关联性。飞出地（支援省市）一般会发挥原有的产业优势，根据飞入地（受援县市）的实际情况调整重点，发挥管理、资金、技术和市场方面的优势，着重从事研发、设计等环节；飞入地（受援县市）则致力于制造环节，从而在区域之间形成完整的产业链。（5）合作共赢性。双方在社会经济发展水平等方面存在着不同程度的差异，只有共赢才能达成合作。[①]

2. 合作共赢是决定飞地经济（产业援疆）是否可持续的关键

飞地经济旨在通过合作发挥各自的优势，合作共赢的特性始终贯穿于飞地经济发展的全过程，决定着飞地经济是否持久。飞地经济在规划、产业安排、利益分配等环节的经验总结，对于产业援疆来说具有较好的借鉴意义。发展内容上，既要发展工业，也要发展现代服务业，同时适当发展农业；发展流向上，鼓励发达地区到欠发达地区建设传统工业飞地，引导发达地区到欠发达地区建设高新技术飞地；空间布局上，靠城（大中城市）沿线（交通干线）集聚（形成产业集群）飞地经济承载的是整条产业链，本地企业要顺应专

① 吴素春：《飞地经济研究综述与展望》，《山东工商学院学报》2013年第3期。

业化分工的趋势，向飞地产业的上下游靠拢，与之形成产业联盟，要引入与当前产业相配套的龙头企业，打造和延长产业链，建立根基扎实、结构完善的产业体系；在产业选择时，要对飞地的环境承载力、人员和市场接受能力做充分考察、评估和论证，衡量两地的成本落差、供求与互补优势等等。

3. 要遵循政府引导、企业参与、市场运作的原则，发挥企业的主体作用

飞地经济（产业援疆）的形成是淡化行政区划的过程，以企业集团为主开发和管理飞地（援疆）项目。飞地经济（产业援疆）的发展要满足社会、经济、生态资源复合系统整体效益最优，另外，还要处理好当地企业和飞入（支援省市）企业在政策与发展机会上的公平问题。

4. 飞地经济的发展模式为产业援疆的模式选择提供了范本

随着飞地经济不断发展，类型越来越多。学者们按不同的标准给飞地经济模式进行了分类：按飞地基础建设投入方式，分为飞出地投资型、飞入地投资型和两地共投型；按飞地工业基地的管理方式，分为飞入地管理型、飞出地管理型、两地共管型；按飞地形成的原因，分为集约用地型、优势互补型、产业梯度转移型等。以上为产业援疆模式的分类和选择提供了经验范本。

三　产业援疆的路径模式选择

产业援疆对于发挥支援省市产业技术、资金、人才优势，拓展产业发展空间，以及增强受援地自身造血功能，解决就业问题等都具有极其重要的意义。因此，在实践中，各援疆省市都把产业援疆作为对口援疆工作的重中之重。各省市在产业援疆中结合受援地区经济社会自然环境和特色产业，都打出了各自的援疆牌。结合飞地经济及其模式的分类启示，笔者在梳理了各省市产业援疆方式和内容的基础上，归纳了以下四种典型模式，作为产业援疆可借鉴、选择的路径模式。

（一）江苏模式（园区招商引资模式）

江苏在对口支援霍尔果斯经济开发区过程中形成了具有特色和高效的江苏模式。这种模式是典型的引进发展型，即以园区建设为核心动力，以强势政府和有效政府为基础，建立精干高效、充分授权的管理体制，加大对基础设施建设的投入，加大招商引资力度，以空间求发展的模式。在园区建设中，江苏省政府引导苏州工业园国有资本投入 15 亿元，按现代园区理念，先期建设高标准配套项目。苏州工业园对口投资行为，通过政府的引导和配套建设，激发了江苏实力企业加入园区的热情：宇龙集团在开发区投资 8 亿元建设综合性保税物流中心，苏州鹏云置业集团投资 8 亿元的国贸中心也正式签约落户。江苏企业的入驻成为开发商招商的金字招牌。这种模式较为适合建立工业园区、物流园区等产业援疆方式。

（二）石化模式（央企股份合作模式）

石化模式是指由地方参股央企，成立股份制公司共同进行资源开发的一种模式，它开辟了央企产业援疆的新模式。

2012 年 7 月，由中国石化股份有限公司与阿克苏地区共同出资组建的中国石化塔河炼化有限责任公司在库车县揭牌，它是中石化在新疆唯一的炼化企业。同时，成立的还有新疆路油石化有限责任公司，它是中石化在新疆唯一的成品油销售企业，主要负责中石化在新疆地区的成品油销售与营销网络建设。两公司成立后，预计每年将带动地方增收 25 亿元左右。

这种模式适合于央企深度参与产业援疆，它不仅是央企和自治区政府推进资源开发的创新之举，也是央企创新在疆投资模式，是推进驻疆企业体制改革的突破性举措，对进一步增强新疆地方税收，加快新疆石油化工、矿产开采等行业的发展，推动新疆经济迈上新台阶具有重要意义。

（三）广东模式（政府贴息融资引导模式）

广东模式是指以广东为代表的一种支援省市政府，以引导资金或发展基金为企业贴息，提供金融支持，从而鼓励企业来疆投资的模式。广东省政府在产业援疆过程中，建立了4.5亿元的引导资金，用贴息的方式扶持企业发展，鼓励企业来疆投资，并开展金融扶持，计划在第一个五年援疆计划中为企业提供300亿元的金融支持。这种模式适用于经济实力雄厚或发达的支援省市，适用的援建项目较为广泛；或是有一定经济实力，又迫切需要以产业转移的方式带动本地产业升级的支援省市。

（四）山东模式（农业开发股份合作模式）

山东模式是指在产业援疆的农业开发合作中，受援地农民通过土地、资金等入股的方式与支援省市的企业共建农业科技示范园的模式。如山东日照市的五征集团要在麦盖提县希依提墩乡8村建设万亩农业示范园项目，在项目建设时采取了村企合一的模式，即把全村村民整体搬迁到新建的小区里，村民们不仅能以征地入股的形式获得收入，还能到万亩农业生态园打工。这种模式适合于大型龙头企业，在地方政府的引导下，在受援地进行大面积农业开发援建项目。

四　提升产业援疆模式效率的措施和政策建议

（一）市场运作，充分发挥政府主导和企业主体作用

产业援疆项目要立足受援地，面向全区，在这个过程中，要注重在市场机制下充分发挥政府的主导和企业的主体作用。尤其是在坚持高起点、高水平、高效益发展以及坚持“环保优先、生态立区”、“两个可持续”和“两个坚持”产业援疆原则下，要防止或减少“市场失灵”的发生。高度重视政府与市场的结合，运用市场机制引导企业参与新疆建设，重视发挥驻疆中央企业和内地有实力的大中型国有企业参与新疆开发的热情，鼓励中小民营企业参与产业援疆项目建设，加强优势资源开发利用的统筹协调，带动更多本地劳动力就业，提升当地产业发展水平，是当下处理好政府与市场关

系的最佳切入点。应按照“统筹规划、合理布局、政府推动、突出重点、注重特色、因地制宜”的原则，发挥好中央与地方、新疆与支援省市、政府与企业等方面的积极性，从而在政府主导的基础上建立一个完善合理的市场新格局。

（二）合作共赢，制定有效的利益分配和运行管理机制

根据产业特点选择适合的援疆模式，并在此基础上建立高效的运行管理机制和利益分配机制，这是决定产业援疆模式可持续发展的关键环节。在运行管理机制上，要注重选择能调动支援地和受援地双方积极性并高效运行的治理结构和相应的监督约束机制，并以实现合作共赢为目标，建立科学有效的利益分配机制。如增值税、营业税、企业所得税、个人所得税和房产税等税收在两地政府间的分配和划转，以及基础设施的投资管理和收入分配、入股企业的利润分配等等，只有建立了有效的利益分配和运行管理机制，各种产业援疆模式才能持久并发挥其积极的作用。

（三）双管齐下，增强产业转移的外推力和承接力

对于支援地省市来说，要增强产业转移的外推力，就是借助产业援疆积极推动本地区产业升级，结构优化，加强对产业的分类指导与调节，增强落后产业向外转移的“推力”，并在此过程中提供政策援助，使产业转移能够顺利进行。如允许其进行资本加速折旧，通过就业培训，实施再就业补贴，进一步完善社会保障体系等方式帮助安置劳动力，提供信息指导，加大产业转移的服务力度等等。

增强受援地区的产业承接力，一是要注意承接产业要与当地经济发展规划、区域发展战略布局以及新疆产业发展规划等相衔接；二是要在加快城镇化进程中，为产业转移创造良好的投资环境；三是要发展职业教育，积极培育和引进人才，积累人力资本；四是重视打造本地企业为主的产业链的延伸以及基础设施的配套建设。

（四）高位推动，建立全方位的产业援疆政策体系

从目前较为突出的问题看，新疆有关部门要进一步加强对接，

争取国家相关部委尽快出台落实扶持政策的具体实施细节；制定优惠政策，鼓励中央企业和对口支援省市参与到新疆产业建设，支持基础设施建设和产业发展；落实对农副产品加工转化和劳动密集型产业等符合条件的企业在用电、运输等方面给予特殊价格的政策。财税部门要积极争取和落实中央财政对新疆企业的补助资金，积极争取国家级经济技术开发区基础设施项目贷款财政贴息资金；依法落实对疆内符合条件的企业给予企业所得税五年免征优惠政策；要鼓励银行、证券、期货、保险、信托、金融租赁等各类金融机构在疆内设立分支机构，积极培育新的金融机构。人力资源和社会保障等部门要支持用人机制的改革，落实支持各类人才培养等方面的政策，为企业发展培养、储备和引进人才，积极探索“人才特区”新模式。科技部门要积极落实国家各类科技计划，进一步加大高新技术企业认定力度，鼓励企业建立技术创新中心，优先安排科技型中小企业创新基金、高新技术产业发展计划等项目，支持科技型中小企业和高新技术产业发展。

（五）放宽视野，结合丝绸之路经济带打造外向开放型园区

工业园区作为产业援疆的重要支点必须扩大对内对外开放力度，以防止形成“空心园区”或是“孤岛”。在国家提出与中亚各国共建丝绸之路经济带的战略构想之际，支援省市和受援地区都要放宽视野，紧抓机遇，站在更高的层面上来谋划产业园区的建设，要充分利用和依托面向中亚诸国的地缘优势和战略平台，把对内开放和对外开放结合起来，不断增强参与国际竞争的能力。

具体而言，在园区建设上要做到：统筹规划，高起点、高标准、高水平地做好总体规划，加快经济开发区发展步伐，并为今后发展预留空间。解放思想，创新发展，充分借鉴国内各经济特区建设的成功经验，根据新疆地域特点和优势，有针对性地实施特殊优惠政策，创新和完善管理体制、发展模式，推动经济园区健康发展。在国家层面上，需要高位推动并给予相应财税和政策支持，大力支持通道建设，加大基础设施建设力度，原则上要放大新疆自行审批权限；在当地政府层面，要内引外联，一方面提高对外开放水平，与

周边国家地区之间建立起地方合作机制，支持园区企业利用地缘和文化优势积极参与国际产业分工与合作；另一方面加强与东部和中部地区的经济技术交流，高起点地承接国内外产业转移，推动产业园区和城市协调发展，尽快形成新的经济增长点，更好地发挥辐射带动作用。园区企业也要看清自己的优势所在，在特色农产品、资源优势产品加工上多下功夫，争取做到有特色、有质量、有信誉，借以打开中亚市场，全面迈向外向型经济。

中哈—塔城特色农业合作示范区的优势及发展前景分析

王　霞*

近年来，新疆塔城紧紧依托农业资源及口岸、区位、地缘优势，抓住周边国家和地区，尤其是与其接壤的哈萨克斯坦对于农副产品，主要是新鲜瓜果蔬菜的需求日趋旺盛的大好机遇，因地制宜，提出了“三大板块战略”，把发展农业尤其是外向型农业作为推进农业结构战略性调整的重要措施，通过资金、人才、技术等方面的大量投入，积极推进了现代农业的发展，促进了农民增收。在谋求地区跨越式发展的过程中，塔城地区积极与哈萨克斯坦进行沟通和接洽，规划构建中哈塔尔巴哈台经济圈，以此加快当地经济发展。

一　建立中哈—塔城特色农业合作示范区的由来

塔城市委在2010年全面提出了塔尔巴哈台经济圈发展战略的构想，即由中哈两国联手打造以塔额盆地经济带和东哈州经济带为基础，以经济贸易发展为纽带，以巴克图口岸为结合点的塔尔巴哈台经济圈，推动两国区域经济快速发展。① 塔尔巴哈台经济圈分三个步骤设想。

第一步，在我国设立中哈—塔城特色农业合作示范区。在中方塔城建立一个面向哈萨克斯坦的大型果蔬生产加工基地、批发交易

---

* 作者简介：王霞，新疆财经大学国际经贸学院副教授、中亚经贸研究院研究员。

① 付明、刘华荣：《关于积极打造塔尔巴哈台经济圈的提案》，2011年10月20日（http：//www. ylzzx. gov. cn）。

中心和物流园区，扩大影响，形成品牌。在中亚以及邻近的俄罗斯新西伯利亚州和鄂木斯克州形成境外销售网络，提升塔城在中亚果蔬销售市场的份额和影响力，产生对周边国家市场的辐射作用。

第二步，伴随成员国逐渐推进农业合作进程。中哈—塔城特色农业合作示范区上升为上海合作组织农业合作示范区，逐渐确立塔城在中亚地区果蔬产品贸易中心的地位，最终使塔城成为面向中亚、中国西北地区最大的果蔬交易和展览展示中心；建立“以中哈—塔城特色农业合作示范区为依托，以进出口绿色通道为纽带，以产业链为基础的跨境农副产品营销网络”，构建塔尔巴哈台经济圈的雏形。

第三步，通过特色农业合作示范区使塔城对周边市场形成吸引力，拓展合作渠道和方式，将合作领域由农业延展到资源开发与加工等多个方面，密切地方政府之间的合作机制，最终形成完整的塔尔巴哈台经济圈。

二　中哈—塔城特色农业合作示范区的功能及作用

（一）为新疆经济实现跨越式发展搭建新的平台

新疆作为一个沿边农牧业大省，经济的跨越式发展有赖于外向型农业的推动。新疆是连接中西亚地区的枢纽核心，地理位置重要。中亚市场亟待开拓，新疆发展外向型农业潜力巨大。近年来，新疆对中亚国家及俄罗斯的农产品出口迅速增加，成为我国农产品贸易和新疆经济发展的一个新亮点。目前，各国都有加快发展农产品贸易的强烈愿望，也有促进经贸发展的基本条件。

随着俄罗斯、中亚各国经济的复苏和亚欧大陆桥的全线贯通，新疆已成为我国开拓中亚、南亚、西亚和东欧市场的前沿阵地。实施外向型拓展战略，促进新疆与中亚各国贸易与合作向健康持续快速的方向发展，将对新疆经济结构调整和农业增效、农民增收，加快产业升级换代，产生重要作用。哈萨克斯坦是我国也是新疆在中亚地区最大的贸易伙伴，同时也是中亚地区最大的市场。建立中哈—塔城特色农业合作示范区可以为新疆扩大对周边国家农产品出口搭建新的平台，创建新的渠道。目前，新疆与哈萨克斯坦边境线上有多个口岸从事设施农业的生产和果蔬产品的出口，但各地的规模不大且彼此相互竞争，建立中哈—塔城特色农业合作示范区可以将目前各地相对分散的果蔬生产能力和销售能力进行集聚与整合，形成规模效应，创品牌，充分发挥巴克图口岸的短距离公路运输优势，形成对俄罗斯、哈萨克斯坦等国市场的辐射营销网络，最终确立新疆在中亚地区果蔬产品贸易市场上的优势地位，为新疆农业“走出去”并提高农民收入开辟一条新渠道，搭建新平台。

（二）为我国农产品出口市场多元化开辟新途径

改革开放以来，农产品贸易发展迅速，主要进出口市场由原来的以社会主义国家为主转向以市场经济国家和地区为主，美国、西欧、日本、东南亚、加拿大和澳大利亚等成为中国农产品主要贸易伙伴。水产品、园艺产品和畜产品等劳动密集型产品成为出口主打品种，合计出口额占农产品出口额的60%以上。[①]

相对而言，从全国来看，贸易伙伴国主要集中于几个发达国家和东南亚国家，中亚国家所占份额很小。新疆主要的出口国则基本集中于中亚和其他几个周边国家，在对中亚的出口中，新疆所占份额较大，尤其是哈萨克斯坦、吉尔吉斯斯坦和塔吉克斯坦等几个主要的中亚国家，其份额都在一半以上（见表1和表2）。

表1　　2009—2010年我国外贸出口主要国家　　单位：万美元

国别	2009年	2010年
全国出口总额	120161181	157775432
美国	22080222（18.38%）	28328655（17.96%）
日本	9786766（8.14%）	12104349（7.67%）
韩国	5366972（4.47%）	6876626（4.36%）
德国	4991638（4.15%）	6804718（4.31%）

① 中国商务部对外贸易司：《中国农产品贸易发展情况》，中华人民共和国商务部：《中国农产品出口分析报告》，2009年。

续表

国别	2009 年	2010 年
荷兰	3668391（3.05%）	4970423（3.15%）
印度	2965604（2.47%）	4091496（2.59%）
英国	3127794（2.60%）	3876704（2.46%）
新加坡	3005194（2.50%）	3234723（2.05%）
俄罗斯	1751858（1.46%）	2961207（1.88%）
澳大利亚	2064177（1.72%）	2722026（1.73%）

说明：1. 数据来源：《中国统计年鉴 2011》。

2. 括号内的数据为我国当年向该国的出口额占总出口额的比重。

3. 表中所列国家和地区没有计算中国香港和中国台湾。

表 2　　2009—2010 年新疆外贸出口主要国家及数量　　单位：万美元

国别	2009 年		2010 年	
	出口额	占全疆总出口额的比重	出口额	占全疆总出口额的比重
哈萨克斯坦	524671（66.98%）	40.92%	682821（73.26%）	52.65%
吉尔吉斯斯坦	292803（55.44%）	27.05%	258836（62.71%）	19.96%
塔吉克斯坦	86281（70.62%）	7.97%	106057（77.05%）	8.18%
阿塞拜疆	19771（35.73%）	1.83%	35473（41.92%）	2，74%
俄罗斯	20467（1.17%）	1.89%	35348（1.19%）	2.73%
蒙古	5217（4.89%）	0.48%	24908（17.18%）	1.92%
乌兹别克斯坦	25126（16.00%）	2.32%	22966（19.45%）	1.77%
巴基斯坦	19084（3.45%）	1.76%	12534（1.81%）	0.97%
土库曼斯坦	6122（6.66%）	0.57%	10989（20.93%）	0.85%
苏丹	6554（3.84%）	0.61%	8310（4.26%）	0.64%

说明：1. 数据来源：根据《新疆统计年鉴 2011》和《中国统计年鉴 2011》整理计算得出。

2. 括号内的数据是新疆向该国的出口量与全国向该国出口量的比值。

从产品结构来看，对于新疆的主要贸易伙伴国中亚，出口主要集中于农产品。① 因此，建立中哈—塔城特色农业合作示范区，将会进一步扩大新疆对中亚最大的贸易伙伴国哈萨克斯坦的出口量，使

① 关锐捷：《加快发展新疆外向型农业调研报告》，2008 年 8 月 27 日（http：//www.aisixiang.com）。

我国在对中亚的农产品出口的国别和数量上都有更大的突破。

（三）有利于提升塔城外向型农业的发展水平

设立中哈—塔城特色农业合作示范区可以使塔城外向型农业发展跨上一个新台阶。该示范区作为中哈两国间第一个农业合作示范区可以在政府的支持下，通过园区聚集与设施农业相关的产业，提高塔城市设施农业的规模效益和知名度，为其开拓哈萨克斯坦以及周边国家市场奠定基础。此外，示范区还可以通过中哈两国政府间的双边合作机制解决两国农产品贸易中现存的各种问题，促进贸易的规范化和便利化，为扩大农产品贸易规模，提升贸易水平创造条件。

（四）为推进区域经济合作提供新的支撑点及合作范例

目前上合组织区域经济合作已取得了实质性进展，非资源领域合作尤其是农业合作将是今后本组织区域经济合作新的重要发展方向。[①] 我国与中亚国家农业的互补性很强，双方的农业合作将取得互利双赢的效果。

中亚国家多为传统农业国，农业在其国民经济中占有重要地位。农业既是各国国民经济发展的支柱产业，也是各国的产业优势所在，为此各国对于加强上海合作组织成员国间的农业合作一直持十分积极的态度。

在农业诸多合作领域中农产品贸易（包括边境贸易）、农业技术交流与试验示范列为优先合作方向，同时推动开展实质性的农业合作项目。中哈—塔城农业合作示范区顺应了上海合作组织区域农业合作的发展方向。高起点、规范化的合作示范区将为区域农业合作提供良好的开端与合作范例，并将引领区域农业合作的发展方向。

---

① 侯丽军：《回良玉出席上海合作组织首届农业部长会议开幕式》，2010 年 10 月 26 日（http：//news. xinhuanet. com，2010-10-26）。

三　中哈—塔城特色农业合作示范区的优势

（一）宜耕宜农的自然条件

塔城位于祖国西北边陲，与哈萨克斯坦相连。农区主要分布在丘陵、洪积扇和冲积平原，海拔500—1000米，农区土地面积187.4万亩，可耕地150.9万亩，宜耕荒地14万亩，历年播种面积120万亩左右。塔城盆地地处欧亚大陆腹地，属中温带气候区。主要特点是无霜期短，昼夜温差大，光热资源丰富，日照时间长，果蔬的品质好。

（二）区位优势及基础设施条件

示范区所涵盖的塔城市、额敏县、裕民县，与哈萨克斯坦东哈州的乌尔加尔县、阿亚古斯市同属一个盆地区域，额敏河、塔斯提河贯穿两国，形成了天然的地理区位板块。塔城市距哈方离口岸最近的马坎赤市仅60公里，半径1000公里以内有乌尔加尔机场、土西铁路枢纽站阿亚古斯市火车站、东哈州首府乌斯卡季缅市、哈国重要工业城市谢米市及其首都阿斯塔纳；距俄罗斯西南部中心工业城市新西伯利亚1200公里，向西开放的战略位置十分突出。

塔城市的陆地及航空运输条件便利。内运陆路有国际联运二级客运口岸，经呼克公路直达乌鲁木齐，距北疆铁路编组站奎屯280公里。航空运输启用了塔城支线机场。国际运输经巴克图口岸国家二级公路直通哈国谢米市等地。目前由巴克图口岸始发至哈国5条国际运输线路呈放射状分布。这种新型的交通运输布局极大地改善了巴克图口岸的国内外交通运输状况。为便利贸易往来，缩短运输时间，降低运输成本，扩大贸易区域创造了极为重要的运输条件。巴克图口岸作为对第三国开放的国家一类口岸，基础设施完备，气候条件良好，全年通关顺畅，通过巴克图口岸将果蔬商品运到哈国东北部地区和俄罗斯南部地区在运距和辐射范围上具有优于其他口岸的优势。从自然条件和主体功能来看，巴克图口岸在农产品出口方面具备了其他同级别口岸不可比拟的明显竞争优势。

（三）外向型农业发展的良好基础

近年来，塔城地区围绕“建基地、育龙头、创品牌、拓市场”的思路，外向型农业发展取得了良好的成效。塔城地区一方面积极推广农产品种植，尤其是果蔬种植的新品种、新技术，另一方面还组织农民赴内地学习蔬菜种植，引进外地农民技术员，培养带动本地果蔬技术人员；同时，聘请专家举办绿色农业认证、良好农业规范培训班，引导农民和企业从源头加强生产管理，推广应用绿色生产栽培技术，实施标准化生产，努力打造塔城绿色品牌；此外，还积极引进果蔬龙头企业，推进产业化发展。

目前，地区已引进龙头企业 10 家；果蔬保鲜企业 16 家，储藏能力 6.8 万吨。绿源公司的“克鲜”蔬菜品牌已完成国内和哈萨克斯坦商标注册，有 6 种产品、2000 亩基地通过 GAP 认证（良好农业规范）程序，完成了 1740 亩、8 种蔬菜的出口基地备案登记。神农公司和兴盛园公司分别集中统一种植彩椒和番茄，且统一品牌，全部用于出口。

自 2005 年开始，塔城农产品出口数量开始出现明显增长，2007 年出口蔬菜 1.32 万吨，是前两年的 15 倍，而 2009 年仅上半年出口农产品就已经超过 2008 年全年的出口量，2010 年前 8 个月，塔城地区出口农产品 4.01 万吨，出口量占到新疆蔬菜出口的 50%以上。到目前为止，塔城外向型农业取得了良好成效，基本建成新疆重要的农产品基地，并大力培育外向型设施农业，提升了农产品的质量和效益，增强了市场竞争力，已经具备了建立特色农业合作示范区的良好基础。

（四）相对成熟的国际农业合作机制

塔城地区与哈国东哈州政府建立沟通对接机制，搭建公共贸易平台，为农产品出口创造宽松稳定的经营环境。积极争取中小企业国际市场开拓资金，引导和鼓励企业在国外建立批发市场和营销网络，延伸销售终端，提高市场占有份额。近几年，塔城地区和东哈州政府领导多次互访，加强沟通，双边贸易向纵深发展，签署了《农产品贸易协议》，确定每年在该州定期举办一次农展会；还与东哈州政府就合作建设乌斯卡缅市水果和蔬菜保鲜库、建立农产品“绿色通道”、开展边民互市贸易、旅游开发、交通建筑、建立双方高层定期会晤制度等事宜进行了多次洽谈，达成了合作共识。

此外，近年来上海合作组织成员国间农业合作机制也在不断增强。上合组织各成员国农业生产、技术、资源以及市场需求都各有特点，合作潜力和空间巨大。各国应加强区域内的农业合作，把握机遇，共谋发展。2010年上合组织首届农业部长会议上，原国务院副总理回良玉对进一步推动成员国农业领域的务实合作提出的相关建议，对于加强成员国农业领域的交流，深化农业合作格局，完善农业合作机制，加快农业贸易和投资便利化进程，拓展合作空间，最大程度分享合作成果都有极其重要的意义。

四　中哈—塔城特色农业合作示范区的发展前景

中哈—塔城特色农业合作示范区是一个涵盖果蔬生产、物流、销售及进出口全产业链的综合示范区，其主要功能包括绿色果蔬生产、产品深加工、果蔬仓储和物流、批发销售、展览展示、信息交流、绿色进出口通道等。

在未来的规划中塔城市将成为该示范区的核心区，而塔城地区的其他县将承担示范区相应的功能，以此带动塔城地区整体经济的发展。

（一）示范区的建成将会提高特色农产品的市场占有率

示范区建成后，塔城地区与哈萨克斯坦，尤其是东哈州之间的经贸往来会日渐密切和规范化，农产品贸易会逐渐走向规模化和标准化，随着成交量的稳定和扩大，将使塔城地区的果蔬业生产和销售的优势进一步得到强化。销售收入的提高，使农业信息化服务体系的建设步伐加快，而强大的信息网络资源优势，又会有助于特色农产品的市场占有率进一步提高，从而形成良性循环。

（二）农业产业化水平提高，推动外向型农业的发展

中哈—塔城特色农业合作示范区建成后，区内贸易数量的增加要求特色农产品从种植生产到销售都要进入规范化、标准化的程序，市场的客观需求要求提高农业产业化的水平以达到规模化、高水平的均衡发展。随着产业化水平的提高，从事外向型农业生产销售的企业会逐渐成长起来，加之政策和产业化发展所提供的支持和保障，将会涌现出有带动力的龙头企业，参与国际竞争的能力也将进一步强化和完善。产业化水平提高及龙头企业的成长，提高了整个行业的组织化程度和整体竞争力，使塔城的外向型农业得到质的提升。

（三）合作区内外向型农业的发展，将会推动中哈—塔尔巴哈台经济圈的建成，并由此逐渐辐射整个中亚和俄罗斯市场，为塔城经济发展拓展更为广阔的空间

中哈—塔城特色农业合作示范区是中哈—塔尔巴哈台经济圈构想的第一步，也是关键性的一步。在这个阶段计划完成包括巴克图口岸物流园区、中哈绿色农副产品交易市场、对口援助边境经济合作区以及果蔬展览展示等四大工程建设。

工程建成后，口岸的过货能力会进一步扩大，为果蔬产品出口创造基础性条件。交易市场的企业化和规范化运作使合作区发展具有可持续性。对口支援将会缓解资金和人才的短缺，使园区尽快形成产业集聚效应，以农副产品加工为主的工业加工区也将成为塔城未来经济发展的新增长点。此外，将塔城果蔬展览提升为全疆重要展会，成为中国—亚欧博览会下属系列展览会之一，以提升其在中亚地区的影响力；进一步扩大展览会的规模，提高招商引资力度，力争形成新疆自治区的品牌展会。

加快推进中哈—塔城特色农业合作示范区建设，努力实现农业生产稳步发展，以特色农业为突破，引进和利用大集团企业的品牌、技术和管理，进行蔬菜、乳制品以及肉类产品等就地深加工，大力

提升农产品质量安全水平，不断强化农产品外销平台建设，将农产品的出口从哈萨克斯坦扩展到俄罗斯及中亚其他国家，实现地区农业持续快速发展。

石河子大学建设“丝绸之路经济带”视域下国际化的路径选择

谢建新*

2013 年 9 月，中国国家主席习近平同志在访问中亚四国时首次提出共建丝绸之路经济带的伟大战略构想，从加强政策沟通、道路联通、贸易畅通、货币流通、民心相通入手，促进多元文明的和谐与共同繁荣、形成跨区域合作的大格局。丝绸之路经济带贯穿欧亚大陆，东边是活跃的亚太经济圈，西边是发达的欧洲经济圈，是“世界上最长、最具有发展潜力的经济大走廊”。这个伟大战略的实施，将极大地促进沿线国家经济繁荣和区域经济合作，加强不同文明的交流借鉴，促进世界和平发展，实现双方和多方互利共赢，是一项造福各国人民的伟大事业。

中国与丝绸之路沿线各国是友好邻邦和重要合作伙伴，经贸往来和人文交流源远流长，人文交流又极大地推动了不同文明之间的对话，促进了欧亚各国人民民心相通、相互理解、增进友谊、繁荣文化，这都为其他领域的合作和交流提供了扎实的民意基础和智力保障。而这其中，作为我们高校，肩负着推动人文交流、增进国际理解教育，发挥在“丝绸之路经济带”建设中的智库作用等重大历史使命。这既是中国的高等教育，也是欧亚国家高等教育的题中应有之义和必由之路。“丝绸之路经济带”的构想对中国高校，特别是中西部高校的国际化有非常重要的启示和现实意义。

在当今经济全球化和一体化浪潮下，高等教育国际化已然成为推动大学四大职能更好、更快发展的关键性因素和推动力量，石河

* 作者简介：谢建新，石河子大学对外交流与合作处处长。

子大学在教育国际化的道路上取得了一定的成果，但在教育国际化的办学实践过程中，还不同程度地暴露出一些问题。就围绕本次会议主题和学校的办学定位而言，以“中亚”为特色的国际化教育模式还未自成体系，缺乏战略研究和顶层设计，缺乏一定的统筹和策略指导。下面就围绕我校当前在丝绸之路经济带战略下，如何促进不同文明间的对话和借鉴，如何进一步发挥高校在其中的科技文化辐射作用，以及在国家安全、社会安定方面的政治影响力和睦邻友好的文化影响力。

一　进一步加强“丝绸之路经济带”相关研究

我校希望进一步整合校内资源，充分发挥各兄弟单位和境外友好合作院校的研究力量，借鉴其优秀研究成果，进一步加大对周边国家的研究，尤其是“丝绸之路经济带”沿线相关国家的政治、经济、文化、语言等领域的长期跟踪研究。积极申报教育部“区域和国别研究基地”，创造条件建设专门研究不同国家的科研团队，努力成为国内高水平的国际问题研究智囊团。积极借助我校对口支援高校——北京大学在苏联和东欧方向的超强研究实力和基础，力争用5到10年的时间，培养出一批真正了解“丝绸之路经济带”沿线国家各方面情况的人才。通过与丝绸之路经济带沿线国家智库和舆论领袖加强合作，为“丝绸之路经济带”形成互利共赢的广泛认同和思想共识。

二　扎实推进双向留学生教育

留学生教育就是教育国际化与国际服务贸易相结合的产物，在当前教育资源和要素在国际上加速流动和配置，教育国际交流与合作日益频繁，各国教育相互交流，相互竞争、相互包容，共同促进世界的繁荣和发展。石河子大学地处丝绸之路经济带核心区和向西开放的桥头堡的新疆，我们在吸引周边国家优秀学子来校留学的同时，更应该加强对本校学子赴上述国家学习的政策引导和经费支持。在当前丝绸之路经济带建设的人才需求下，新疆乃至整个中国仍然缺乏高水平的懂得中亚国家语言，熟知区域国情的专门人才。中国对丝绸之路经济带沿线国家的社会文化的研究相对薄弱。我们需要在今后吸纳更多上述国家的留学生来华学习的同时，选派更多的青年学生去对象国学习，不断改进留学生教育的方式方法和理念，让他们扎扎实实地成为中国与相关国家和地区交往的纽带和桥梁，为“丝绸之路经济带”合作共赢打下坚实的人脉资源和人才储备。

三　加强小语种人才培养

新疆有13个主体世居民族，民族间的交往源远流长，并与中亚各国民俗相近、语言相通，有着现代化生活与传统民族文化相融合所形成的独特人文氛围和区域特点。当前小语种高端人才的匮乏是制约我们与丝绸之路经济带沿线国家交流的瓶颈，远不能适应和满足“丝绸之路经济带”的现实和潜在需求。基于试行区域性多元外语教育政策的思考，参考新疆外语教育现状，结合“丝绸之路经济带”战略对新疆地区实用小语种的需求，我校也在积极尝试在遵循国家教育政策的前提下，为更贴近新疆对外语人才培养和需求的实际，更好地服务当地发展，方便区域性国际交流，拟计划把俄语、阿拉伯语、日语等语种作为大学公选课，并将其等同于大学公共英语的要求。与此同时，通过团队援疆、引进小语种师资、外籍教师等力量，有计划、有步骤地开设与新疆经济、文化交流密切的乌尔都语、哈萨克语（哈萨克斯坦）、乌兹别克语、塔吉克语等小语种，不断优化外语教育结构，提高外语教学的质量，提升区域经济文化交流软实力，培养更多的高素质外语人才。

四　构建复合型人才培养体系

学校计划建立学历教育的学位课程体系，提升教学质量。以发挥学校优势与特色学科群为基础，进一步加强教师队伍建设和双语核心课程体系建设，完善培养质量的考评体系，提升人才培养质量，增强对海外优质生源的吸引力。与此同时，拟计划先通过食品科学和国际贸易两个专业做试点，与俄罗斯阿尔泰国立技术大学开展中外合作办学，通过培养一批既懂专业、又懂语言的复合型人才。借鉴和试行“专业+俄语”的模式，学生不用出国门，培养一批具有外语能力、能够参与国际竞争的复合型人才。

五　拓宽教育领域合作

29 个欧洲国家于 1999 年在意大利博洛尼亚提出了欧洲高等教育改革计划，即博洛尼亚进程，该计划的目标是整合欧盟的高教资源，打通教育体制，实现欧洲高教和科技一体化，建成欧洲高等教育区，为欧洲一体化进程做出贡献。自 2007 年上合组织大学项目启动以来，中国先有 20 所高校加入，全面参与了上合大学 7 个优先发展的教育合作领域。可以看出，各种全球性和区域性的大学联盟组织纷纷设立，国际教育领域发挥着越来越重要的作用。对于我校而言，我校是“大阿尔泰高校校长联合会”成员高校，我们相信，随着丝绸之路经济带战略的不断推进和实施，需要我们在座的高校之间积极谋划开展联合培养、学分互认、国际科研合作等项目，进而不断地谋求和推动以后的国家层面上的学历互认、求学和就业等无条件流动，促进整个地区的人才交流，构建丝绸之路统一的教育空间等。

乌昌石城市群产业空间布局与结构优化战略研究

李万明*

2013年6月，国家发改委公布了我国城市群发展目标，提出了打造包括乌昌石在内的10个城市群。乌昌石城市群包括乌鲁木齐、石河子、昌吉市，辐射阜康市、五家渠市、呼图壁县、玛纳斯县和沙湾县等5市3县。这一城市群国土面积6.38万平方公里，占新疆总面积的3.8%，占天山北坡经济带面积的21.3%。在“丝绸之路经济带”中，乌昌石城市群作为新疆内外联系的核心区，新疆具有发展潜力的区域，在新疆的发展中起龙头作用，它的发展，将通过资源开发、产业发展、社会和谐建设、对外开放等途径辐射全疆。

对乌昌石城市群产业空间布局与结构优化战略研究，提出了产业结构空间布局、优化结论和对策。乌鲁木齐作为“亚洲基础设施建设投资银行分部、丝绸之路经济带建设基金总部”、“丝绸之路游客集散中心、西北商旅文化中心”等现代服务业中心，应充分发挥三产优势，发挥城市群的极化效应，带动整个城市群调结构、转方式，提高内生发展能力；呼图壁、昌吉作为乌鲁木齐的后工业园区，应当承担相应的乌鲁木齐产业转移、产业链延伸的接替功能；石河子和玛纳斯应继续发展现代高效节水农业，将现代农业的产前产后融合起来，着力构建“新三农融合”发展的产业链，形成独具特色的“军垦之都”产业优势群。乌昌石城市群产业布局和优化的主要思路是：“一心、两廊、三轴、四区”。

“一心”指以乌鲁木齐为核心，将乌鲁木齐打造成乌昌石城市群

---

* 作者简介：李万明，石河子大学兵团屯垦戍边研究中心教授。

以现代金融业为核心的现代服务业中心，丝绸之路经济带商旅文化交流中心、现代物流集散中心等。

“两廊”是乌昌党委第三次全委（扩大）会议上提出的乌昌经济发展战略定位，即“乌昌地区将打造两大工业走廊”的设想。一是西线工业走廊：沿头屯河区、昌吉市、玛纳斯县、呼图壁县、五家渠市一带重点发展冶金、建材、机电、机械制造、纺织、化工、食品加工、家具制造业等新型工业，着力发展电力能源、特色农畜产品深加工、现代纺织工业和先进农业装备工业等。二是东线工业走廊：沿阜康市、吉木萨尔县、奇台县、木垒县一带重点发展煤电一体化、煤化工、石油化工、有色金属、矿产品开发等资源型重工业。

“三轴”是以312（兰新铁路北疆段、乌奎高速）、216、314国道为轴线的空间发展格局。

“四区”是以石河子、沙湾县、玛纳斯等为中心的现代农业及其新三农融合发展示范区；以呼图壁县、昌吉市为西线新型工业化示范区；以乌鲁木齐都市圈为现代服务业发展示范区；以五家渠、阜康等城市为东线新型工业化示范区。

乌昌石城市群各个城市的水资源承载力和产业结构所处的发展阶段各不相同，三次产业的原有基础、部门优势和竞争力也有很大区别，各个城市都有自身的产业结构特征。对此，根据分析结果并结合“新丝绸之路经济带”和乌昌石城市群建设现实基础，对其产业结构优化与调整方向提出4条建议，见图1。

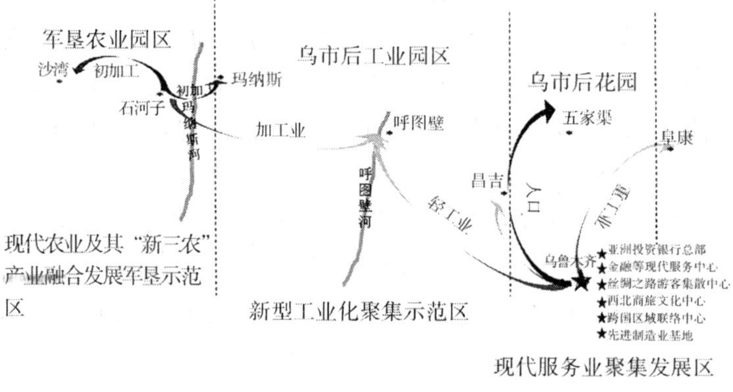

图1　乌昌石城市群产业“一心、两廊、三轴、四区”空间布局示意

中亚媒体涉疆报道现状分析

常显敏　权江宏*

一　引言

学界目前对外媒涉疆报道的研究不多，主要涉及西方媒体涉疆报道中的价值偏见。[①] 随着“一路一带”战略的全面开启，中亚各国媒体中越来越多地出现与该战略相关的各种报道，而与中亚国家直接接壤的新疆维吾尔自治区作为“丝绸之路经济带核心区”，在这些报道中占据了重要地位。

中亚五国主流媒体大都仍以传统媒介为主，而近几年网络媒体兴起，电子传媒也成了一些主流媒体的重要补充。中亚五国国家通讯社前身基本为苏联“塔斯社”，历史悠久，影响至今仍然很大，不少国家通讯社，如 Kazinform（казинформ）、“卡巴尔”（Кабар）、“霍瓦尔”（Ховар）、UzA（УзА）、土库曼斯坦国家新闻通讯社（State News Agency of Turkmenistan），就是从“塔斯社”这类苏联中央媒体的加盟共和国分社的基础上建立起来的，有些重要媒体还保留了苏联时期的名称，如《哈萨克斯坦真理报》（《Казахстанская правда》，官方网站：http：//www. kazpravda. kz/）、《东方真理报》（《Правда Востока》，

* 作者简介：常显敏：石河子大学外国语学院俄语系讲师；权江宏：石河子大学医学院第一附属医院宣教科，新闻学专业。

① 石峰：《给西方视野一个真实的新疆——从西方媒体报道看新疆形象建构策略》，《新疆社会科学》2013 年第 3 期。

http：//www. pv. uz）等等。有些报刊只是改头换面，基础仍是苏联时期加盟共和国的“真理报”和“消息报”等，如《吉尔吉斯斯坦之声》（《Слово Кыргызстана》，http：//slovo. kg）、“塔吉克斯坦报”（《Чархи Гардун》，http：//www. gazeta. tj①）、《中立的土库曼斯坦》（《Нейтральный Туркменистан》，无官方网站或不对外开放）。上述媒体在其本国读者群大，普及率高，也是其国外读者了解当地信息的不二选择，应该说，这些媒体可以代表中亚媒体，是我们研究中亚媒体涉疆信息的重要来源。

本文考察上述媒体中的涉疆信息，分门别类，用统计方法描述这些信息的概况，重点探讨涉疆报道的差异与共性，详细分析其成因，以期对目前“一带一路”中亚政策制定有所参考。

二　涉疆信息统计

本文以 Синьцзян（新疆）为关键词，搜集 2009—2014 年②各国主流媒体有关新疆的报道。统计数据见表 1。

表 1　**中亚媒体涉疆报道总量及主题分布**　（单位：篇）

媒体 篇幅	与疆关系	中国欧亚博览会	三股势力	自然灾害	经济	社会犯罪	政治	医疗卫生	旅游	同源民族
哈媒	65	3	55	44	15	19	9	7	7	5
吉媒	95	9	21	2	5	0	0	0	0	3
塔媒	74	8	3	0	0	7	0		0	0
乌媒	12		0	1	0	0	0		0	0
土媒	12	0	0	0	0	0	0		0	0

① 塔吉克斯坦六大报刊共有的官方网站。

② 因乌、土两国媒体涉疆报道量少，因此拉长数据统计时间段；本项目实施时间为两年，数据在可控范围内。

续表

媒体 / 篇幅	与疆关系	中国欧亚博览会	三股势力	自然灾害	经济	社会犯罪	政治	医疗卫生	旅游	同源民族
合计	258	20	79	47	20	26	9	7	7	8
所占报道总数百分比（%）	48.5	3.8	14.8	8.6	3.8	4.9	1.7	1.3	1.3	1.5

媒体 / 篇幅	文化	丝绸之路经济带	上合组织	毒品	社会	民族问题	中国中亚战略	丝绸之路	历史	合计
哈媒	12	2	0	1	3	0	0	0		246
吉媒	1	0	2	0	6	5	5			154
塔媒	1	0	3	3		0	0	1	3	103
乌媒	2		0						1	16
土媒			0					1		13
合计	16	2	5	4	9	5	5	2	4	532
所占报道总数百分比（%）	3.0	0.4	0.9	0.8	1.7	0.9	0.9	0.4	0.8	100

中亚五国主流媒体有关新疆的报道共532篇，有19个主题，报道数量和主题分布在各国有差异也有共性。

（一）哈媒涉疆信息

哈媒有关新疆的报道总量为246篇，主题有14个，涉及哈国与新疆关系、三股势力、自然灾害、新疆经济发展、旅游、医疗卫生、“丝绸之路经济带”等方面。各主题报道量相差不大。与疆关系是哈媒最关注的话题。有关新疆安全形势[①]（三股势力、自然灾害、社会犯罪）的报道有119篇，占总篇幅的48.4%，近一半。其他领域或关乎新疆发展重大问题，如政府人事变动[②]、经济形势[③]；或触及近几年新疆热点问题，如2009年禽流感疫情[④]，日益严峻的毒品问题[⑤]，新疆境内旅游资源开发[⑥]等等；或提及目前与新疆及周边地区发展密切相关的区域合作组织（中国—欧亚博览会）、国家大政方针（“丝绸之路经济带”战略[⑦]）。归纳起来，可得三个侧重点：新疆对外关系，新疆安全形势，新疆政治经济形势。

（二）吉媒涉疆信息

吉尔吉斯斯坦报道篇幅为154篇，涉及与疆关系、三股势力、中国—欧亚博览会、社会生活、民族关系、吉尔吉斯族、自然灾害、“丝绸之路经济带[⑧]”等11个主题。“与疆关系”报道量占第一位。

---

① Организаторы беспорядков в уйгурском районе Китая приговорены к смертной казни, http://www. kazpravda. kz/news/view/8546; В Синьцзяне осудили 81 террориста, 12 приговорены к смертной казни, http://www. inform. kz/rus/article/2665694; В Синьцзяне произошло землетрясение магнитудой 5, 5 балла, http://www. inform. kz/rus/article/2513343; В Синьцзяне на границе с Кыргызстаном произошло землетрясение, http://www. inform. kz/rus/article/234793.

② Нурлан Абдимаджин избран председателем комитета НПКСК СУАР КНР), http://www. inform. kz/rus/article/2530698.

③ Китай инвестирует порядка 4, 5 млрд. долларов США в развитие гражданской авиации Синьцзяна, http://www. inform. kz/rus/article/2349660.

④ В китайском Синьцзяне зарегистрирована смерть от птичьего гриппа, http://www. inform. kz/rus/article/226594.

⑤ За год синьцзянские наркоманы употребляют наркотики на сумму более 300 млн. долларов, http://www. inform. kz/rus/article/2569409.

⑥ Доходы Синьцзяна от туризма в 2012 году выросли на 30% и составили более 9 млрд. Долларов, http://www. inform. kz/rus/article/2476682; 13 Января 2014, Все больше жителей стран Центральной Азии едут на лечение в Синьцзян: Власти СУАР решили развивать《медицинский туризм》, http://www. inform. kz/rus/article/2620812.

⑦ Китай наращивает проходящую через Казахстан《стальную артерию》《Экономического пояса Шелкового пути》(ФОТО и ВИДЕО), http://www. inform. kz/rus/article/2722101.

⑧ Экономический альянс Шелкового пути. В Иссык-Кульской области планируется проведение бизнес-форума с участием предпринимателей стран СНГ и Китая. http://slovo. kg/? p=36616.

吉媒重在发布有关吉国招商引资、新疆商品展、学习引进新疆科技及生产经验等消息①，同时关注新疆三股势力、自然灾害等安全领域的问题。吉媒报道中有两个主题引人注意："中国中亚战略"和"新疆民族问题"②。两主题报道内容转自《华盛顿邮报》《美联社》《美国有线电视台》，"德意志新闻社"等四方媒体。在中亚媒体中，唯独吉媒有转载外媒报道的现象（见表 1），有 22 篇来自东西方大国媒体的报道（《华盛顿邮报》《美联社》《美国有线电视台》《卫报》《苏格兰人报》，"德意志新闻社"、《环球时报》《新华社》《中亚及高加索分析师》《亚洲前哨报》、"半岛电视台"等）。吉尔吉斯斯坦是中亚唯一的议会制国家，也是中亚地区少有的提倡言论自由的国家。吉媒转载外媒涉疆、间接表达观点可以被认为是追求言论自由、追求独立新闻的初步尝试。

（三）塔媒涉疆信息

塔媒共 103 篇涉疆信息，9 个主题，主要有：与疆关系、中国—欧亚博览会、上合组织、社会犯罪、丝绸之路等内容。与疆关系报道量占绝对优势，这一点与吉媒相似。其他主题略有提及。塔媒对中国—欧亚博览会③的关注度较其他国家都高。中国—欧亚博览会始于 1992 年，历时 20 余载，目前是搭建招商引资和区域经济发展的大平台。塔国对中国—欧亚博览会的热切关注与本国经济发展特征及困境十分吻合。塔国经济发展对外资依赖性强。招商引资、寻求

① Специалисты китайской корпорации《Цинхуа》приедут в Кыргызстан для изучения возможностей для крупных инвестиций, http: //kabar. kg/rus/politics/full/1822; В мае в Ошской области планируется провести Международную выставку – ярмарку экспортных товаров, техники и оборудования из Кашгарского округа СУАР Китая, http: //slovo. kg/? p=31097.

② 《Washington Times》: Непонятно, что будет с Центральной Азией после вывода войск США из Афганистана, http: //kabar. kg/rus/analytics/full/21765; CNN: В Китае снова возник конфликт с уйгурами, http: //kabar. kg/rus/analytics/full/28768.

③ Первый вице–премьер Таджикистана М. Давлатов выступил с речью на церемонии открытия ЭКСПО《Китай–Евразия–2013》, http: //khovar. tj/rus/38065–pervyy–vice–premer–tadzhikistana–m – davlatov – vystupil – s – rechyu – na – ceremonii – otkrytiya – ekspo – kitay – evraziya – 2013. html.

合作是塔国每年参加中国—欧亚博览会的重要目的。可以说，塔媒将绝大部分注意力放在招商引资、与新疆合作等方面，为其国家经济发展提供信息支持。①

（四）乌媒、土媒涉疆信息

乌媒、土媒有关新疆的报道量与前三国相差悬殊，主题单一，因此，归为一类。乌媒有关新疆的报道是16篇，有4个主题；土媒为12篇，2个主题，媒体注意力主要在报道两国与新疆的合作关系②（与疆关系乌、土媒报道总量的比例分别为75.0%和92.3%）。

三　涉疆报道对比

从上文可看出，中亚媒体涉疆信息中既有差异也有共性。

1. 中亚媒体涉疆报道差异。（1）各国媒体涉疆报道总量差距悬殊。哈媒报道量（246篇）是土媒（13篇）的19倍，是乌媒（19篇）的12倍多；是吉媒和塔媒的2倍左右。（2）主题国别分布差异大。哈、吉、塔主题多样，哈媒14个、吉媒12个、塔媒9个；乌媒、土媒主题单一，分别为4个，2个。（3）五国媒体报道各有侧重点。哈媒呈宽视角、多领域特点，重点报道新疆的安全形势；吉媒主题多谈及新疆热点问题，对此引用多篇外部媒体报道，间接表达自身观点；塔媒侧重报道塔国招商引资，与疆合作动态，为国家经济发展提供信息支持；乌媒、土媒报道主题单一，篇幅少，聚

① Начало строительства комплекса текстильных предприятий в Дангаринском районе, http：//khovar. tj/rus/president/43745-nachalo-stroitelstva-kompleksa-tekstilnyh-predpriyatiy-v-dangarinskom-rayone. html；Презентация экономической зоны Кашгара, http：//khovar. tj/rus/economic/34401-prezentaciya-ekonomicheskoy-zony-kashgara. html.

② Новые горизонты сотрудничества, http：//uza. uz/ru/business/novye-gorizonty-sotrudnichestva-24. 06. 2010-10965? sphrase_ id=622876；СОВМЕСТНАЯ ДЕКЛАРАЦИЯ о развитии и углублении отношений стратегического партнерства между Туркменистаном и Китайской Народной Республикой, http：//tdh. gov. tm/ru/2013-04-29-11-55-24/2013-04-13-07-33-53/9580-2014-05-12-00-15-21.

焦新疆与两国合作关系。

2. 中亚五国主流媒体涉疆报道的共同点。尽管各国媒体在报道新疆时各有侧重，然其共性大于差异。（1）五国媒体都重视本国与新疆的关系，其报道量在该国涉疆信息中的比重最大①，在吉媒中占61.7%，在塔媒、乌媒、土媒中分别为71.8%、75.0%、92.3%，在哈媒中占26.4%。换句话说，除哈媒外，吉、塔、乌、土四国媒体60%以上的涉疆信息是关于其本国与新疆关系的。（2）五国媒体涉疆报道中有10个交叉主题（详见表1），共229篇文章。因此，从“量”和“质”两方面考察，中亚媒体涉疆报道具有高度相似性，其共性大于差异。（3）中亚各国媒体涉疆报道的共性聚焦两点：“与疆关系”，“新疆安全形势”。

表2　**中亚媒体关于与疆关系、新疆安全形势的报道**

<table>
<tr><th>媒体</th><th>哈媒</th><th>吉媒</th><th>塔媒</th><th>乌媒</th><th>土媒</th><th>合计</th></tr>
<tr><td>与疆关系的报道（篇）</td><td>65</td><td>95</td><td>74</td><td>12</td><td>12</td><td>258</td></tr>
<tr><td>在各国报道总量中的排名（位）</td><td>2</td><td>1</td><td>1</td><td>1</td><td>1</td><td></td></tr>
<tr><td>关于新疆安全形势的报道（篇）</td><td>119</td><td>23</td><td>13</td><td>1</td><td></td><td>156</td></tr>
<tr><td>在各国报道总量中的排名（位）</td><td>1</td><td>2</td><td>2</td><td>2</td><td></td><td></td></tr>
<tr><td>“与疆关系”、“新疆安全形势”占涉疆报道总量的百分比（%）</td><td colspan="5">77.8%
（414/532）</td><td>414</td></tr>
</table>

四　差异和共性解读

（一）差异解读

关于五国在涉疆报道中呈现的差异原因，文章认为可从三方面加以探究：地缘因素、经济因素和媒体自身因素。

乌兹别克斯坦和土库曼斯坦与新疆没有领土接壤。历史上，这两个国家所在区域属西域边缘，基本不在中国历代治理的西域核心

① 哈媒中报道量最大的是新疆安全形势，与疆关系报道量次之（见表1）。

地带。现在两国和新疆之间隔着吉尔吉斯斯坦、塔吉克斯坦和哈萨克斯坦三个国家。"距离遥远"这一客观因素大大降低了对于新疆信息的需求度。

乌兹别克斯坦对媒体严格管制，互联网接入受限，乌国家通讯社驻外记者主要在独联体国家，其新闻在对外发布前需要经过严格审查。土库曼斯坦是单一政党执政国家，土政府严格控制媒体。土是中亚五国中入网率最低的国家，2009 年网民仅占全国人口 1.3%。[①] 土国内唯一一家通讯社是土库曼斯坦国家新闻通讯社（State News Agency of Turkmenistan），该通讯社不曾向国外派出常驻记者。[②] 种种原因，导致乌、土两国媒体关于新疆的报道从"量"和"质"方面都逊色于哈、吉、塔三国，而后三个国家恰恰与新疆接壤，有较长的边界线。

哈萨克斯坦是中亚实力最强、政治经济最稳定的国家，2012 年人均 GDP 超过 1.2 万美元，2013 年 GDP 总量为 2244.1 亿美元[③]。吉尔吉斯斯坦经过金融危机和颜色革命两次大冲击后，经济滑坡，国民贫困率居高不下。2013 年 GDP 总量为 72.2 亿美元。塔吉克斯坦在苏联时期就是经济发展水平最低的加盟共和国之一。独立初期的政治危机和内战让塔经济遭到极大破坏，21 世纪初塔被列为世界最穷的国家之一，[④] 2013 年 GDP 总量是 85.1 亿美元。以上国家经济发展水平不一，经济实力相差悬殊，必然影响各自媒体的发展。经济状况差，新闻专业人员缺失，信息获取渠道单一等现象在中亚国家普遍存在，而在吉、塔两国尤为严重。塔吉克斯坦有些媒体甚至派不出驻各地记者。因此，把有限的人力、物力、财力集中在国家最需要的信息获取上自然成为两国媒体最佳选择。如此一来，吉媒和塔媒"与疆关系"信息所占比例远远高于哈媒，这一现象似乎

① 赵永华：《中亚转型国家的新闻体制与媒介发展》，中国书籍出版社 2013 年版，第 241 页。

② 同上书，第 243 页。

③ 新疆师范大学中亚研究院：俄罗斯中亚五国 GDP 指标数据，下文吉尔吉斯斯坦、塔吉克斯坦 2013 年 GDP 数据也来源于此（http://ccas.xjnu.edu.cn/s/151/t/194/2f/66/info77670.htm）。

④ 2001 年德国《发展与合作》杂志将塔吉克斯坦列为世界上最贫穷的国家之一。

可以得到解释。当然，吉、塔两国对新疆较高的经济依赖度也不能忽视。

（二）共性解读

（1）新疆是中亚与中国合作的主导力量，是中亚通往中国内地，延展至东南亚的必经之路。中亚五国积极与新疆开展多渠道、多层次、多领域合作，把新疆作为其在中国招商引资，开展合作的首选伙伴。每年在疆举办的中国—欧亚博览会是搭建招商引资和区域经济发展的大平台，成为中亚各国向外寻求技术支持、资金援助、合作洽谈的重要通道。（2）新疆与中亚地区面临共同的区域安全问题，如三股势力、有组织犯罪、毒品走私。活跃于中亚地区的三股势力、有组织犯罪、毒品走私会波及新疆，反之，新疆安全领域的某些不稳定因素也影响到中亚。

五　现状成因、结论与后续思考

中亚媒体有关新疆报道的现状，究其原因，是多方面的。

1. 基于国家利益的有选择性的关注。中亚媒体中涉疆报道不是建立在反映真实新疆的基础上，是各国出于国家利益需求而进行有选择的关注，也正是这种有选择性的关注和单一的视角决定了与现实新疆的偏差。

2. 区域共同利益。中亚各国对新疆有相似的经济利益和共同的区域安全利益，这使得各国对新疆的关注出现客观上的高度一致。

3. 对新疆现状认知片面。中亚民众对新疆历史、社会、民族、文化以及政府政策等的认知深度和广度目前仍然有限，尤其对新疆历史的不了解甚至错误认识直接导致其把疆内某些暴力犯罪等同民族矛盾，或故意放大普通民间冲突，将其定性为民族矛盾。

4. 新疆的客观区情。（1）新疆是多民族聚居边疆区，生活有47个民族，与中亚民族有10个跨界民族。（2）新疆境内暴力犯罪确有发生；东突分裂势力也有触及。（3）新疆所在地区地质结构复杂，地貌多样，气候复杂多变，是地震、雪灾等自然灾害多发地带。

整体而言，中亚媒体涉疆报道重点是“与疆关系”，但同时受安全因素困扰。“一带一路”战略提出近两年，我们通过中亚媒体发现，作为沿线国家的中亚各国对此都有回应。① 其中有积极响应也有顾虑和担忧。这些疑虑和担忧有客观原因，更多含主观因素。“丝绸之路经济带”战略既是对我国目前中亚政策的推进，同时也是新考验。新时期中亚政策该如何顺应战略实施需求，笔者有如下几点思考。

（1）重视新疆安全领域不稳定因素对“丝绸之路经济带”建设可能产生的负面影响，推动地区性合作安全和集体安全建设。（2）增强双方互信度，尤其增强中亚民众对新疆的信任感、认同感。对此，人文交流应突重点，讲实效，扩大影响力。（3）在中亚政策制定和执行中，应充分考虑这五个国家不同的国情因素，防止政策单一化；也要考虑五国对新疆相似的利益需求，从而整合、优化相关合作机制，实现利益最大化。（4）在中亚构建中国媒体（新疆媒体）话语空间。宣传理念的最有效介质是媒体，目前除新疆的《大陆桥》外②，中国在中亚几乎没有其他传媒，也没有中国企业参股或控股当地媒体，中国媒体迫切需要走进中亚。

总之，深合作、重安全、通民心是目前“丝绸之路经济带”中亚政策的重要内容。

参考文献：

1. Общественное объединение “Журналисты”, Исследовательский проект “Политический Экстремизм, Терроризм и СМИ в Центральной Азии”, Бишкек,

① Казахстан примет активное участие в реализации проекта《Экономический пояс Шелкового пути》- Н. Назарбаев, http://www.inform.kz/rus/article/2659570; Темир Сариев:《Шелковый путь - это наиболее известная человечеству модель глобального сотрудничества》, http://kabar.kg/rus/regions/full/81220; ПЕРСПЕКТИВЫ СОЗДАНИЯ ЭКОНОМИЧЕСКОГО ПОЯСА ШЕЛКОВОГО ПУТИ, http://khovar.tj/rus/regions/45007-perspektivy-sozdaniya-ekonomicheskogo-poyasa-shelkovogo-puti. html.

② 孙力、吴宏伟：《中亚国家发展报告（2014）》“丝绸之路经济带”专辑，社会科学文献出版社 2014 年版，第 265 页。

2008 г.

2. Средняя Азия в Интернете. http//: centralasiaonline/com/.

3. 赵永华：《中亚转型国家的新闻体制与媒介发展》，中国书籍出版社 2013 年版。

4. 孙力、吴宏伟：《中亚国家发展报告（2013）》，社会科学文献出版社 2013 年版。

5. 艾莱提·托洪巴依：《新疆与中亚跨界民族研究》，民族出版社 2012 年版。

6. 雄建军：《古代新疆形象的历史叙事与建构》，《武汉理工大学学报》（社会科学版）2014 年第 2 期。

7. 焦若薇：《新疆主流媒体国际传播及中亚受众研究》，《现代传播》2014 年第 8 期。

8. 沈影、吴刚：《俄罗斯区域媒体中的中国形象——以〈周报〉、〈实业界〉、〈乌拉尔政治网〉报道为例》，《俄罗斯东欧中亚研究》2013 年第 1 期。

9. 孙力、吴宏伟：《中亚国家发展报告（2014）》“丝绸之路经济带”专辑，社会科学文献出版社 2014 年版。

10. 赵常庆：《中亚五国新论》，昆仑出版社 2014 年版。

共建丝路书桥，共享人类文明

——关于构建丝绸之路数字化知识资源共享联盟的思考与建议

张安军[*]

英国著名文学家萧伯纳曾说过一句至理名言：你有一个苹果，我有一个苹果，大家相互交换，各得一个苹果；你有一种思想，我有一种思想，大家相互交换，各得两种思想。这精辟地概括了知识资源共享和交流的重要意义和作用。

一　大学是知识资源的中心

知识是指人类的智力劳动发现和创造的，并以一切形式表现的，经物化可为人类带来巨大财富的创新成果。知识资源是指主体拥有的可以反复利用的，建立在知识和信息技术基础上的，能给组织带来财富增长的一类资源。知识资源是人们从事一切与知识文化活动有关的生产和生活内容，是体现一个国家文化实力的核心要素，是国家文化及文化产业发展的基础和源头。

大学是知识资源的传播中心，信息化的发展使得图书馆在高校教学、科研、管理等方面的作用更加显著。数字图书馆虽然存在于网络和计算机介质中，但其无限的容量，便捷的使用，无纸化利用等正成为其广受认同的优势。与纸质图书资料相比，数字化信息的传播速率与成本均不可同日而语，突破现有高校图书馆信息资源局限性，创设功能强大的数字化图书馆成为当然之选。各高校图书馆

* 作者简介：张安军，石河子大学图书馆副馆长。

均根据各高校教学、科研实际需要，购买网络上虚拟的数字图书馆资源，以及国内外具有较大影响力的各类学术信息数据平台资源，从而为本校大学生、教师与科研人员等创造最佳的科技与文化信息运用环境。

石河子大学图书馆藏中、外文书刊300万余册，年订中、外文期刊3000余种、报纸180种。正式购买数据库91个，其中，中文库67个，外文库24个，还有试用库20个，自建了《新疆棉花植保数据库》和《石河子大学学位论文数据库》。馆内珍藏有《四库全书》《传世藏书》《中华再造善本》等多部珍贵文献。石河子大学图书馆是新疆维吾尔自治区科技查新站、国家科技图书文献中心（NSTL）新疆生产建设兵团服务站、新疆生产建设兵团知识产权信息中心、地方专利信息服务中心、大学数字图书馆国际合作计划（CADAL）新疆生产建设兵团服务中心、中国高等教育文献保障系统、中国高校人文社会科学文献中心（CASHL）成员馆。这些努力和付出，使得石河子大学图书馆成为新疆及兵团的知识与文化资源中心之一。

二　丝绸之路经济带的倡议将为构建人类文明共同体奠定良好的框架和基础

丝绸之路经济带是在古丝绸之路概念基础上形成的一个新的经济发展区域，丝绸之路经济带东边牵着亚太经济圈，西边系着发达的欧洲经济圈，是世界上最长、最具有发展潜力的经济大走廊。在现代交通、资讯飞速发展和全球化发展背景下，促进丝绸之路沿线区域经贸各领域的发展合作，既是对历史文化的传承，也是对该区域蕴藏的巨大潜力的开发。

丝绸之路经济带是一个多民族多文明的交汇区，经济带的建设文化要先行一步。人类文明因互联网而进入互动的文明新时代，人们沟通交流面临着更大的开放性和全球性，让沿线的人们在对话沟通中拥有更多认同与包容，才能实现经济带的持久繁荣。目前，丝绸之路经济带仍需加强政策沟通、设施联通、贸易畅通、资金流通和民心互通等“五通”，而文化交流能让人们克服交通、交流的诸多不便，以包容的文化精神构建起“永不落幕的丝绸之路经济带”。

三　以大学图书馆为依托，构建丝绸之路国家数字化知识文化资源共享联盟

以丝绸之路各个国家的大学图书馆为依托，构建丝绸之路国家数字化知识文化资源共享联盟，将为推动丝绸之路国家的合作起到重要作用。构建丝绸之路国家数字化知识文化资源共享联盟作为一种新机制，应当具有独特的生命力、吸引力和感召力。共建共享不能停留在理念上、政策上，而要体现在行动上，成模式、成规模、有组织、有载体、见实效。通过丝绸之路国家数字化、知识文化数字化资源共建共享计划的实施，使得共建共享的需求深入人心，形成优势互补、合力共建、协作创新、开放包容、共享共赢的新模式。

第一，建议建立丝绸之路国家数字化知识文化资源共享联盟工作机制，让更多的学校、企业、行业、研究机构和专家参与共建共享计划的实施。围绕合作交流，通过建立定期召开联盟工作会议的机制，促进联盟内部的有效沟通，同时建立以图书馆为单位联盟区域性会议制度，联盟工作会议的主要内容包括：交流情况、沟通信息、协调进度、商讨方案、总结工作等。联盟信息化建设将是联盟的重点工作之一，通过加强联盟信息化建设，提高联盟利用现代信息技术的能力，积极拓展联盟的服务领域和服务手段，丰富服务内容，打造包括联盟网站在内的联盟实时交流平台。联盟网站是展示联盟形象的重要标志，也是开展联盟活动的重要窗口，可以增强联盟服务的时效性和互动性，有助于树立良好的联盟对外形象。

第二，建议各个国家将促进丝绸之路国家数字化知识文化资源共建共享机制常态化。各个国家在项目立项管理上，将促进丝绸之路国家数字化知识文化资源共建共享的相关项目列为国家层面的重点工作内容，在项目管理上由以往的定期申报变为实时申报，动态受理学校和企业的共建共享申请，及时立项、组建协作组，扩展资源共建共享项目。在管理上，健全结构合理、水平一流的共建共享

专家委员会，进一步加强技术支持等方面的研讨和交流工作，提升资源的开发质量和水平。

第三，建议提升技术应用水平，以知识文化资源的共建共享标准化、多语化、可视化、多途径应用为重点，让更多的公众能享受联盟合作的成果。提升技术应用水平，采取前沿信息技术和先进教育策略，促进了企业与学校的深度合作，企业成为共建共享的参与者、实施者和受益者。共建共享标准化、多语化、可视化、多途径应用的成果不仅要满足学校教育教学的需求，还将满足社会各界需求。建议将这种标准的、优质的数字化资源的使用从学校扩大到企业、社会，希望能让更多的企业参与共建，也让更多的社会公众享受这种成果。

第四，创新开展读者活动，加强图书馆与读者的沟通与交流。各成员馆密切配合，协同举办各种主题阅读、读书沙龙、图书漂流、征文演讲等活动；培养公众阅读兴趣、传授阅读方法，为读者提供阅读推广服务；推进联盟成员馆之间文献联合流通、联合参考咨询等工作，不断拓展合作范围和合作空间。例如，合作邀请电子文献供应商到馆为广大读者做电子文献数据库知识讲座，使读者能够熟练地使用图书馆的各种文献资源。合作开展深层次的图书专题讲座服务，不仅有效扩大图书馆的影响，营造良好的学术氛围，而且会加深图书馆与读者之间的相互联系。

我们希望，在坚持“公益性、基本性、均等性、便利性”的原则下，促进丝绸之路经济带图书馆的合作与交流，引导社会公众充分地了解图书馆、愉快地走进图书馆、有效地利用图书馆、尽情地享用图书馆，必将为丝绸之路国家人类文明的共同体建设发挥积极而重要的作用。

ПЕРСПЕКТИВЫ РАЗВИТИЯ ЖИВОТНОВОДСТВА В КАЗАХСТАНЕ

Махатов Б. М. , Калиаскаров М. К. ,
Шыныбаев Д. С. *

Аннотация: В Казахстане животноводство всегда считалось традиционной отраслью. При этом особое внимание уделялось развитию пастбищного животноводства. В данной работе представлены состояние и перспективы развития животноводства в республике, раскрыты наиболее ключевые факторы, которые оказывают наибольшее влияние состояния данной отрасли сельского хозяйства. Мировой опыт показывает что сегодня во всех развитых странах идет процесс концентрации укрупнения сельхозформирований, оброзования кластеров. Именно в таких условиях возникает возможность эффективного использования факторов идентификкации производства.

С каждым годом в республике увеличиваеться посевные площади, на которых применяются влагоресурсосберегающие агротехологии. Благодоря этому отечественным аграриям удаеться собирать высокие урожаи, даже в резко континентальных климатических условиях. Сфера переработки сельхозпродукции добились 13 - проценетного роста темпов. Наблюдаеться положительная динамика развития отрасли животноводства. Проводиться работа по повышению генетического потенциала скота за счет развертывания, крупномасштабной селекции в скотоводстве, с охватом наибольшего количества хозяйств.

---

* 作者简介：Махатов Б. М. , Калиаскаров М. К. , Шыныбаев Д. С, Республика Казахстан. Казахский национальный аграрный университет。

Казахстан традиционно считался агропромышленной страной, а освоение целинных земель превратило его в одного из крупнейших производителей зерна и мяса. В этот период были освоены новые территории, получили развитие перерабатывающие производства. В этой связи в республике были созданы объективные материальные предпосылки для формирования агропромышленного комплекса, как ведущей части экономики страны.

Животноводство – стало одной из наиболее динамично развивающйеся отраслью сельского хозяйства. В течение последних десятилетий спрос на животноводческую продукцию имеет тенденцию роста, из-за увелечения народонаселения, повышение благосостояния. Государство понимает, что только высокоразвитое сельскохозяйственое производство будет служить основой для создания новых производств в пищевой и легкой промышленности, сохранения продовольственную безопасность Казахстана.

Казахстан безусловно, обладает огромным потенциалом для эффективного развития животноводства. По мнению зарубежных экспертов благоприятные природно – климатические условия и обширные площади сельскохозяйственного назначения должны стать огромным подспорьем, как для насыщения внутренного рынка продукцией животноводства, так и для реализации ее на экспорт. Сегодня отечественное животноводство входит в число приоритетных отраслей экономики Казахстана.

Богатейшие пастбищные угодья и благоприятные природно – климатические условия создают хорошую основу для роста и развития отрасли животноводства. Однако ключевую роль в развитии данного сектора экономики, безусловно, играет государственная политика.

На сегодняшний день сдерживание развития животноводства обуславливаеться мелкотоварностью производства сельскохозяйственной продукции, низким генетическим потенциалом сельскохозяйственных животных и слаборазвитой кормовой базой. Для решения этих проблем мы считаем необходимо проводить работу в следующих направлениях: во – первых, требуется создание средне – и крупно – товарного производства, где главными инструментами выступает реализация инвестиционных проектов и кооперация мелких товаропроизводителей;

во – вторых, повышение генетического потенциала стада за счет улучшения породных качеств существующего поголовья, создания племрепродукторов и третье – принятие комплекса мер по созданию прочной кормовой базы животноводства, а также обеспечение эпизоотического благополучия и безопасности животноводческой продукции на уровне международных требований.

Для поэтапного решения вышеуказанных мероприятий в республике предприняты комплекс программ. В частности в государственном масштабе принят проект《Развитие экспортного потенциала мяса КРС》. Данный проект предусматривает решение комплексных вопросов: развитие всех звеньев технологической цепочки, необходимых для эффективного производства качественного и конкурентноспособного мяса КРС, повышение генетического потенциала животных, а также разработка технологии от производства продукции и до его глубокой переработки. В осуществлении данного проекта важная роль отводиться отечественным породам крупно – рогатого скота мясного направления, в частности казахской белоголовой и аулиекольской – созданные учеными КазНАУ, по уровню продуктивности не уступающие скоту, завозимому из – за рубежа.

Нужно отметить, что вобщей численности поголовья племенной скот состовляет всего 9, 7 %, что должно быть основным объектом внимания в перспективе развития отрасли, так как увелечение численности племенных животных повлечет за собой и повышения продуктивности и улучшения качества продукции, а также повышения конкурентноспособности отрасли (график 1). Кроме того рост количества племенного поголовья мясного направления предусматривает осуществить за счет увеличения внутренних ресурсов отрасли, тоесть максимально использовать неплеменной скот местного населения и улучшить их генетический потенциал за счет использования животных мирового и отечественного генофонда это вполне выполнимая задача, так как в настоящее время.

Таблица-1 Численность КРС на 01. 01. 2015г

Всего тыс. голов	В том числе удельный вес %							
Всего тыс. голов	Племенного К. Р. С к общему поголовью	Всего племенного мясного скотак общему поголовью	В том числе по породам, %					
			Казах. бело-ая	Ангус	Аулие-ая	герефорд	Санта-герт.	Остальные породы
6028, 7	9, 7	5, 6	56, 6	4, 0	11, 9	10, 4	5, 9	1, 2

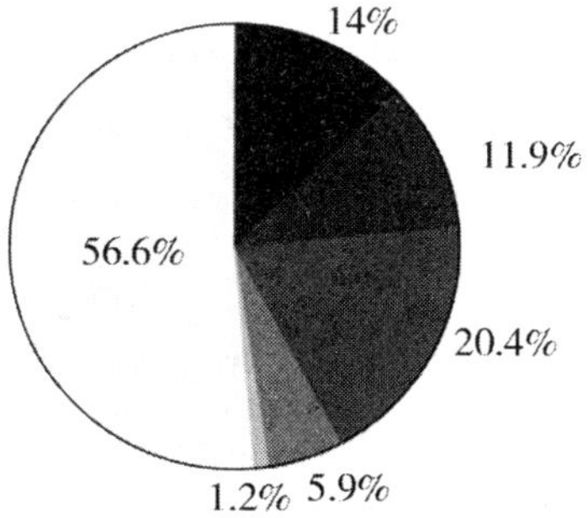

отечественные мясные породы по удельному весу занимают около 70% от общего племенного поголовья скота данного направления. Отдельный вопрос для пополнения мясного баланса республики большим подспорьем являеться овцы и лошади, которые максимально могут использовать все виды естественных пастбищ не требуя особых затрат. В республике в настоящее время насчитываеться более 17 млн. овец и коз, в том числе племенных животных – 14, 0%, лошадей более 1, 9 млн. голов при удельном весе племенного поголовья – 7, 6%. В связи с тем что в стране наблюдаеться повышенный спрос на скот мясного направления, а имеющегося поголовья недостаточно, предусматриваеться частичный ввоз племенного скота, в том числе овец и лошадей из дальнего и ближнего зарубежья.

Работа по созданию условий для развития мясного животноводства в стране и повышения экспортного потенциала мяса ведеться и в сфере ветеренарии. В частности это касаеться соглосования ветеринарных сертификатов на импорт племенного скота. Что касается обеспечения безопасности пищевой продукции, то проводиться работы по организации системы убоя сельскохозяйственных животных в надлежащих ветеринарно – санитарных условиях. Так, в настоящее время по республике уже имеется 1553 объекта убоя сельскохозяйственных животных, 178 убойных пунктов, 1337 убойных площадок, 38 мясоперерабатывающих предприятий. Это на 89% покрывает общереспубликанскую потребность. Перспективным направлением успешного развития животноводства в республике является интенсификация производства, основанная на научных разработках в области селекции, технологии, биотехнологии воспроизводства и агробиологической промышленности, призванной обеспечить ветеринарное благополучие животных путем защиты их качественными диагностиками, лечебными и профилактическими препаратами прежде всего отечественного производства.

Какие первоочередные задачи необходимо провести в первую очередь для развития отечественного животноводства:

научно – технические проекты на перспективу должны быть направлены на разработку для каждой природно – климатической зоны оптимальной системы ведения животноводства;

– 1 – повышение генетического потенциала и продуктивности животных и адаптации их к конкретным местным условиям и зоны разведения;

– 2 – разработки инновационных технологий, биотехнологий, для целенаправленного ведения животноводства, и организация полноценного кормления и кормопроизводства;

– 3 – повышение продуктивности и улучшение технологичности получаемого сырья;

–разработки и освоение информационно–аналитической системы научного обеспечения животноводства и оперативное управление научно – техническим прогрессом.

Для дальнейшего совершенствования научного обеспечения и распространение достижений науки и практики предполагает решение следующих задач:

–1–разработки концепции и системы развития животноводства на перспективу;

–2–концентрации сил и средств научного потенциала на ключевых направлениях научно – технического прогресса развития животноводства и кормопроизводства, совершенствование и создание новых пород, типов и линий сельскохозяйственных животных;

– 3 – разработка и освоение прогрессивных биотехнологических методов воспроизводства в животноводстве;

–4–освоение современных наукоемких ресурсо–энергосберегающих технологий производства и переработки сельскохозяйственной продукции;

–5–совершенствования организационно – экономических моделей – методов и научных систем ведения животноводства;

–6–разработки и усовершенствования агротехнических приемов возделывания перспективных кормовых культур, отработки зональных систем кормопроизводства;

– 7 – формирование рынка обновленной научно – технической продукции и стимулирования инновационной деятельности;

–8–развития научного и консультативного обеспечения развития животноводства, кормопроизводства и ветеринарного благополучия животных;

– 9 – финансирования приоритетных программ развития животноводства.

Выводы. В целом осуществление вышеуказанных задач в сельскохозяйственных формированиях, позволяет сделать следующее заключение, что при одновременной разработке научно-технологических и селекционных вопросов в животноводстве, продуктивность повышается на 8%–12%, затраты труда и средств снижаются на единицу продукции на 6%–10%.

KAZAKHSTAN AND CHINA: ECONOMIC COOPERATION

Alpysbayeva N. A., Koshebayeva G. K.,
Filippova T. S., Kashebayeva P. Zh. *

Abstract. In the article there is considered the current state of Kazakhstan and China economy, as well as the prospective trends of economic cooperation of two countries in the context of constructing "the economic zone of the Silk Road". Alongside with it, there is described the jointly constructed large oil and gas pipelines, China involvement in the development of the Kazakhstan oil fields, as well as cooperation in nuclear power and sectors of non-oil economy. There is carried out the comparison between the ancient Great Silk Road and the "New Silk Road" revived at the initiative of China. There is emphasized the cost benefit for the countries adjacent to the Silk Road, and, first of all, for Kazakhstan which is the key significant point of this megaproject. There are noted various assessments of the economic development and the role of China in the international community. There are presented the macroeconomic indicators testifying to the considerable economic progress of China as a result of successful implementation of market reforms called the "economic miracle" of the China development in the world economy. At the same time, there are shown other initiatives of China consisting in the development of the Asian bank of infrastructure investments which will become a competitor of the international financial institutions in the person of both the World bank and the Asian Development

* 作者简介：Alpysbayeva N. A., dean, KSTU, Koshebayeva G. K., Doc. Ec., KSTU, Filippova T. S., ass. prof., PhD, KSTU, Kashebayeva P. Zh., student, KSTU。

Bank as these banks are under complete control of the USA, as well as the initiative of forming an alternative international financial system on the basis of increasing the role of the Chinese yuan as the international currency. Besides, there are provided the predicted indicators of the world economy development including the Chinese economy which will take the leading positions in the future perspective.

Keywords: Kazakhstan – Chinese economic cooperation, Great Silk Road, "economic zone of the Silk Road", infrastructure investments, competition, Chinese economy, yuan, Central Asia.

The present day development of China causes increasing attention in the world, at this the assessment of the China economic development is very ambiguous. Some countries, studying the experience of the China development, admire its economic achievements. Other countries are concerned by so-called threat and possible expansion of China, while the third countries doubt peacekeeping initiatives of China and terrify by China-phobia.

Today in the international situation there take place deep and complex changes. The world financial crisis showed both for the developed countries and the developing countries new threats and challenges which they didn't face before. It is remarkable that China and Kazakhstan did not suffer so strongly from the crisis. For example, in 2008 – 2009 when the crisis reached its peak, China managed to save the 9% GDP growth, and in 2010 it made 10.4%. As for Kazakhstan, in 2010 the GDP growth made 7%.

Kazakhstan and China are the countries that are close and good neighbors, they are integrated by the boundary extent of more than 1700 km, have the common mountains and rivers. The decay of the Soviet Union and disorder of economic relations between its republics changed the geopolitical and geoeconomic situation in the region. China faced the task of developing the foreign policy strategy in relation to the new Asian neighboring states. First of all, China tried to develop a stability belt on the entire perimeter of the boundaries and not to allow destabilization of the situation. Kazakhstan, in turn, was faced by the difficult task of constructing the state starting "from scratch" which also included the framing of the external economic course. The geographical neighborhood, mutual aspiration to saving stability became the premises for the development of economic relations between the countries.

Kazakhstan is known as the country taking the ninth place in the world by the territory and locating the richest natural resources. If in 2004 the GDP per capita made 2700 dollars, in 2014 it made 15200 dollars, and by 2017 it will be about 24500 dollars per capita that reflects the positive dynamics of the economic development of the country①. The main source of the economic growth is the natural resources operation: oil, gas, coal, uranium, iron ore, etc. According to the World Bank data, since 2011 Kazakhstan has been included into the twenty world countries most attractive for investments②. The volume of the direct foreign investments attracted in the Kazakhstan economy within the years of independence reached 132 billion US dollars. At the present stage of the economic development there is an imperative need of solving such tasks as improving the transport and logistical infrastructure, more complete use of the transit and trade potential, etc. The economic policy of Kazakhstan is gradually accented on the support of own branches, such as metallurgy, mechanical engineering, agriculture. The country is increasingly integrated into the world economy and the dynamic changes happening in it, are undoubtedly reflected in the development of the country. In this regard there is a need of studying different oscillations in the world economy and their accounting in the development and implementation of the economic policy.

As it was notes, one of the prospective trends of the country economic

① Economy of Kazakhstan. URL: http://www.ereport.ru/articles/weconomy/Kazakhstan.htm.

② Strategy "Kazakhstan-2050" as a new political course of the developed state. URL: http://forbes.kz/process/strategiya_ kazahstan-2050-novyiy_ politicheskiy_ kurs sostoyavshegosya_ gosudarstva.

development is the use of the transit potential. It is necessary to consider such geopolitical factors as the layout in the center of Eurasia between such two large economic powers, as Russia and China and the absence of the access to the sea.

The double-sided relations between China and Kazakhstan save the tendency of healthy and stable development. With implementation of a number of large joint projects, such as construction of oil and gas pipelines of China and Kazakhstan, the international center of border cooperation "Horgos", the aluminum plant in Pavlodar, the Moynaksky hydroelectric power station, the bituminous plant in Aktau, the potential of Kazakhstan-Chinese cooperation is increasingly revealed. The mutual combining of the crossed network of highways, railroads, oil and gas pipelines and telecommunications of the two countries is already assuming the original scale.

In Kazakhstan, there work such large Chinese oil and gas companies as the CNOC (Chinese National Oil Corporation), the Sinopec (Chinese Petrochemical Corporation), the CNOOC (Chinese National Offshore Oil Corporation). They possess the shares in such enterprises as the CNOC Aktobemunaygaz, the Northern Buzachi Operating, the Aydan CNOC Munay, the Petrokazakhstan and the FIOK. It is China that owns oil fields in the Mangistau, Aktyubinsk and Kyzylorda regions of Kazakhstan. For the development and servicing the Kazakhstan-Chinese oil pipeline and the gas conduit there were developed joint companies: the "Kazakhstan-Chinese Pipeline" and the "Kazakhstan-Chinese Oil Pipeline". The Chinese company "Sinooil" also has a share in the Kazakhstan sales market of oil products. Besides, the SITIK group large Chinese investment company owns the field of Karazhanbasmunay. The development of this company was initiated by Deng Xiaoping for the acquisition and building of foreign assets of the People's Republic of China. Thus, the presence of China in the oil and gas market of Kazakhstan is quite imposing.

In the sphere of oil and gas cooperation between Kazakhstan and China there exists even a certain imbalance in favor of China while the Kazakhstan oil companies were not still allowed to the Chinese market. If to analyze the cooperation level in nuclear power, the Kazakhstan "Kazatomprom" company takes part in the construction of nuclear power plants in the People's Republic of China. Besides, the "Kazatomprom" delivers atomic fuel to the Chinese NPPs and together with the Chinese companies realizes the production of uranium ores at the Kazakhstan fields Irkol, Semizbay and Zhalpak. For this purpose the "Kazatomprom" developed a joint venture with the Chinese atomic companies China Guandong Nuclear Power Company (CGNPC) and China National Nuclear Corp (CNNC) .

By 2030, China intends to construct about 120 NPPs, therefore China hopes for long-term cooperation with Kazakhstan in this sphere. It should be noted that the "Kazatomprom" is the world's third uranium mining company. In October 2007, between the "Kazatomprom" and the CGNPC, there were signed two memorandums of joint developing uranium resources in Kazakhstan by means of developing a joint venture and of the "Kazatomprom" investments into nuclear power of China.

The Atasu-Alashankou oil pipeline put into operation has a great strategic importance because it permits Kazakhstan not only to diversify oil export routes, but also to involve its transit potential for pumping the Russian oil over to China more completely.

Today there is performed the transition of mutual cooperation to a qualitatively new stage, to the broader interaction in non-oil sector. In this regard in 2008 the parties signed the Program of cooperation of Kazakhstan and China in non-oil sectors of economy providing rational diversification of the double-sided commodity turnover. It should be recognized that Kazakhstan has the backward transport, electrical power and telecommunication infrastructure. Meanwhile, China possesses a rich experience in the sphere of constructing the infrastructure facilities and assistance to the economy structure diversification.

The commodity turnover between China and Kazakhstan exceeded 70 percent from the total amount of the People's Republic of China trade with the Central Asian countries.

In September, 2013 in the course of visiting the countries of Central Asia, Chinese President Xi Jinping, being in Kazakhstan at "Nazarbayev University", advanced an initiative about the development of "an economic zone of the Silk Road" and the idea of integration communication means, continuous trade, parallel circulation, cooperation strengthening. China is ready together with the countries of Central Asia to deepen mutual trust, to stimulate the common economic development and prosperity.

It seems significant that in October 2013 the Centre of the World Heritage of UNESCO officially accepted the application submitted jointly by China, Kazakhstan and Kyrgyzstan for the introduction of the Great Silk Road to the list of the world heritage.

Over 2000 years ago the ancient Great Silk way with the extent of more than 7000 kilometers connected China, Central and Western Asia, North Africa and Europe, stimulating economic prosperity in the huge region. This way played a crucial role in the world history. In the seventies of the nineteenth century German geographer Ferdinand von Richtgofen who has found this way for the first time, gave it the name of the "Great Silk Road" taking into account that the Chinese silk was the main goods which were transported by it. In 1877 Richtgofen published his work "China. Results of my own travels" in which he called this way the greatest phenomenon in the history of human civilization and foretold that this way will find the former greatness after the awakening of "the Chinese dragon" again. The Richtgofen's prediction came true.

The essence of "the economic zone of the Silk Road" construction consists, first of all, in the economic development of the countries along the Silk Road, the connection of the European economic region with the Asia-Pacific economic region. "The economic zone of the Silk Road" will be the longest and a perspective economic corridor of the world crossing 18 countries of Asia and Europe with the total area of 50 million square km and the population numbering about 3 billion people. The new content of the Silk

Road of the XXI century assumes the general economic revival of Asia together with other countries.

It is important to note that the Chinese party, declaring its openness, considers "the economic zone of the Silk Road" as an open process of the international cooperation which is equitable to the interests of the countries of Europe and Asia aiming at the economic development and extension of economic cooperation.

It is quite obvious that Kazakhstan, being the largest trade partner of China, is an important participant of constructing "the economic zone of the Silk Road" owing to the geographical position, huge power and potential of the development. The unique geopolitical position of Kazakhstan will be a transport "bridge" connecting Asia to Europe. Projects for the development of the international transport corridors will permit to turn this natural advantage into reality and to integrate Kazakhstan into the global system of freight transportation. In turn, China, being the largest production site of the world, the leading financial and economic center of the planet, will intensify the trade flows which intensity in the long term will only increase. In case of terrestrial transportation between Europe and China through Kazakhstan the distance decreases 3.5 times in comparison with the sea.

In recent years, the largest developing countries, first of all, China and Russia make essential efforts on forming a number of new international financial institutions oriented at the activities in the interests of the developing countries and their associations, both regional and global. In this regard among large initiatives it is possible to note the initiation by China of the development of the Asian Bank of infrastructure investments which will become a competitor in the region of both the World Bank, and the Asian Development Bank. The motivation of such a decision of China is as follows: the World Bank and the Asian Development Bank are under complete control of the USA. There was increased the authorized capital of the new bank from 50 to 100 bln. dollars, thus China reserves the leading role in the new financial structure assuming to have 50% of the capital. The consent to join the new bank has been already declared by 22 countries[①].

Thus, China tries to develop its own alternative to the existing international institutions. It is also obvious that this bank will realize those projects which are of interests to the People's Republic of China, in particular, the financing of the "New Silk way" including the construction of the railroad Beijing - Baghdad.

Another large project of China deserving attention is increasing the role of yuan as the international currency. Within the last 5 years there were signed agreements of currency swaps with 23 countries of the world. In the contracts of direct settlements in national currencies in case of organization of trade, attention is emphasized on the unwillingness of the member-countries to encourage the dollar domination and the need of lowering the dependence on the USA in the foreign economic activity.

Yuan progresses sharply in the rating of currencies which are most used in international payments. According to SWIFT (community of the world interbank communications), in May 2014 yuan became the 7th currency in this quality, and in January 2013 it took only the 13th place. The yuan share in international payments made 1.5%, having increased almost 3 times within half a year (from 0.6%) . The rapid growth of the yuan share happens at the expense of Europe: within a year the yuan share in the turnover between the countries of the Eurozone and China grew from 19% to 29%; and between the countries which are not entering the Eurozone and China - from 25% to 38%. The operations with yuan take place mainly via special foreign centers developed with the assistance of the Chinese authorities. The largest of such centers is in London: there takes place 60% of all foreign operations with yuan.

Such initiatives of forming an alternative international financial system are supported not only by China, but also by some other countries. All this

① Dodonov, V. New financial institutions of developing countries//MIK. - 2014. -No. 9. - pp. 13-14 testifies to the beginning of the actual fragmentation of the formerly single global system of the international financial cooperation and appearance of new poles of the economic and financial force.

The Chinese economy acts as the principal source of the world economy growth. In 2013 the total volume of the GDP of China made 56.9 trillion yuans (that corresponds to about 9.18 trillion US dollars by an average exchange rate - 1: 6, 2), in comparison with the indicator of 2012 the increase made 1 trillion US dollars. The China GDP specific weight volume of in the total volume of the world economy exceeded 12%. In spite of the fact that the growth rates of the Chinese economy within 2012-2013 was below the 8% level that was caused by the continuous extension of its scales, about 20% of the world economy gain is the share of the Chinese economy[①].

According to the forecast of the world economy and power engineering development till 2035 of the Institute of Energy Research of the Russian Academy of Sciences (RAS) and the Russian Energy Agency, firstly, the growth rates of the world GDP are gradually decelerated from 3.9% in 2011-2015 to 3.4% in 2031-2035. Secondly, China will have become the largest economy of the world by 2017, at this among ten largest economies of the world there will be 6 countries which are nowadays considered the developing countries (see the Table)[②].

Today China is the second world's largest economic subject ceding only the USA.

① Yu Bin, Zhen Tszepin. China as the principal source of the world economy growth//China. - 2014. -No. 4 (102). - p. 24

② Makarov, A. A., Mitrova, T. A., Kulagin, V. A. Long-term forecast of development of power engineering of the world and Russia//Economic Journal of HSE. - 2012. - V. 16. - No. 2. - pp. 172-203

Predicted data of the world economy

development

2010		2035	
Country	Share in the world GDP	Country	Share in the world GDP
USA	19. 7	China	22. 8
China	13. 6	USA	14. 1
Japan	5. 8	India	10. 3
India	5. 4	Brazil	3. 2
Germany	4. 0	Japan	3. 0
Russia	3. 0	Russia	3. 0
Great Britain	2. 9	Germany	2. 4
Brazil	2. 9	Indonesia	2. 0
France	2. 9	Great Britain	2. 0
Italy	2. 4	Mexico	1. 9

Within 30 years, since the time of carrying out the market reforms the Chinese economy was characterized by the superfast growth, but beginning with 2014 the Chinese leadership marks the stage of the "normal growth" of economy which is characterized by the growth rates at the level of 7. 8%.

"The new normal state" of the Chinese economy has three features.

The first feature consists in the transition of the Chinese economy from the superfast growth to the middle and rapid growth. According to the Chinese President Xi Jinping, "even if the growth rates of the Chinese economy will be maintained at the level of about 7%, both in the growth rates and in the value the Chinese economy will still take the leading place on the planet"① .

The second feature is economy restructuring with the prevailing development of the industry of services and consumer demand. The coefficient of fi-

① Yu Shanshan. New stage of the Chinese economy development //China. - 2014. - No. 12 (110) . - pp. 22-23.

nite consuming in China makes less than 50% that considerably concedes to the similar indicator of the USA and other developed countries of the world that is over 80%.

The third feature is the transition from the economy growth stimulation at the expense of the factors of production and investments to the economy growth stimulation based on innovations.

China purposefully goes to changing the model of the economic development (growth of internal consuming, implementation of innovations). In this regard it should be noted that Kazakhstan also undertakes measures for changing the structure of economy. There began the second stage of implementation of the Program of the forced industrial and innovative development. There is developed the long-term program "Kazakhstan — 2050". The declaration at the end of the last year by President of Kazakhstan N. Nazarbayev "Nurla zhol: the Way to the future" new economic policy stakes on the infrastructure building, the development of special economic zones which will serve overall objectives of the development of "the economic zone of the Silk Road". Both countries are pragmatically aimed at specific results.

Kazakhstan and China interact effectively within the frames of the UN, ShCO. China, Russia, Kazakhstan, Kyrgyzstan, Tajikistan and Uzbekistan which occupy the most part of the region of the "New Silk Road" are a part of the Shanghai Cooperation Organization (ShCO). China shows its interest in such trends of cooperation with the states of Central Asia within the ShCO, as prospecting operations and oil production, gas transmission systems, investments, finances, infrastructure, telecommunications, transport networks (road and railways, high voltage lines construction), the development of joint ventures.

China has both capitals and technologies, and staff. And it expects the broad economic cooperation with Kazakhstan under joint projects for the purpose of supporting economy of its strategic partner.

后　记

本书以2015年在石河子大学举办的第三届中亚文明与向西开放论坛为主体论文，同时兼收近年来石河子大学学者围绕本书主题所发表的相关文章。由于作者的国别、文化背景、表述习惯的差异，所以本书中的文章各有特点和风格，我们未加强行统一，尽可能原汁原味地表现出来。

2013年5月石河子大学成立“中亚文明与向西开放协调创新中心”，由北京大学、中国社会科学院新疆研究中心、对外经济贸易大学、新疆社会科学院、俄罗斯阿尔泰国立技术大学、哈萨克斯坦卡拉干达国立技术大学所共同组成这一协同创新中心，大家互相交流，联合攻关，产生了诸多有影响的学术成果，同时也上报了一批有价值的内参，为国家丝绸之路经济带战略发挥了重要的作用。中心成立以来，每年召开一次论坛，邀请国内外学者共同围绕主题发表观点，提出建议。2016年7月，我们又成立了“一带一路”：新疆发展与中亚合作高校智库联盟。本书也正是我们论坛的阶段性成果之一，期待各界对本书内容和观点提出批评指正。

编者

2016年3月1日